/Ⅲ oekom

ClimatePartner °
Dieses Buch wurde klimaneutral hergestellt.
CO₂-Emissionen vermeiden, reduzieren, kompensieren –
nach diesem Grundsatz handelt der oekom verlag.
Unvermeidbare Emissionen kompensiert der Verlag
durch Investitionen in ein Gold-Standard-Projekt.
Mehr Informationen finden Sie unter: www.oekom.de

Bibliografische Information der Deutschen Nationalbibliothek
Die Deutsche Nationalbibliothek verzeichnet diese Publikation
in der Deutschen Nationalbibliografie; detaillierte bibliografische
Daten sind im Internet über http://dnb.d-nb.de abrufbar.

© 2011 oekom verlag, München
Gesellschaft für ökologische Kommunikation mbH
Waltherstraße 29, 80337 München

Lektorat: Dr. Manuel Schneider
Visuelle Gestaltung + Satz: Ines Swoboda

Druck: fgb. freiburger graphische betriebe
Dieses Buch wurde auf FSC-zertifiziertem Recyclingpapier
und auf Papier aus anderen kontrollierten Quellen gedruckt.
Circleoffset Premium White, geliefert von *Igepagroup*,
ein Produkt der Arjo Wiggins.
FSC® (Forest Stewardship Council) ist eine nichtstaatliche,
gemeinnützige Organisation, die sich für eine ökologische und
sozialverantwortliche Nutzung der Wälder unserer Erde einsetzt.

Alle Rechte vorbehalten
Printed in Germany
ISBN 978-3-86581-250-6

Karlheinz A. Geißler

Alles hat seine Zeit, nur ich hab keine

Wege in eine neue Zeitkultur

mit Typografiken von
Traute Langner-Geißler

Einleitung 9

Alte Schule – Neue Welt | Und immer
wieder die Zeit ... | Zeit – Was ist das? |
Keinen Sinn für Zeit | Im Haus der Zeit | Von der
Gleichzeitigkeit des Ungleichzeitigen

I
Alles hat seine Zeit –
Die Zeit der Vormoderne 29

Zeit der Natur – Natur der Zeit 33

Im Frühtau zu Berge ... | Organische Zeit |
Kosmische Zeitgeber

Die Zeitordnung Gottes 42

Wunderliche Zeiten | Welt ohne Zeitgewinn |
Fünf Vaterunser lang ...

Im Kreislauf der Zeit 55

Das Zeitalter der Ungenauigkeit | Der Rhythmus,
bei dem jeder mit muss | Neue Zeiten in Sicht |
Zeitlos glücklich?

II
Alle Macht der Uhr –
Die Zeit der Moderne 71

Die neue Zeitordnung 73

Der Klang der Zeiten | Die Enteignung Gottes
und der neue Zeitgott | Gottverlassene Zeiten |

Kniefall vor der Uhr | Die Uhr als Ordnungs-
maschine | Gescheiterte Zeitrevolutionäre |
Ordnung muss sein – Erziehung zum Uhrengehorsam |
Ordnungsmacht Kalender

Zeit ist Geld 104

Die Geburt des Kapitalismus aus dem Geist der Uhr |
Die neuen Buchhalter der Zeit | Die Veruhrzeitlichung
des Lebens | Moderne Dreieinigkeit: Geld – Arbeit – Zeit

Vom Tempo der Welt 121

Speed is Money – Die neue Tempo-Leidenschaft |
Zeitgewinn und Raumverlust | Tempo und Takt –
Das Programm des Fortschritts | Ode an die Schnelligkeit

Dialektik des Fortschritts 135

Der Fortschritt und seine Ambivalenzen |
Gehetzte Gesellschaft | Bremsversuche –
Entschleunigung als Mittel der Beschleunigung |
Neue Zeiten, neues Glück?

III
Alles zu jeder Zeit –
Die Zeit der Postmoderne 151

Der Simultant 153

Avanti Simultanti | (Un-)Kultur des Sofort |
Goodbye Limits | Die Welt als Buffet |
Neumöblierung der Lebenswelt | Leben auf Knopfdruck |
Heute hier, morgen dort | Globaler Wühltisch

Der moderner Sisyphus 180

Do it yourself | Pathologie der Gleichzeitigkeit |
Die Uhr hat ihre Schuldigkeit getan,
die Uhr kann gehen | Flexibilität als Fortschritt –
Das Ende der Uhr? | Grenzenlose Zeiten
und andere Paradiese des Konsums

Freiheit als Zumutung 201

»Entbettung« und Entgrenzung von Raum
und Zeit | Arbeit als Leben | Time Shifting –
Immer was los | Die neue Qual der Wahl |
Illusionen der Zeitsouveränität | Ziellose Zeitpilger |
Jenseits von Gut und Böse

IV
Wege aus der Zeitfalle 223

Die Vielfalt der Zeiten und die Einfalt
der Uhrzeit | Balancieren statt Koordinieren |
Enthetzen statt Entschleunigen |
Die Klugheit der Geduldigen | Lob der Pause |
Ein Ende finden

Literatur & Grafik 249

time

1132

Einleitung

»Ah, dass ich nicht alle Menschen und überall bin!«

Fernando Pessoa (1888–1935)

Ich fürchte, ich bin nicht ganz up to date. Mein Handy kann keine Fotos schießen, keine Mails versenden, und wie man eine SMS verschickt ... nun ja. Meine Uhr kann übrigens auch keine Mails empfangen, besitzt zudem weder Temperaturanzeige noch einen Kompass und auch keinen Pulsmesser. Dafür geht sie einigermaßen pünktlich. In Zeiten allgemeiner Unpünktlichkeit übrigens ein ziemlich überflüssiges, fast schon antiquiert wirkendes Merkmal meiner Uhr.

Ich weiß, es ist einfach skandalös, dass ich immer noch nicht an jedem Ort und zu jeder Zeit erreichbar bin. Ich gestehe es ungern ein, aber meine Fahrlässigkeit geht so weit, dass ich meine Wohnung auch ohne Rufumleitung vom Festnetz aufs Mobiltelefon verlasse; und meine Nachbarn finde ich immer noch ohne die richtungsweisenden Vorschläge von »Frau Navi«. Bisher hat mich die Werbung auch nicht davon überzeugen können, mir eine jener »Quick and Easy«-Haarkuren zuzulegen, die mir den Zeitaufwand für die Spülung nach dem Waschen erspart. Was mache ich nur falsch?

Kein Wunder also, dass mich in immer kürzeren Abständen das Gefühl beschleicht, in meinem Leben irgendwann einmal vom Zeitgeist links liegen gelassen worden zu sein. Ja, ich gestehe es offen, ich schäme mich, so wie ich es letztmalig in der Schule getan habe, als ich in Mathe nicht mitgekommen bin. Doch zum Glück weiß ich wenigstens aus dieser Zeit noch, wie man das mit dem Schämen überhaupt macht und muss nicht erst bei Wikipedia nachsehen.

Ich hab den Zug der Zeit verpasst. Ich stehe, da bin ich mir ganz sicher, auf dem Abstellgleis. Ich fühle mich abgeschoben, und ich fürchte, es wird noch viel, viel schlimmer werden, wenn die nächste Technologiewelle in meinen Alltag schwappt. Wie nur konnte mir das passieren?

Alte Schule – Neue Welt

Allmählich dämmert's mir. Ich hab das Verkehrte gelernt! Meine Eltern, meine Lehrer, alle haben sie mir offenbar nicht das beigebracht, was das Leben von mir verlangt. Ich bin ein alt gewordenes Kind der Generation-»Festnetz«. Für die Schule, nicht für das Leben habe ich gelernt. Ich habe Bücher gelesen, in Lexika nachgeschlagen, und war ich bei der Rechtschreibung mal unsicher, dann habe ich in den Duden geschaut. Niemand hat mir in meiner Jugend gesagt (und damals auch noch nicht ahnen können), dass man Bücher nicht liest, sondern hört, um nebenher noch etwas anderes tun zu können; keiner mich darauf hingewiesen, dass man bei Wikipedia sehr viel schneller an Informationen kommt als durchs Blättern in kiloschweren Lexika, und gesagt hat mir auch niemand, dass elektronische Rechtschreibprogramme das Blättern und Suchen im Duden überflüssig machen. Man hat mir ganz viel verschwiegen. Warum nur? Wollten sie nicht alle – Eltern wie Lehrer – immer »nur das Beste« für mich? Und das Beste hieß dann: »Stell gefälligst die Musik aus, wenn du deine Hausaufgaben machst!«, »Lies die angefangene Geschichte erst zu Ende, bevor du eine neue beginnst!«, »Jetzt haben wir Physik, Chemie ist erst in der übernächsten Stunde dran!« Immer sollte ich *eins nach dem anderen* machen. Das wurde mir eingebläut. Und versprochen, dass mir – wenn ich mich nur daran halten würde – im späteren Leben Lohn und ganz viel Anerkennung winken würden. Heute weiß ich: Das stimmt nicht! So funktionieren die Welt, das Leben und die Zeit nicht! Man hat mich auf ein falsches Dasein vorbereitet! Und so komme ich mir vor wie eine Dampflokomotive, der man auf dem Weg ins Technikmuseum ein lorbeergeschmücktes Schild mit dem Spruch »Ich bin nun alt und bin bereit, zu weichen der modernen Zeit!« umgehängt hat.

Man soll eins nach dem anderen machen? Wirklich? Für was und für wen soll das heute gut sein? Meinen Kindern – beide vom Stamme der »Digital Natives« – kann ich mit der »Eins-nach-dem-anderen«-Moral nicht mehr kommen. Sie hören schon deshalb nicht auf mich und noch weniger auf meine Ratschläge, weil sie entweder gerade telefonieren oder sich durch einen Knopf im Ohr mit Musik beschallen lassen. Vergeblich bestehe ich darauf, dass wir Terminabsprachen treffen und sie auch einhalten: »Um vier Uhr habe ich Zeit, dann können wir das ja mal durchsprechen,« so mein freundliches Angebot. Was aber geschieht: Jonas ruft gegen zehn vor vier an und sagt, ihm sei etwas Wichtiges dazwischengekommen, sodass unser vereinbartes Treffen um eine halbe Stunde verschoben werden muss. Beim nächsten Mal kommt er gleich eine halbe Stunde zu spät zum vereinbarten Termin und konfrontiert meinen Vorwurf, er sei unpünktlich und das gehöre sich nicht, mit dem nur schwer zu widerlegenden Argument, ich hätte doch genug zu tun, um die Zeit mit etwas anderem als mit Warten auf ihn zu verbringen. Meinen Söhnen ist nun mal anderes wichtiger als mir – und sie sind trotzdem erfolgreich im Leben. Sie machen nicht eins nach dem anderen, sie machen vieles gleichzeitig. Und bei dem, was sie gleichzeitig tun, kommt ihnen immer ganz viel Wichtiges dazwischen. Und so ist es auch nur konsequent, dass sie bei ihren Verabredungen nur mehr vage Zusagen machen und häufig umdisponieren. »Ich meld mich wieder« – das höre ich sie täglich mehrmals sagen.

Seit meiner Schulzeit muss sich etwas verändert haben. Das, was anders geworden ist, muss mehr sein als nur das Zeitverhalten der jungen Menschen. Es muss dafür gute Gründe, Anlässe und Ursachen geben, sonst würden sie nicht so mit Zeit umgehen, wie sie das tun. Die Gründe, Anlässe und Ursachen müssen etwas mit den Umbrüchen, den Veränderungen und den Entwicklungen der Arbeits- und Lebensbedingungen in den letzten Jahrzehnten zu tun haben. Die sind schließlich auch für den Sachverhalt verantwortlich, dass manch ein Erwachsener heute älter aussieht, als er wirklich ist und vor der Frage steht, ob die Zeiten schlechter geworden sind, oder er selbst nur älter. Um darauf eine Antwort zu finden, braucht es eine

Alte Schule – Neue Welt 11

Vorstellung von Zeit, insbesondere aber von der Geschichte der Veränderungen des Umgangs mit Zeit.

Und immer wieder die Zeit ...

Doch Vorsicht, das Nachdenken über »Zeit« kann das Leben verändern! Wie der Artist auf dem Drahtseil abzustürzen droht, wenn er in luftiger Höhe über sein Kunststück ins Grübeln kommt, so droht auch denjenigen der Fall in die schwindelnden Tiefen, die bei ihren Balanceakten durchs Zeitliche irgendwann einmal darüber nachzudenken beginnen, was das eigentlich ist, durch das sie sich da Tag für Tag jonglierend und balancierend bewegen.

»Zeit?« Klar! Zeit ist Zeit. Wer macht sich schon viele Gedanken darüber, und wer hat überhaupt Zeit dazu? Seit 2.500 Jahren fragt man sich und andere: »Was ist Zeit?« Doch können wir diese schlichte Frage bis heute nicht in einer Weise beantworten, die es erübrigen würde, sie fürderhin zu stellen. Eine schlüssige Antwort hat man bisher nicht gefunden. Viele Menschen behaupten zwar, sie wüssten, was »Zeit« sei, erkundigt man sich aber nach Details, dann stellt sich meist sehr schnell heraus, dass sie nicht allzu gründlich darüber nachgedacht haben. In Situationen der Ratlosigkeit wie dieser fragte man heutzutage gerne den oft zitierten »Mann auf der Straße«. Der antwortet dann zum Beispiel, Zeit sei das, was die Uhr anzeigt. Andere Männer und Frauen auf anderen Straßen behaupten wiederum das Gegenteil. Zeit, so ihre Auskunft, ist das, was man hat, wenn man die Uhr wegwirft. Wiederum andere, sie zählen zu den ganz Schlauen, antworten auf die Frage nach dem Wesen der Zeit mit dem dringenden Hinweis: »Entschuldigung, ich bin zu spät dran, muss schleunigst zur Arbeit.« Wie auch immer, es sieht so aus, als könne man annähernd alle Zeitgenossen und Zeitgenossinnen, auch die klügsten, mit der Frage »Was ist Zeit?« in Verlegenheit bringen. Auf jeden Fall bekommt man darauf seltener eine präzise Antwort, als auf die Frage, wie viel Uhr es ist.

Da »Zeit« als ein so unklares, diffuses Phänomen erlebt wird, ist sie mit vielen Bedeutungen, viel Geschichte und einer Menge Geschichten und Mehrdeutigkeiten überladen. Was wiederum die Neigung bei den Menschen fördert, sich mittels eines Schwarz-Weiß-

Schemas Orientierung im Dickicht des Zeitlichen zu verschaffen. Daher fällt es auch schwer, den jeweiligen Umgang mit Zeit jenseits von »gut« und »schlecht«, von »Gewinn« und »Verlust« zu denken, zu sehen und zu thematisieren. Wir wissen, was eine Uhr ist, sind auch korrekt über den Sachverhalt informiert, dass sie zur Zeitmessung verwendet wird. Was die Uhrzeiger da aber überhaupt messen und anzeigen, von dem wissen wir nicht, worum es sich dabei eigentlich handelt. Trotzdem oder deshalb ist »Zeit« das neben »Mama« meistgebrauchte Substantiv in der deutschen Alltagssprache. Eine statistische Aussage, die auf die Tatsache hinweist, dass die »Zeit« mehr als nur eine schlichte Sättigungsbeilage an der Tafel des Daseins ist. Sie ist vielmehr, wie die leibhaftige »Mama« ja auch, die Voraussetzung des Lebens und damit auch des Essens.

Zeit – Was ist das?

Kurz und bündig: Zeit ist für die Menschen das, was das Wasser für die Fische ist. Die Fische schwimmen im Wasser, ohne sich Gedanken zu machen, worin sie sich da eigentlich bewegen; und so bewegen wir Menschen uns üblicherweise auch in der Zeit. Trotzdem lohnt es sich, dieser Selbstverständlichkeit »Zeit«, der wir unser Dasein verdanken, die uns das Leben schenkt (es uns aber auch wieder nimmt), gedanklich nachzuspüren.

Wenn wir die Zeit suchen, die »verlorene« genauso gut wie die »gewonnene«, dann suchen wir nicht die Zeit, dann suchen wir uns selbst. Der Mensch hat keine bessere Freundin als die Zeit. Als treueste aller Begleiterinnen weicht sie ihm bis zum letzten Atemzug nicht von der Seite. Begreifbar, verständlich und in Umrissen erkennbar wird die Zeit jedoch erst dann, wenn man sich Gedanken über sie macht. Tut man das, verliert man die Uhr aus dem Auge und aus dem Sinn. Was ganz nebenbei beweist, dass die Uhr etwas ganz anderes als die Zeit ist …

Vielleicht sollte man sich, wenn man der Zeit nachspürt, mit der Auskunft des Mathematikers Lambert zufriedengeben, die dieser am 13. Oktober 1770 an Immanuel Kant schrieb:»Die beste Definition wird wohl immer die sein, dass Zeit Zeit ist.« Na ja, etwas banal und nicht gerade informativ. Nicht viel klüger machen uns jedoch die Auskünfte, die man von den Vertretern der unterschiedlichen Wissenschaftsdisziplinen erhält. Die Physiker – Einstein jedenfalls – sehen in der Zeit »eine hartnäckige Illusion«, wie ja auch Tolstoi, der von der »Illusion des Lebens« sprach. Existenzphilosophen, in diesem Fall Heidegger, sprechen vom »Sein zum Tode«, während die Theologen in der Zeit »den Anlauf zur Ewigkeit« erkennen. Die Psychologen sehen in ihr ein »Empfinden ohne Sinnesorgan«, Sozialwissenschaftler ein »Mittel, um im Rahmen des Vergänglichen Ordnung zu schaffen«. Die Ökonomen verbreiten und verteidigen den Glaubenssatz »Zeit ist Geld«, und der eine oder andere Politiker sieht in der Zeit nicht viel mehr als die Summe von Legislaturperioden. Was aber tun mit einer Definitionsvielfalt, die die Vermutung nahelegt, Zeit sei vielleicht doch nur eine Illusion, die man den Menschen irgendwann einmal in den Kopf gesetzt hat? Glücklicherweise gibt es ja auch noch Germanisten. Sie haben einen Vorschlag, dem alle zustimmen. Die Zeit, so ihr Definitionsangebot, ist »ein einsilbiges Wort«. Wer wollte das bestreiten? Etwas Substanzielleres jedoch haben wir nicht zur Hand. Selbst Martin Heidegger gestand in der Wochenzeitung *Die Zeit* seine Ratlosigkeit offen ein: »Man könnte meinen, der Verfasser von ›Sein und Zeit‹ müsste dies wissen. Er weiß es aber nicht, so dass er heute noch fragt.« Worte des Trostes, die es ratsam erscheinen lassen, sich vorerst einmal mit dem zufriedenzugeben, was man weiß – aber eben auch mit dem, was man nicht weiß. Die Menschen brauchen die Zeit so wenig zu verstehen, um in ihr zu leben, wie die Fische das Wasser. Auch im Zustand der Unaufgeklärtheit lässt sich Zeit gut leben.

Die Zeit ist, und bleibt es wohl auch, ein durch und durch verwickeltes Rätsel, ein Rätsel mit vielen unterschiedlichen Lösungen. Nichts anderes hat Thomas Mann im *Zauberberg* gesagt, als er die Frage stellte: »Was ist die Zeit?« Seine Antwort: »Ein Geheimnis – wesenlos und allmächtig.« So ist das bei allen großen Rätseln der Welt, von denen die Zeit das rätselhafteste ist. Wenn's um Zeitdinge geht, weiß man nie, ob man die Sphinx ist, die fragt, oder Ödipus, der gefragt wird. Diejenigen aber, die sich trotz alledem die Mühe machen, mehr Klarheit in die »Zeit« zu bringen, die kommen relativ

Zeit ist
das am meisten
Unsrige

und
doch am wenigsten
Verfügbare.

Hans Blumenberg

rasch an einen Punkt, an dem sie sich eingestehen müssen, dass die Fragen immer größer und die Antworten immer kleiner werden. »Zeit« gehört nun mal zu jenen Wörtern, von den Karl Kraus einmal sagte: »Je näher man es ansieht, desto ferner sieht es zurück.« Selbst die großen Denker dieser Welt kamen bei ihren gut geplanten Expeditionen ins Land der Zeit irgendwann in die Situation, dass ihnen der Proviant ausging.

Die Zeit lässt sich auf nichts anderes zurückführen. Nichts existiert »hinter« ihr. Das hat die Griechen bewogen, der Zeit gleich die Gestalt zweier Gottheiten – Chronos und Kairos – zu geben. Das ist auch verständlich, wenn man den Argumenten des großen Philosophen und Mathematikers Alfred North Whitehead folgt, wenn er behauptet, dass sich unmöglich über Zeit nachdenken lässt, »ohne zutiefst die Grenzen der menschlichen Intelligenz zu empfinden«. Sind wir also bescheiden, verzichten wir auf eine abschließende Antwort auf die Frage nach dem Wesen der Zeit. Oder besser noch, wir folgen dem Rat des Philosophen Ludwig Wittgenstein, man solle unlösbare Fragen gar nicht erst lösen wollen, sondern von ihnen geheilt werden.

Obgleich wir nicht wissen, was Zeit ist, so lässt sich doch beschreiben, was wir mit dem, was wir »Zeit« nennen, tun: Wir füllen mit ihr die Leere, vor der uns graut. Wir konstruieren mit ihr Gewissheiten und Ordnungen im Rahmen des Vergänglichen. Doch wenn wir von Zeit sprechen, sprechen wir eigentlich von etwas anderem, etwas Konkreterem, von Veränderungen, Dynamiken und Prozessen. Hegel sprach von »angeschautem Werden«, dem Übergang von einem Zustand in einen anderen.

Die Uhr misst nicht, wie hartnäckig behauptet, die »Zeit«, sie ermittelt und berechnet Wegstrecken, die von Zeigern zurückgelegt werden und die dann – ihrer zurückgelegten Distanz entsprechend – ganze, halbe, viertel Stunden oder auch Minuten und Sekunden genannt werden. Was wir »Zeit« nennen, wenn wir auf die Uhr schauen, sind Strecken des Zeigerverlaufs. Eine von Menschen hergestellte Prothese, die auch anders aussehen könnte. Wir nutzen diese, um der Zeit, die wir nackt (sprich: in Reinform) nicht wahrnehmen können, eine Anschauungsform zu verleihen. So machen wir mit »Zeit« und den Maßen, mit denen wir sie einteilen (Stunde, Minute usw.), das, was wir mit anderen Begriffen auch machen: Wir schaffen damit Ordnung, wo wir das, was wir erleben, für unordentlich und bedrohlich halten. Wir stülpen der Welt und dem, was sich in ihr verändert, die gedanklich konstruierte Ordnungskategorie »Zeit« über, um die Kontrolle über das Vergängliche zu gewinnen und auszuüben.

Völlig anders als das, was die Uhr anzeigt, ist unser Zeitempfinden, das die Uhr und ihre substanzlose, tote Zeit so wenig zum Verschwinden hat bringen können wie das Fernrohr den Glauben an die Macht der Geister. »Die Zeit«, so Marcel Prousts Blick auf das Zeitempfinden, »ist elastisch. Die Leidenschaften, die wir fühlen, dehnen sie aus, die, die wir erregen, ziehen sie zusammen, und Gewohnheit füllt den Rest aus.« Das Zeitempfinden, unser Zeiterleben und auch unser konkretes Zeitleben unterscheidet sich grundlegend von dem, was die Uhr anzeigt. Zeitempfindungen und Zeiterfahrungen entfalten sich in engem Arrangement mit dem Geschehen, an dem man beteiligt ist. Für den Verliebten, der auf eine Nachricht seiner Geliebten wartet, vergehen in Minuten Tage. Tut sich nichts oder passiert nur wenig, dann kommt uns etwas »zeitlos« vor. Denn Zeit existiert für die Menschen ja nur, weil sie vergeht. In unangenehmen Momenten tut sie das gewöhnlich zu langsam. Ganz anders hingegen das Zeiterleben in glücklichen Augenblicken. Man würde die Zeit in solchen Momenten gerne »anhalten«, sie so lange wie nur möglich genießen. Glück hat keine Zeit, denn alles Glück will Ewigkeit. Spitzen wir's zu: Für diejenigen, die vor einer Klotüre auszuharren gezwungen werden, vergeht die Zeit langsam, meist zu langsam. Andere Zeiterfahrungen hingegen machen die Glücklichen, die sich auf der anderen Seite der Türe aufhalten. Sie befinden sich auf der zeitlosen Seite. Schön für sie! Da das so ist, gibt es im Hinblick auf den Umgang mit Zeit auch kein »richtig« oder »falsch«, wie von Vorgesetzten und Zeitmanagern immer wieder gerne behauptet. Mit der Zeit kann man nur »angemessen« oder »unangemessen« umgehen. Was aber angemessen und was unangemessen ist, das entscheidet die konkrete Situation. Deren Zeitverläufe aber sind nie so ordentlich wie die der

Uhr, nicht so berechenbar, wie der Zeigerverlauf auf dem Ziffernblatt. Deshalb haben wir das, worüber wir klagen: Zeitprobleme.

Keinen Sinn für Zeit

Bekanntlich hat der Mensch keinen Zeitsinn. Was nicht heißt, dass er gezwungen wäre, sinnlos mit der Zeit umgehen zu müssen. Er kann die Zeit nicht, wie das mit dem Raum möglich ist, auf direktem Wege wahrnehmen. Er kann es nur indirekt, über Zeichen und Symbole, unter anderem über die Zeichen der Uhr. Sie bildet die »Zeit« mithilfe von Linien, Kreisen und Zahlen ab. Aber es ist nicht nur die Uhr, die uns auf indirektem Wege an die Zeit und an unsere Zeitlichkeit erinnert. Männer entdecken ihre Zeitlichkeit spätestens in dem Augenblick, wenn sie feststellen, dass ihnen die Kopfhaare ausgehen, Frauen in den für sie schockierenden Momenten, wenn sie ihre ersten Falten entdecken. Ihr fehlender Zeitsinn zwingt die Menschen, die Zeit (oder das, was sie dafür halten) über den Umweg der ihnen gegebenen fünf Sinne wahrzunehmen. Zeit aber nehmen sie dabei nicht wahr, sondern nur Zeichen, die sie für Zeit halten. Spielen wir es einmal durch:
- Der Mensch ist ein zeitblindes Wesen, das vom Sehen träumt. Niemand hat die Zeit bisher zu Gesicht bekommen – mit Ausnahme jener vielen Fehlgeleiteten, die sie mit der Uhr verwechseln. Auch wenn man die Zeit nicht sehen kann, so kann man zumindest »sehen«, dass man die Zeit nicht sehen kann.
- Hören lässt sich die Zeit pur auch nicht. Was wir hören, sind Zeitsignale wie Glocken, Klingeln oder Töne in allen Höhen und Tiefen. Die Zeit selbst aber hören wir nicht. Sie macht nun mal keine Geräusche – und das ist mit hoher Wahrscheinlichkeit auch gut so.
- Auch riechen lässt sich reine Zeit nicht. Selbst Personen, die behaupten, sie hätten den rechten Zeitpunkt »gerochen«, müssen etwas anderes gewittert haben. Doch nur weil man die Zeit nicht riechen kann, muss man sie ja nicht gleich, wie das häufig getan wird, bekämpfen oder gar totschlagen.
- Zeit lässt sich weder greifen noch ertasten. Sie lässt sich auch nicht, wie es Zeitmanager hartnäckig behaupten, »in den Griff«

bekommen. Alle Versprechen in dieser Richtung sind so haltlos wie die Unterstellung, der Mensch hätte einen »inneren Schweinehund«, den es an die Uhrenkette zu legen gälte.

– Lässt sich die Zeit dann wenigstens schmecken? In reiner Form jedenfalls nicht. Doch man kann ihr indirekt auf den Geschmack kommen. Und es ist nicht die schlechteste Methode, das mit gutem Wein und exquisitem Käse zu versuchen.

Einen weiteren, einen sechsten Sinn hat der Mensch nicht. Das kann man bedauern, muss es aber nicht. Besser man ist mit dem zufrieden, was man hat. Wir müssen nun mal mit dem Schicksal leben, der Zeit niemals persönlich zu begegnen. Das ist kein Anlass, sich aufzuregen, zumal einem die Zeit im Leben immer sehr nahesteht. Denn der Mensch ist letztlich nichts anderes als Zeit auf zwei Beinen. Er *ist* die Zeit, er hat sie nicht. Wer also behauptet, er hätte keine Zeit (und wer kann von sich sagen, das noch nie getan zu haben?), lügt oder ist tot. Auch »Zeitprobleme,« über die wir so gerne klagen, existieren eigentlich gar nicht wirklich. Die Zeit nämlich ist nie ein Problem, das Problem ist immer der Mensch. Eine Welt ohne Menschen (wie es sie lange Zeit gab und voraussichtlich auch wieder geben wird) kennt keine Zeitprobleme. Aus diesem Grund gibt es auch keine Zeitprobleme, sondern nur Probleme, die der Mensch mit der Zeit hat – zum Beispiel Probleme des Selbstmanagements. Machen Sie also in Zukunft einen großen Bogen um die vielen Zeitratgeber, die da stapelweise in Buchhandlungen ausliegen, und werfen Sie diejenigen, die Sie sich bereits zugelegt haben, getrost weg. Sie sind wenig mehr als Anleitungen zur Selbstdiktatur. Also ab in die Papiertonne mit ihnen!

Warum eigentlich *leben* wir die Zeit nicht nur, warum machen wir uns Gedanken über sie, und warum beschäftigt sie uns in so einem Ausmaß, dass wir Bücher über sie schreiben und lesen? Jacob Burckhardt, der große Schweizer Kulturhistoriker, bietet uns eine Antwort an: »Wir möchten die Welle kennen, auf welcher wir im Ozean treiben«, und ergänzt sogleich, »allein, wir sind die Welle selbst.« Zeiterkenntnis, so muss man Burckhardt verstehen, ist immer auch Selbsterkenntnis. Die Neugier, die man der Zeit entgegenbringt, ist stets auch ein Interesse, das man auf sich selbst richtet. Doch diese Einsicht macht die Fragen nach der Zeit nicht leichter, und die Antworten darauf noch schwerer. Sich die Zeit vorstellen, heißt, sich das Leben vorstellen. Die Zeit ist, wie das Leben ja auch, ein Abenteuer des Denkens und Handelns. Da wäre es denn naiv und töricht, endgültige Antworten und fertige Lösungen zu erwarten. Die Fragen nach der Zeit und dem Leben lassen sich weder wie eine von der Bürokratie erstellte Aufgabenliste Schritt für Schritt abarbeiten noch lassen sie sich abhaken und abheften, wie der Buchhalter das mit seinen Kalkulationen tut. Geht es um Zeit oder gleich ums Leben, geht es nie um Lösungen. Es gibt da nichts zu lösen. Was aber zugleich bedeutet, dass wir von den Fragen nach dem guten Leben und den guten Zeiten nie erlöst werden.

Im Haus der Zeit

Wir sind alle Kinder unserer Zeit. Um das gesagt zu bekommen, braucht man kein Buch lesen. Eher schon, um in Erfahrung zu bringen, wie man zu einem Kind der Zeit wurde und es immer wieder neu wird, und warum man im 21. Jahrhundert zu einem ganz anderen Kind der Zeit wird wie im 17. oder gar im 11. Jahrhundert. Für die, die hierauf neugierig sind, und die für ihr Interesse mehr Zeit aufzubringen bereit sind als Politiker und Politikerinnen für die Lektüre von elektronischen Kurznachrichten, ist das Buch, das Sie in den Händen halten, geschrieben. Inspiriert wurde es von einem Gleichnis, das sich der Kultursoziologe Norbert Elias ausgedacht und in seinem Standardwerk *Über die Zeit* veröffentlicht hat. Elias erzählt die Geschichte einer Gruppe von Menschen, die in einem unbekannten, sehr hohen Haus aufwärts und aufwärts stieg. Die ersten Generationen der Gemeinschaft drangen bis zum fünften Stock vor, die nächsten bis zum siebten, die folgenden dann bis ins zehnte, und deren Nachkommen dann immer weiter bis in die hundertste Etage. Eines Tages jedoch brach das Treppenhaus zusammen und die Generationen, die es bis ins hundertste Stockwerk gebracht hatten, richteten sich dort ein. Im Laufe ihrer Zeit vergaßen sie, dass ihre Ahnen auf den unter ihnen liegenden Stockwerken gelebt hatten und wussten nicht mehr, wie sie in die hundertste Etage gelangt waren. Sie sahen die Welt und sich selbst ausschließlich aus der Perspektive des hundertsten Stockwerks und hielten ihre Vorstellungen und Annahmen für die einzig wahren und richtigen.

Tun wir, die wir es uns heute in einem noch höheren Stockwerk wohnlich gemacht haben, dies nicht ebenso? Fragt uns jemand nach der Zeit, schauen wir dann nicht geradezu reflexartig auf die Uhr? Ganz vergessen haben wir, dass die Bewohner Europas dies nicht schon immer getan haben. Erst vor sechshundert Jahren begannen die Stadtbewohner Norditaliens mit der Einübung dieser Reaktion, die den Europäern heute in Fleisch und Blut übergegangen ist. Darüber hinaus ignorieren wir, dass auch heutzutage noch Menschen auf dieser Welt leben (und das sind nicht wenige), die ihr Zeithandeln nicht am Zeitgeber »Uhr« ausrichten.

Dass sich die Zeiten ändern, ist eine Trivialität. Wie sie sich ändern, vor allem aber, wie sie sich geändert haben, das ist hingegen keine. Noch weniger geläufig ist die Tatsache, dass diejenigen Zeiten, die wir für vergangen halten, in vielerlei Hinsicht gar nicht vergangen sind, sondern den Sockel unseres heutigen Zeitlebens bilden. So lautet ja auch die Botschaft von Elias' Gleichnis vom Hochhaus. Man kann eben nur im hundertsten Stockwerk leben, weil sich darunter neunundneunzig weitere Etagen befinden.

Ein Haus, zumal wenn es sich um ein sehr hohes handelt, wird gewöhnlich in Etappen gebaut. So auch das Hochhaus der Zeit. Nur heißt, was bei den Architekten »Bauabschnitt« heißt, beim Zeithochhaus »Zeitalter.« Es sind drei solcher Zeitalter, die sich beim Aufbau des Zeitgebäudes unterscheiden lassen. Sie liefern die Gliederungsvorlage für dieses Buch:
– die vormodernen Zeiten
– die modernen Zeiten
– die postmodernen Zeiten

Diese Aufteilung der Zeit-Geschichte in eine vormoderne, eine moderne und eine postmoderne Zeitwelt ist selbst nicht zeitlos. Sie ist Ausdruck eines modernen Zeitdenkens, genauer noch, eines modernen europäischen Zeitdenkens. Die Zeit nämlich ist selbst zeitlich, und unser Zeitdenken ist es ebenso. Es gibt keine unbefleckte Empfängnis des Zeitdenkens, auch keine des Zeithandelns, keine der Zeitordnungen und der Zeiteinteilungen. Wir beschäftigen uns, wenn wir uns mit Zeit beschäftigen, nicht mit Zeit, sondern mit ihren Fußabdrücken. Das trifft auf die Gliederung nach Zeitaltern genauso zu wie auf die Teilung der Woche und die des Ziffernblattes der Uhr. Das Werden und Vergehen, das wir »Zeit« nennen, ist so vielfältig und facettenreich, dass sich die Menschen überforderten, wenn sie die Botschaften, die der Lauf der Zeit aussendet, alle wahrnehmen und verarbeiten würden. Menschen nehmen bekanntlich selektiv wahr und selektieren das Wahrgenommene dann noch weiter in ihrem Denken. Auch das, was sie wahrnehmen und kognitiv verarbeiten, ist zeitlich. Schauten ihre Vorvorfahren zum Himmel, um den Gang der Zeiten wahrzunehmen und über das, was sich dort tat, nachzudenken, so blickten ihre Vorfahren auf die Uhr, zuerst auf die am Kirchturm und später dann auf die am Unterarm. Heutzutage schaut man auf die nackten Zahlen, die in irgendeiner Ecke eines Displays ihr Wesen und manchmal auch ihr Unwesen treiben. Der Sozialwissenschaftler, der sich mit »Zeit« beschäftigt, hat sich zur Aufgabe gemacht, auf die Menschen zu schauen, um diese zu beobachten, wie sie auf die »Zeit« blicken, und was sie sich einfallen lassen, um mit ihrer eigenen Vergänglichkeit und jener der Welt umzugehen.

Aber ganz gleich, welches Netz der Ordnung man auch immer auswirft, um die Zeit einzufangen: Sie lässt sich nicht – so Hans Castorp im *Zauberberg* – »am Schwanze« packen. Um jedoch im undurchschaubaren Werden und Vergehen nicht bewusstlos umhertaumeln und sich in der Zeit und ihren Verläufen treiben lassen zu müssen, haben die Menschen sich immer schon bemüht, orientierende und stabilisierende Wegmarken zu setzen. Wie sie das gemacht haben und wo diese sie dann hingeführt und wovon weggeführt haben, ist das Thema dieses Buches. Viel mehr will und kann diese kleine Geschichte des Umgangs mit Zeit, die hier erzählt wird, nicht leisten. Sie ist, so gesehen, eine Skizze verschiedener historischer Zeitlandschaften, die ebenso auch mit einem anderen Stift und in anderen Farben hätte gemalt werden können. Sie ist ein

Angebot, die Dynamik dessen, was die Zeit mit den Menschen macht und was die Menschen mit der Zeit machen, etwas heller zu sehen – man muss ja dabei nicht gleich an Erleuchtung denken. Zufrieden wäre der Autor schon, wenn dem einen Leser oder der anderen Leserin im Laufe der Lektüre am Altar ihrer Gewissheit einige Lichter ausgeblasen würden.

Von der Gleichzeitigkeit des Ungleichzeitigen

Eine zweite Einschränkung: Wenn hier von Epochen und Epochengrenzen gesprochen wird, dann sind damit keine scharfrandigen Zäsuren, sondern elastische, geschmeidige Perioden gemeint. Es empfiehlt sich auch so mit ihnen umzugehen, nämlich als ordnende Konventionen, die nicht exakt aufs Jahrzehnt und schon gar nicht aufs Jahr hin bestimmt werden können. Wie jede Epochengliederung, so betont auch die hier verwendete das Trennende, die Differenz, da es um eine moderate Zuspitzung der epochalen Unterschiede geht. Zu kurz kommt dabei an vielen Stellen das, was man nach einem Ernst Bloch zugeschriebenen Wanderzitat »die Gleichzeitigkeit des Ungleichzeitigen« nennt. Doch das ist unvermeidbar. Es ist nun mal der Preis für eine Ordnung, die mit Unterscheidungen operiert und einen Beitrag leisten will, damit der Mensch nicht vollends von den Ereignissen und den Dingen dieser Welt verwirrt und erschlagen wird. Doch wie bei jeder Klassifikation sind auch bei der hier verwendeten Ungenauigkeiten, Willkür und Vereinfachungen nicht zu vermeiden. So wenig es möglich ist, diese völlig auszuschließen, so notwendig und nützlich ist es, um diese Schwächen zu wissen und sie beim Lesen im Blick und im Gedächtnis zu behalten. Den Übergang zwischen den verschiedenen Zeitaltern, von denen in diesem Buch die Rede sein wird, darf man sich daher nicht wie den Sprung über einen Graben vorstellen; es wird auch kein Schlagbaum gehoben, um eine Grenze zu überschreiten. Das wäre eine schiefe und daher möglichst zu vermeidende Vorstellung. Eher schon gleicht der Übergang von einer Epoche zur nächsten dem Fortgehen heranwachsender Kinder aus dem Elternhaus, der, wenn er nicht allzu konfliktreich geschieht, einem langfristigen Entwicklungsprozess folgt und nic ganz zu Ende kommt.

So lässt sich beispielsweise die im griechischen Mythos behei-
matete Figur des Dionysos als ein sehr früher Repräsentant jenes
Umgangs mit Zeit deuten, wie wir ihn aus unserer Gegenwart kennen. Dem Internetsurfer gleich, schweift auch dieser ziellos umher,
ist ununterbrochen unterwegs und wie der Netzuser im Nirgendwo
der Raum- und Zeitlosigkeit zu Hause. Es gibt noch zahllose weitere
Beispiele für die Gegenwart des längst Vergangenen und die Gleichzeitigkeit des Ungleichzeitigen: So sind es gerade mal hundert Jahren her, dass Automobile unsere Straßen unsicher machen. Das Rad
aber, ohne das kein Auto von der Stelle käme, existiert bereits seit
dem vierten Jahrtausend vor unserer Zeitrechnung. Fast Food, eine
verbreitete und immer beliebtere Form beschleunigter Nahrungs-
mittelzufuhr, gilt als eine Errungenschaft aus der zweiten Hälfte des
20. Jahrhunderts. Dagegen jedoch spricht die Tatsache, dass wir ein
Dokument aus dem Jahr 1378 besitzen, aus dem hervorgeht, dass
bereits im 12. Jahrhundert (seit 1134) in Regensburg eine Brotzeit-
stube existierte, die der Schnellabfütterung – »schnell« war damals
lange nicht so »schnell« wie heute – der Brücken- und Dombauar-
beiter diente. Die bald tausend Jahre alte Würstelbude zur Betriebs-
verpflegung, die in Dokumenten als »Kuchn vor der Prukk« bezeichnet wird, verköstigt bis zum heutigen Tag unter dem Namen
»Historische Wurstkuchl« hungrige Touristen mit wohlschmeckenden Bratwürsten. Ein Regensburger, der irgendwo auf der Welt in
einer der inzwischen weltweit verbreiteten Hackfleischbratereien
»schnell mal« etwas gegen seinen Hunger tut, feiert dabei immer
auch ein Wiedersehen mit einer alten Tradition seiner Heimatstadt.
Was die Imbissbude betrifft, so ist die Vergangenheit nicht nur nicht
vergangen, sie ist präsenter und verbreiteter denn je zuvor. Am Anfang der Karriere der Schnellabfütterung steht die »Wurstkuchl« aus
der Freien Stadt und Reichsstadt Regensburg, an deren vorläufigem
Ende das gelbe »M« an annähernd jeder Ecke der Welt. Nicht an
jeder Ecke und auch nicht in jedem Lokal hingegen wird man, wie
das in Regensburg der Fall ist, mit einem »Grüß Gott« willkommen
geheißen. »Grüß Gott«, das ist eine Willkommensbezeugung aus
vormodernen Zeiten, der Gruß einer Zeit, als diese noch in Gottes
Händen lag.

Die Zeiten des Körpers, die Rhythmen der Natur und die Kapriolen des Wetters, die einst den Umgang mit Zeit im Alltag bestimmten, es aber schon lange nicht mehr tun, sind uns heute nicht ferner wie die Zeiten der Uhr und die des Computers oder die der (Daten-)Autobahnen. Von dieser denkwürdigen Gleichzeitigkeit dessen, was ungleichen Zeitepochen und Zeitlogiken entstammt, erzählt auch der Autor eines volkskundlichen Handbuchs aus dem Jahr 1911:»Jetzt ist wohl in jedem Hause eine Uhr zu finden, die beim Bauern der Kirchturmuhr meist weit voraus ist. Im Freien aber misst man auch heute wohl noch mitunter die Zeit nach der Länge des eigenen Schattens und überhaupt nach dem Stande der Sonne und nachts nach dem Hahnenkrähen und unter Umständen nach den Bedürfnissen der eigenen menschlichen Natur. Auch ein Kalender fehlt wohl kaum in einem Hause, aber es kann auch noch vorkommen, dass die einzelnen Tage der Woche mit Kreide an einer besonderen Tafel im Zimmer vermerkt werden.«

Doch nicht nur bei den Bauern sind die neuen Zeiten zuweilen die alten. Man muss nur aufmerksam auf das hören, was die Menschen heute, obgleich sie es besser wissen müssten, alles so behaupten. Die Sonne, so sagen sie's ihren Kindern, geht am Morgen auf und am Abend wieder unter. Wirklich? Ist das so? Vor 500 Jahren haben Kopernikus & Co. – so hat's die Lehrerin in der Grundschule doch gelehrt! – die Menschen aus dem Mittelpunkt einer Welt, in der sich alles nur um sie dreht, vertrieben. Trotzdem bleiben wir im Alltag bis heute bei der mittelalterlichen Sicht auf die Welt. Die Tatsache, dass wir Menschen es sind, die da täglich auf- und untergehen, die scheint so kränkend und irritierend zu sein, dass man, zumindest in dieser Hinsicht, auf die Modernisierung seiner Weltsicht verzichtet.

All das sind Beispiele für die Tatsache, dass nicht nur jede Zeit ihre Zeit hat, sondern auch die ihr vorausgehenden Zeiten mitenthält. Zeitverständnis und Zeithandeln früherer Gesellschaften gehen nicht einfach verloren, fallen nicht einfach weg. Als sedimentierte Ablagerung, Gesteinsschichten vergleichbar, gehören sie auch weiterhin zu den tiefen und wirksamen Schichten unserer Kultur und unserer Zivilisation. Geophysiker würden von »tektonischen Platten« sprechen, die sich unter- und übereinanderschieben und dabei auf der Zeitoberfläche mehr oder weniger dramatische Wirkungen auslösen. Sie zeigen sich als zeitliche Beben in Form von Zeitproblemen, Zeitbrüchen, Zeitrissen und Zeitsprüngen. Die Oberflächenlandschaft des Zeitlebens trügt, wenn man sie als isolierte Einheit sieht und sie nicht als die oberste Schicht verdeckter, tiefer liegender Kräfte begreift. Bei den in dieser Abhandlung als Epochenschwellen markierten Stellen handelt es sich, so gesehen, um Verschiebungen, Brüche und zuweilen auch um eruptive Verwerfungen, die zu neuen Zeit-Oberflächen führen. Sie richten die Wege des Umgangs mit Zeit neu aus, verschütten bisher gewohnte Zeitpfade und machen sie zuweilen unpassierbar. Sie schaffen aber auch neue, vielfach kürzere und schnellere Trassen der zeitlichen Streckenführung. Doch sicher ist: *Einfacher* wird das Zeitleben dadurch nicht. Man kann daher Robert Walsers schlichter, tiefer Wahrheit problemlos zustimmen: »Um den modernen Menschen herum ist gar nichts mehr einfach.«

Es kann also hier nicht um irgendwelche Rezepte für das Management von Zeit gehen. Um mit ihr angemessen umzugehen, bedarf es zunächst eines Wissens über das, was die Menschen im Laufe ihrer Geschichte an Zeitverständnis und Zeitpraxis selbst hervorgebracht haben und von dem sie ihre Zeitdynamik und ihre Zeitimperative empfangen haben und weiterhin empfangen. Denn »das Leben wird vorwärts gelebt und rückwärts verstanden« (Soren Kierkegaard).

Auch wenn Zweifel erlaubt sind, ob die Zeiten, die vorwärts gelebt werden und auch immer schon vorwärts gelebt wurden, uns denn auch vorwärtsgebracht haben, so haben sich auf jeden Fall die Zeiten für diejenigen verbessert, die über Zeit nachdenken und darüber schreiben. Kein Mensch mehr landet heute, wie Galilei das vor fünfhundert Jahren noch drohte, auf dem Scheiterhaufen, wenn er laut über Zeit nachdenkt. Dreihundert Jahre später wurde man, wenn man das Gleiche tat, dann zwar bereits nicht mehr erhitzt, sondern »nur« kaltgestellt. Schnell war man ein Sonderling, ein Außenseiter oder gar ein Spinner. Selbst das ist heute nun nicht mehr der Fall. In unseren Tagen geht man kein Risiko mehr ein, wenn man sich über die Zeit und den Umgang mit ihr Gedanken macht und diese Gedanken dann verbreitet. Im Gegenteil, man wird unter Umständen sogar belohnt, mal mit materieller, mal mit immaterieller Anerkennung. Für Autoren und Autorinnen von Büchern über Zeit verbietet sich aus diesem Grund daher jede Legendenbildung nach dem Muster:»Früher waren die Zeiten besser.« Nein, früher waren die Zeiten nicht besser, sie waren nur früher. *Wie* sie früher waren, darüber in den folgenden Kapiteln mehr.

I

Alles hat seine Zeit –
Die Zeit der Vormoderne

»Der Tag begann für mich bereits um vier Uhr, sobald es einigermaßen hell war. Ich richtete mich immer nach der Helligkeit und nicht nach der Uhr. Eine Uhr brauchte ich damals nicht, und ich trage auch heute noch keine. Was zu tun ist, sagte mir immer meine innere Uhr. Es ist dann schon auch vorgekommen, dass ich sogar nach langer Zeit schlechten Wetters nicht mehr genau wusste, welcher Wochentag heute war. Das war aber auch nicht wichtig, ich hatte keine Termine, und die Dauer der Almzeit wurde vom Wetter bestimmt. Ich lebte ohne Zeitdruck, nur mit dem Vieh und der Natur.«

Wer würde nicht gerne so leben – zumindest irgendwann einmal, am besten so zwei Wochen im warmen, nicht allzu verregneten Hochsommer. Es ist eine Sehnsucht, die der Luxus gebiert. Wir können uns heute diese und andere Sehnsüchte leisten, weil wir wissen, dass wir so, wie geschildert, leben können, aber nicht leben müssen. Jederzeit können wir aussteigen aus dem Ausstieg. Auch der 1938 geborene Josef Dichtl, der »Dichtl Sepp« aus Eschenlohe, hatte diese Möglichkeit. Er nämlich ist es, einer der letzten Hirten des bayerischen Oberlandes, der seinen »zeitlosen« Tagesablauf in den oben zitierten Worten zu Protokoll gab. Er erspürte, worauf es ankommt, wenn man heutzutage Eindruck machen will: Man muss die Sehnsüchte der Menschen ansprechen. Eine der größten und am meisten verbreiteten ist heute der Wunsch, in harmonischem Einklang mit den Zeiten der Natur leben zu können. Der Dichtl Sepp ist kein altmodischer, er ist ein moderner Mensch. Zwar lebt er nicht modern, aber er denkt modern, redet und schreibt auch so. In unverkennbar schwärmerischem Ton redet er davon, dass er keine Uhr braucht, keine Termine macht, auch keine hat, und dass er die Wochentage einfach mal eine Zeit lang vergessen kann. Er lebt die Zeit, als sei sie ein zeitloses Paradies. Um das tun und sich darüber freuen zu können, muss man Zeitdruck kennen, schon mal einen vollen Terminkalender gehabt und unter dem Diktat der Uhrzeit gelitten haben. Nur dann und nur so kann man das alternative Leben in der Art und Weise beschreiben, wie es der Dichtl Sepp so anschaulich und sehnsüchtig machend tut. Was er uns mitteilt, ist ja vor allem

30 **I** Alles hat seine Zeit – Die Zeit der Vormoderne

die Botschaft:»Ich brauche eure Zeit nicht! Ich verzichte auf euren Uhrzeitterror und eure Termindiktatur. Von eurer Zeit lass ich mich nicht drängen. Ich zeig euch, wie's anders geht. Ich mach euch neidisch!« So ganz aber stimmt das natürlich nicht; er schwindelt etwas, der Dichtl Sepp. Auch er weiß, was Uhren sind und wie sie funktionieren, auch er verabredet Termine und weiß aus eigener Erfahrung, was Zeitdruck ist. Ansonsten wäre er gar nicht imstande, seinen Aussteigeralltag vom gehetzten Dasein der Menschen im Tal abzugrenzen. Auch der Dichtl Sepp muss Termine machen und einhalten, vielleicht nicht viele, aber zumindest die mit den Bauern, deren Vieh er auf der Alm hütet (etwa beim alljährlichen Almauftrieb oder Viehscheid). Er weiß natürlich, was Zeitdruck ist, hat ihn schon selbst erfahren, sonst könnte er nicht so stolz von seinem zeitdruckfernen Almleben, von seinem Aussteigeralltag berichten. Er braucht ja auch all die Eile, das Gehetze und die vielen Termine, die den Alltag im Tal bestimmen, er braucht sie zumindest, um sich davon ganz bewusst und absichtlich abzugrenzen, um sich seiner Sonderstellung bewusst zu sein und sie so zu genießen. Er stimmt das sehnsüchtig machende, auch ein wenig sentimentale Lied eines von der Uhrzeit unabhängigen Lebens an, das auf der Rückseite all jener Schallplatten zu finden ist, deren Vorderseite den Dauerhit vom Zeitsparen offeriert. Und man weiß ja, die allermeisten Schallplatten – zumindest galt das für die Zeit, als man sie noch zu kaufen bekam – werden von den wahren Kennern wegen ihres Songs auf der Rückseite erworben.

Das und anderes mehr gilt es zu bedenken, wenn, was der Dichtl Sepp in der ihm eigenen sympathischen Art schildert, zu dem Wunsch wird, naturnahe Zeiterfahrungen zu mehr als nur zu einer Art Abenteuerurlaub mit Kuh und Hochgebirgsblick machen zu wollen. Entschließt man sich ernsthaft dazu, dann zumindest sollte man zur Kenntnis nehmen, dass die Natur und deren Zeiten nicht nur freundlich zu den Menschen sind. Natur kann brutal und zuweilen – ist man ihren Gewalten schutzlos ausgeliefert – auch lebensgefährlich sein. Diese rauen und bedrohlichen Seiten der Natur kommen jedoch in der Bergbauernromantik des Dichtl Sepp nicht zur Sprache. Kein heutiger noch so konsequenter und radikaler Ausstieg auf Zeit wird den Alltagserfahrungen, die man in der Vormoderne gemacht hat, gleichen. Kein Mensch in unseren Breiten kommt in die Situation, zum Überleben Kastanien und irgendwelche Kräuter essen zu müssen, weil die Ernte durch Hagelschlag vernichtet wurde. Und bei unseren Ausflügen in die uhrzeitlose Zeit können wir uns darauf verlassen, im Notfall von einem Hubschrauber der Bergrettung in die tiefer gelegene Gegenwart zurückgeholt zu werden. Das alles spricht nicht gegen solche nostalgischen »Zeitreisen«. Entschließt man sich zu ihnen, sollte man es jedoch mit dem Bewusstsein tun, dass die Nostalgie eine der charmantesten Verführerinnen ist.

Zeit der Natur – Natur der Zeit

Im Frühtau zu Berge ...

Sie existierte einmal, die Zeit, als die Zeit noch Zeit hatte. Es war die Zeit, als die Menschen ohne Uhr lebten und die Zeit noch keine Mangelware war. Zeitdruck war annähernd unbekannt, Klagen über Zeitkonflikte und Zeitnöte ebenso, und keinem Menschen kam es in den Sinn, einen Gesprächspartner mir nichts, dir nichts auf der Straße mit der Ausrede stehen zu lassen:»Tut mir leid, keine Zeit!« Das Leben zu dieser Zeit hat wenig mit der Welt- und der Zeitanschauung und genauso wenig mit der Art des Umgangs mit Zeit zu tun, wie wir sie heute für selbstverständlich halten. Auch gibt es aus damaliger Zeit keine Berichte über ähnliche Sehnsüchten wie sie heute kultiviert werden, um sich der Hast des Alltags für einige Zeit zu entziehen.

Dieser Zeit vor dem Zeitdruck und vor der Erfindung und der Verbreitung des Zeitmanagements geben wir den Namen»Vormoderne«.

Das war zugleich jene Epoche, in der man sich die Erde als Scheibe und als Mittelpunkt des Universums vorstellte. Zu dieser Zeit starben die weitaus meisten Menschen an dem Ort, an dem sie auch geboren waren. Es war die Zeit, als man beim ersten Sonnenstrahl das Bett verließ und sich mit dem letzten wieder in die Federn kuschelte. Die Menschen waren sesshaft, blieben am Ort und machten ihr Testament, wenn sie sich, was nur sehr selten vorkam, auf Reisen begaben. Selbst Goethe, ein Bewohner der zu seiner Zeit längst modern gewordenen Welt, setzte sich vor seiner als Reise getarnten Flucht nach Italien noch hin und regelte seinen letzten Willen.»Die Welt«, so eine lange Zeit gebräuchliche Redensart aus der heute längst nicht mehr randständigen Oberpfalz,»ist groß, und hinter Straubing soll's noch weitergehen.«Heute weiß man, dass diese vormoderne Vermutung nicht ganz unberechtigt war. Das Risiko, sich zu weit von zu Hause zu entfernen, um – unversehens am Ende der Welt angekommen – in die Tiefe zu stürzen, wollte man auch aus Gründen der Gottesfürchtigkeit nicht austesten. Darauf zielt auch der Hinweis Dantes in seiner *Göttlichen Komödie*, dass die Säulen des Herakles die Meerenge von Gibraltar in erster Linie deshalb bewachen, »damit nicht weiter sich der Mensch begebe«.

Kennzeichen der hier »Vormoderne« genannten Epoche ist die enge Verbindung des gesamten Lebens – insbesondere auch der Arbeit – mit den periodischen Abläufen des Kosmos und der Natur. Man war in der Vormoderne in der Zeit zu Hause. Was wir heute »Zeitbewusstsein« nennen, folgte den zyklischen Wiederholungen der Natur, speziell der Jahreszeiten, und den Erscheinungen und regelmäßigen Abläufen am Himmelszelt. Das galt in erster Linie für die bäuerliche Arbeit, von der die überragende Mehrheit der Bevölkerung damals lebte. Zeit und Raum wurden stets qualitativ und nur ganz selten quantitativ betrachtet. Das Werden und Vergehen offenbarte sich als Rhythmus, in dem jede Phase ihren eigenen handlungsorientierenden Bedeutungscharakter hatte – einer Note in einer Melodie vergleichbar. Zuvörderst waren es die Rhythmen der Natur und die in Traditionen und Bräuchen verankerten sozialen Ereignisse, Feste und Feiern, an denen die vormodernen Menschen und die sozialen Gemeinschaften ihr Tun und Lassen ausrichteten und die ihnen als Maß für die Festlegung von Zeiträumen und Perioden dienten. In ihnen sehen Zeitforscher heute die einflussreichsten »Zeitgeber« des vormodernen Lebens. Das Zeitbewusstsein stand dabei in engem Zusammenhang mit sicht- und ablesbaren Himmelserscheinungen, in südlichen Ländern mit dem Wechsel von Regen- und Trockenzeiten, dem Umlauf der Erde um die Sonne und den Phasen und Rhythmen des tierischen und pflanzlichen Wachstums. Anhaltspunkte für die Ordnung des Vergänglichen suchte man an dem sichtbaren Verlauf der Gestirne, an der Wanderung des Schattens, den Veränderungen des Wetters, den Rhythmen der Gezeiten, dem Wachstum der Pflanzen und der Abfolge der menschlichen Lebensphasen. Die Menschen lebten in der Natur und mit der Natur und ließen sich vom Echo der Naturereignisse in ihrem Tun und Lassen lenken. Sie gingen mit den Hühnern schlafen und ließen sich vom frühmorgendlichen Hahnenschrei wieder aus dem Bett vertreiben. Rhythmen und Zyklen, vielerorts auch durch Glockensignale hörbar gemacht, organisierten nicht nur den Alltag, sondern auch die Zeitwahrnehmung der Menschen sowie die Einschätzung, die Beschreibungen und die Erklärungen zeitlicher Abläufe. Selbst größere Siedlungsgemeinschaften kamen, was heutzutage schwer vorstellbar ist, in der Vormoderne ohne abstrahierende Zeitmessung und ohne Stundeneinteilung aus. Der vormoderne Mensch redete nicht über »Zeit«. Warum auch sollte er das tun? Er redete übers Wetter und dessen Wandel. Zeit war das Wetter, wie sich das ja bis heute in den romanischen Sprachen in dem Sachverhalt widerspiegelt, dass dort »Zeit« und »Wetter« ein und derselbe Begriff sind. Auch heute reden die Menschen in Lebenslagen, in denen sie sich vom Zeitdruck entlastet fühlen, keine Eile und auch keine dringenden Termine haben, mit Vorliebe vom Wetter.

Auch die Amundawa, ein im brasilianischen Regenwald lebendes indigenes Volk, das 1986 erstmalig Kontakt mit der Außenwelt hatte, besitzen kein eigenes Wort für »Zeit«. Wie ja auch die Europäer in vormodernen Zeiten denken und reden sie über Ereignisse und Abfolgen von Ereignissen, wie denen des Wetters, nicht jedoch über »Zeit«. Eine Vorstellung von »Zeit«, die losgelöst von Ereignissen vergeht, eine solche Idee existiert bei den Amundawa nicht. Sie zählen ihr Alter nicht nach Lebensjahren, können das auch gar nicht, und wechseln stattdessen je nach familiärem und sozialem Status ihre Namen mehrmals im Leben. Die Grenzen der Sprache sind auch die Grenzen ihrer Welt, wie das generell für die Menschen gilt, den vormodernen europäischen Bauern ebenso wie für den postmodernen Computerfreak unserer Tage.

Wie der Indianer im brasilianischen Urwald noch heute, so schwamm man im mittelalterlichen Europa mit und in der Zeit. Jedoch nicht, wie wir das in unseren Tagen tun, in einem rasch fließenden, begradigten Fluss, sondern gleichsam in einem ruhigen, wenig bewegten, stillen See. Man blickte weder vom Ufer, aus der Distanz auf die Welt, noch schaute man, wie das heute so gerne

Zeit der Natur – Natur der Zeit   35

Alles ● hat
seine
Zeit...

Prediger Salomo

getan wird, den Menschen bei ihrem ernsten Spiel mit der Zeit vom Hochsitz des Überblicks zu. Der vormoderne Mensch war stets Teil der Welt und Teil der Zeit, und er fühlte und verhielt sich auch entsprechend. Weltanschauung, Zeitanschauung, das war zuallererst Naturanschauung. Kein Wunder, denn die weitaus meisten damals lebenden Menschen waren in der Landwirtschaft oder in kleinen Werkstätten als Handwerker tätig. Eingerahmt wurde ihr Arbeitsalltag durch die Zeitsignale der Morgen- und der Abenddämmerung. Auch das Arbeitspensum und das Arbeitstempo waren eng mit Naturabläufen verbunden. Die Menschen waren, ohne sich bewusst dafür entschieden zu haben, *eins* mit der Natur. Sie konnten gar nicht anders und durften, wenn ihnen später nicht die Hölle drohen sollte, auch nicht anders.

Organische Zeit

Die Natur war zwar nicht immer und überall aufseiten der Menschen, doch im Gegensatz zu heute stets sehr nahe bei ihnen. Den Lebensmitteln, die man zum Leben und Überleben nötig hatte, konnte man vom Kirchturm aus beim Wachsen und Reifen zusehen. Durch Geburt und Stand waren das Leben und dessen Ausgestaltung fest in eine als unveränderlich geltende Sozialstruktur eingebettet. Ein über den Erhalt der Existenz hinausgehendes Erwerbsstreben galt als unlauter und wurde nicht, wie das heute der Fall ist, belohnt und gefördert. Die Regeln des Lebens und die Regeln des Arbeitens waren identisch, sie unterschieden sich nicht. Bis zur Erfindung der Teilung des Tages in eine Zeit der Arbeit und eine der Freizeit vergingen noch etliche Jahrhunderte.

Die zeitliche Struktur des Alltags ergab sich aus dem, was zu tun war. Und zu tun war nicht nur das, was Arbeit verlangte, sondern auch das, was ein ehrbares und gottesfürchtiges Leben, was die Gemeinschaft und die Traditionen verlangten. Zeit war eine göttliche Schöpfung, dem Menschen nach der Vertreibung aus dem zeitlosen Paradies zur Bewährung gegeben. Die zeitliche Abfolge des handwerklichen und des bäuerlichen Lebensvollzugs war auf die dauerhafte Stabilität der natürlichen und der sozialen Existenzgrundlagen hin ausgerichtet. Man arbeitete, um zu leben und zu überleben. Wir sprechen, wenn wir eine solche Ökonomie beschreiben, heute von einer Subsistenzwirtschaft. Darin hatte jedes Geschehen, alles seine eigene Zeit. Niemand kam auf die Idee, die Zeitgenossen aufzufordern, bei der Arbeit »mehr Gas« zu geben. Pflichtvergessen handelten all die, die kein »Genug« kannten, die mehr arbeiteten als notwendig und traditionell üblich war. Thomas von Aquin warnte in diesem Zusammenhang von »unnatürlicher Begierlichkeit«. Das heute verbreitete und von der Werbeindustrie geförderte Verlangen, mehr und immer mehr haben und erreichen zu wollen, war in vormodernen Zeiten wenig ausgeprägt. Es hätte sich »wider die natürliche Ordnung und wider Gott« gerichtet.

Man blieb, was man war. Von Geburt an war man Handwerker oder Bauer, und blieb das bis zum Tod. Man hatte nicht nur den jeweiligen Beruf (der immer auch einen Stand repräsentierte), man übte ihn nicht nur aus, man fühlte sich ihm auch verpflichtet und berufen – und das ein Leben lang. Das, was sich veränderte, veränderte sich nicht durch Entscheidungen mutiger Personen, sondern durch die umgebende natürliche Umwelt und/oder die soziale Mitwelt, in die man sich wie selbstverständlich eingebettet sah. Die Arbeitszeit variierte mit den Jahreszeiten, also mit der Länge des lichten Tages. Es war das Sonnenzeitmaß, das die Grundgeschwindigkeit der Natur und auch die der Menschen und dessen, was sie taten und ließen, bestimmte. Im Sommer reduzierten die Bauern die Zeiten ihres Schlafes auf die wenigen Stunden der Dunkelheit, im Winter hingegen schliefen sie so lange, dass man auf die Idee kommen konnte, der Mensch hätte die Anlagen für einen ausgiebigen Winterschlaf.

Will man diese Zeit der mitteleuropäischen Vormoderne charakterisieren, so bietet sich an, sie eine »organische Zeit« zu nennen. Die Zeitorganisation und das Tempo des Handelns richteten sich in erster Linie an den zu bewältigenden Tätigkeiten und Aufgaben aus. Eine Trennung in unterschiedliche Lebensbereiche und Lebenswelten war unbekannt. Ruhezeiten, Feiern, Beten, Essen und Trinken wurden ganz selbstverständlich in den Arbeitsprozess integriert. So etwas wie »Freizeit« existierte in der Vormoderne nicht. Die praktizierte Einheit von Arbeit und Leben kannte keine abstrakten Zeitmaße, sie hatte sie auch nicht nötig. Der Mann auf dem Feld, die Frau im Stall, die Großmutter in der Küche, ihnen allen war nicht geläufig, in welchem Jahr sie sich jeweils befanden. Bekannt und wichtig waren ihnen die Namen der Heiligen, die jedem Tag seine Besonderheit verliehen. Noch bis ins 17. Jahrhundert hinein, so lässt es sich aus Chroniken, speziell aus Geburtsregistern, ersehen, konnten die wenigsten Menschen das Jahr oder das Datum ihrer Geburt beziffern. Von Michael Pacher beispielsweise, dem wir eine Reihe herrlicher gotischer Hochaltäre zu verdanken haben, ist uns weder das Geburtsjahr noch der Geburtsort bekannt:»Zwischen 1428 und 1435 im Pustertal« lauten die offiziellen Auskünfte. Von anderen weiß man, so ist es in einer Chronik vermerkt, dass sie»zwei Tage vor der Geburt der Jungfrau Maria« das Licht der Welt erblickt haben. Andere, die dann meistens»Johannes« hießen, wurden»am Namenstag des Heiligen Johannes des Täufers« geboren. In welchem Jahr das war, ist nicht überliefert. Niemanden hat das damals interessiert, und kein Mensch hatte das Bedürfnis, dem Tag ein Datum zu verpassen. Geschichten begannen mit der märchenhaften Zeitbestimmung:»Es war einmal …« und sie endeten mit dem Hinweis:»Und wenn sie nicht gestorben sind …« Ein modernes Revival einer solchen Zeiterfahrung findet man in Thomas Manns *Zauberberg* an der Stelle, als Hans Castorp bei seinem sich in die Länge ziehenden Aufenthalt auf dem Berghof sein Alter vergisst. Eine andere Wiederaufführung kam kürzlich (im Jahr 2010) in Hamburg bei einem Verfahren gegen somalische Piraten auf die Bühne eines Gerichts. Vom Richter nach seinem Geburtstag und Geburtsort gefragt, gab einer der Angeklagten die inhaltsreiche Auskunft:»Geboren bin ich in der Regenzeit vor 24 Jahren unter einem Baum.«

Kosmische Zeitgeber

Beabsichtigt man, wie es hier versucht wird, die Qualität des Umgangs mit»Zeit« im vormodernen, uhrzeitlosen Zeitalter zu schildern und zu bewerten, ist man gut beraten, bei der Verwendung des Begriffes»Zeit« Vorsicht walten zu lassen. Der vormoderne Mensch blickte nämlich ganz anders auf das Werden und Vergehen als der im 21. Jahrhundert lebende. Er nahm»Zeit« anders wahr und verstand auch anderes darunter als wir postmodernen Zeitgenossen. Sprechen wir heute von »Zeit«, dann reden wir über etwas anderes als ein mittelalterlicher Mensch, wenn er zeitliche Phänomene in den Blick nahm und beschrieb. Ist »Zeit« für uns heute Überbeschäftigen eine vom konkreten Geschehen abstrahierende Kategorie zur Beschreibung einer Abfolge von Ereignissen, so war sie für die Bauern und Handwerker der Vormoderne immer ein erfahrungsintensives Ereignis. Menschen, die die Natur nicht, wie es heute der Fall ist, als ihre »Umwelt« begreifen, die sich vielmehr als Teil der Natur verstehen, lassen sich ihre Zeit nicht von Terminkalendern, Chronometern und Fünfjahresplänen vorgeben, sondern von den Jahreszeiten, dem Stand der Sonne und der Sternenkonstellation und – regional unterschiedlich – auch noch von der Niederschlagsmenge, dem rhythmischen Wachsen und Vergehen der Pflanzen, dem Verhalten der Tiere und den Signalen des eigenen Körpers. In Küstenregionen, wo der Fischfang die Nahrungsgrundlage der Menschen bildete, waren zusätzlich noch die Gezeiten, also der Rhythmus von Ebbe und Flut, wichtige Zeitgeber. – Alle Zeitgeber werden von drei kosmischen Dynamiken bestimmt:

– Der Rotation der Erde um ihre eigene Achse. Verantwortlich ist diese für den Zeitgeber »Licht«, also den täglichen Rhythmus von Helligkeit und Dunkelheit.

– Der Rotation des Mondes um die Erde, eingeschlossen die Rotation des Mondes und die der Erde jeweils um ihre eigenen Achsen. Sie sind die Zeitgeber für die Monate, die der Gezeiten und mittelbar auch für die der Wochentage.

– Der Rotation der Erde um die Sonne. Sie bestimmt die Jahreszeiten, die sich ändernden Längen von Tag und Nacht und den Wechsel von Regen- und Trockenzeiten.

Aussaat, Ernte, Jagd und Fischfang, ebenso aber auch der Hausbau und viele soziale Ereignisse wie Feiern und Feste wurden direkt und indirekt in Anlehnung an diese Zyklen zeitlich markiert. Auch aus diesem Grund redete zu dieser Zeit niemand über »Zeit«, sondern über die kosmisch verursachten Ereignisse wie Dunkelheit und Helligkeit und das Wetter. Ein Zeitmanagementseminar – das gilt auch für das Buch, das Sie gerade lesen – wäre so ziemlich das Absurdeste gewesen, was man sich damals hätte vorstellen können. Man verrichtete sein Tagwerk, wie es der Gewohnheit, der Tradition und den lokalen Bräuchen entsprach. Niemand hatte das Bedürfnis, die Zeit durch präzise Zeitangaben klein zu hacken, kein Mensch auch den Wunsch, die Tageszeiten nach eigenen Vorstellungen und Absichten zu planen oder gar zu verplanen. Es reichte vollauf, wenn man vom »Einbruch der Nacht«, vom »Sonnenaufgang«, vom »Mittag« oder von der »Zeit zum Melken« sprach. In der aufgaben- und naturnahen Zeitordnung des Werdens und Vergehens drückte sich, so das vormoderne Weltverständnis, der Wille der Götter beziehungsweise der – so im christlichen Abendland – des einen Gottes aus. Die Natur und ihre Zeit mit all ihren schöpferischen, aber auch mit ihren zerstörerischen Seiten, waren der Ausdruck des unergründlichen Willens Gottes. Dem aber durfte man, wollte man sich nicht dem Vorwurf gotteslästerlichen Handelns aussetzen, nicht durch eine von Menschen gemachte Zeitplanung und Zeitorganisation ins Handwerk pfuschen.

Die Zeitordnung Gottes

Wunderliche Zeiten

In Europa war es vornehmlich der christlich-katholische Ordnungs-
gedanke, der die Anschauung der Welt prägte und ihr Gestalt verlieh. Die Kirche beanspruchte die Sinnstiftung des irdischen Lebens.
In der Form von Ritualen und Zeremonien lieferte sie die Sinn-
angebote für annähernd alles irdische Tun von der Geburt bis zum
Tod – und auch noch darüber hinaus. In den traditionellen Gemeinschaften religiöser Prägung projizierten die Gläubigen ihre
Existenz bis in die Tiefe der Ewigkeit, also weit über den Tod hinaus. Das war einer der Hauptgründe, weshalb den Geistlichen annähernd magische Kräfte zugesprochen worden sind, die ihnen in
erster Linie wegen ihres direkten Drahtes zu Gott unterstellt wurden. Man glaubte fest an die Wirksamkeit des Kontaktes mit heiligen Gegenständen, an die des Gebetes und an die Anordnungen
der Geistlichkeit. So hat man sich zum Beispiel in mittelalterlichen
Zeiten in der Po-Ebene vor Hochwasser zu schützen versucht, indem man einen durch den Ortsbischof legitimierten schriftlichen
Befehl in den Fluss warf, der den Wasserfluten gebot, unverzüglich
in ihr Bett zurückzukehren.

Durch die demütige Unterwerfung unter die von der Kirche ver-
waltete göttliche Ordnung gewann das alltägliche Leben einen engen Bezug zum ewigen Leben und zur Hoffnung auf Erlösung. Das
Bemühen um Seligkeit und das wahre Glück (beidem konnte man
im Diesseits nicht teilhaftig werden) waren im katholischen Mittelalter die annähernd allen Aktivitäten vorgegebenen Ziele. In diesem
Vorstellungsgebäude begriffen sich die damaligen Gläubigen als
Pilger. Ihr Leben verstanden sie als eine Art Pilgerreise durch die
irdische Zeit. Das Ziel dieser Pilgerreise konnte auf zwei unterschiedlichen Wegen erreicht werden. Durch ein »tätiges« Leben, das

immer auch anstrengende Bußübungen einschloss (*vita activa*), und zum anderen durch ein »beschauliches« Leben (*vita contemplativa*), das in den meisten Fällen den Entschluss, das weitere Leben im Kloster zu verbringen, voraussetzte. Beide Wege führten durch unterschiedliches Tun zum gleichen Ziel und beide – das ist ein gravierender Unterschied zur heutigen Zeit – wurden als Formen des Tätigseins gesehen, verstanden und anerkannt. Alle beide waren sie der Ausdruck eines arbeitsamen, gottesfürchtigen Lebens, dem ein persönliches Gewinnstreben fremd war. Beide Handlungsweisen, die aktive wie die kontemplative, waren geeignete Mittel, die irdische Sündenlast zu verringern. Arbeit, die mühelos von der Hand ging, war in diesem Verständnis keine Arbeit, da sie nicht als Buße für den Sündenfall akzeptiert wurde. Erfolgsmaximierung, die strategische Ausrichtung, der die heutige Arbeit vornehmlich folgt, war der Vormoderne völlig unbekannt. Dass die Menschen zu dieser Zeit trotzdem zu großartigen Leistungen in der Lage waren, davon legen die bewundernswerten Kathedralbauten und die herrlichen Klosteranlagen aus dieser Zeit ein beredtes Zeugnis ab.

Die irdischen Repräsentanten des göttlichen Willens, vereinigt in den geistigen Ständen, wachten über die herrschende Zeitordnung und sicherten sie durch breit verzweigte kultische Aktivitäten ab. Als Orientierung und Vorbild bedienten sie sich, wie das lange vor ihnen die Ägypter bereits getan hatten, der periodisch wiederkehrenden Vorgänge in der Natur und am gestirnten Himmel. Die von der Kirche gesetzten Zeitmarkierungen waren – und sind bis heute – eng mit den natürlichen und kosmischen Zeitverläufen und Zeitereignissen koordiniert und verknüpft. Diese enge Verbindung sicherte zum einen die kirchlichen Herrschaftsansprüche im Hinblick auf die irdische Zeitorganisation, zum anderen verlieh sie den Menschen Orientierung, Sicherheit und sozialen Zusammenhalt. Kurzum: Die Zeit und ihre Ordnung wurden christianisiert. Was beispielsweise den Tagesablauf angeht, so war er in der Vormoderne durch kirchliche Zeitgebersignale gerahmt. Das »Morgenläuten« weckte die Menschen zum Frühgebet und zu anschließendem Arbeitsbeginn. Das Mittagsläuten erinnerte ans Mittagsgebet und rief zum Mittagessen und zur Mittagspause, das »Abend- bzw. Vesperläuten« verkündete das Ende des Arbeitstages und mahnte zum Abendgebet. Strenger waren die Regeln und Vorschriften vor und an Sonn- und Feiertagen. Bereits am Vorabend galt es, sich auf die Feiertage in andächtiger und kontemplativer Art und Weise vorzubereiten.

Davon erzählt eine Begebenheit aus dem Leben der in Bayern und Tirol verehrten heiligen Notburga von Rattenberg. Die Heiligenlegende berichtet, dass Notburga, als Magd beim Herrn von Rattenberg in Diensten, sich aus tiefer Frömmigkeit dem Befehl ihres Herren einmal verweigerte, die Arbeit auf dem Felde über das Vesperläuten hinaus fortzusetzen. Zum Zeichen ihres Protestes warf sie ihre Sichel in die Höhe. Die blieb – ein Wunder, das sie zur Heiligen machte – so lange am Himmel hängen, bis sie Notburga nach der Andacht wieder in die Hand nahm, um die Arbeit des Tages zu vollenden.

Für den vormodernen Menschen markierte die Schöpfungsgeschichte den Anfang der Zeit und das Jüngste Gericht deren Ende. Die durch Traditionen und Bräuche überlieferten vorchristlichen Bräuche und Zeitgewohnheiten wurden mit Druck und häufig auch mit Gewalt, meist aber mit kluger und raffinierter sozialer Sensibilität und Rücksichtnahme in christliche Heilsgeschichte umgedeutet und in kirchliche Rituale verwandelt und überführt. Die bis heute wirkmächtige zeitliche Gliederung des Kirchenjahres sitzt also auf vorchristlichen Zeitordnungen und Zeitgewohnheiten auf. Liberius, seines Zeichens Bischof von Rom, machte zum Beispiel im Jahr 354 den 25. Dezember zum Tag der Geburt Christi, zu Weihnachten – bis dahin feierte man an diesem Tag aufgrund der Wintersonnenwende den Sonnengott. Christi Geburt auf einen bereits zuvor gefeierten Tag zu legen, war ein kluger Schachzug. Er erhöhte zweifelsohne die Akzeptanz der kirchlichen Zeitordnungsvorgaben bei der bis dahin heidnischen Bevölkerung. Ähnlich verfuhr man auch beim Kirchenbau. So steht das Baseler Münster beispielsweise auf den Fundamenten seines keltischen Vorgängerbaus und gleicht ihm auch in seiner baulichen Grundstruktur. Zur Sommersonnenwende am 21. Juni, die in Europa über Jahrtausende hinweg wichtigste Zeitmarkierung, geht die Sonne, in der die Ägypter das Auge Gottes sahen, genau zwischen den beiden Münstertürmen auf.

Geändert hatte sich durch den Münsterbau nur die Religion, nicht aber die Ordnung der Zeit. Auch die etwas bürokratisch formulierten Ordensregeln des heiligen Benedikt nahmen Rücksicht auf die Natur, auf die menschliche und auf die kosmischen Vorgaben. So schrieb Benedikt für die Zeiten des Sommers eine mittägliche Ruhepause vor, deren Zweck es war, die jahreszeitlich bedingte kürzere Phase der Dunkelheit und des dadurch verursachten Schlafdefizits auszugleichen. Als »Siesta-Kultur« überdauert diese Tradition in südlichen Ländern, auch außerhalb des Klosters, bis heute. Akut gefährdet jedoch ist sie vom Standardisierungs- und Rationalisierungsdruck der Europäischen Union.

In den Schriften des französischen Mittelalterforschers Georges Duby findet man eine anschauliche Beschreibung der damals praktizierten jahreszyklisch gestalteten Ordnung der Liturgie: »Eine der Hauptaufgaben des Küsters und des Kantors, die für die liturgische Ordnung verantwortlich waren, bestand darin, alljährlich einen Kalender auszuarbeiten, die verschiedenen Textstellen zu verteilen und den Gottesdienst jeweils den außergewöhnlichen Feierlichkeiten gemäß zu gestalten. Das Leben im Gebet bedeutete also notwendig die ununterbrochene Erfahrung der kosmischen Zeit. Indem sie sich ihren zirkulären Rhythmen beugte, indem sie sich gegen jeden möglicherweise störenden Zufall absicherte, nahm die Klostergemeinschaft die Ewigkeit schon voraus.« Kalender jedoch – das sollte man nicht übersehen – waren in der Vormoderne keine Datumskalender, sondern immer Ereigniskalender, die den Bezug zu kirchlichen Traditionen (Heiligenkalender) oder zu jahreszeitlichen Ereignissen (Bauernkalender) herstellten.

Welt ohne Zeitgewinn

Ein wie auch immer geartetes Fortschrittsdenken war der vormodernen Welt völlig fremd. Wagte ein Mutiger, über den nächsten Winter hinaus zu denken (und wenn er ganz mutig war, sogar zu planen), dann hatte das keine praktische Auswirkung. Das Leben auf Erden, so die vormoderne Sichtweise, brachte und brauchte daher auch nichts wirklich Neues. Es war, und das sollte es auch sein, lediglich die wiederholte Neuauflage des kosmischen Kreislaufes. Kreisläufe haben bekanntlich kein Ziel und lassen sich daher mit der Vorstellung eines »Fortschrittes« nicht in Einklang bringen. In der Vorstellungswelt dieses Kreislaufdenkens ist Zeit keine voranschreitende Macht, sie vergeht nicht, verstreicht nicht, kann nicht gewonnen, nicht verloren und erst recht nicht gespart werden. Das Leben, so steht es in einem altägyptischen Text geschrieben, »dreht sich wie eine Töpferscheibe«. Eine Zeitvorstellung, die sich in Mitteleuropa noch bis ins 18. Jahrhundert gehalten hat. So belehrte zum Beispiel Goethes Mutter in einem Brief vom 6. Februar 1794 ihren damals schon berühmten Sohn: »Wir können dem Rad des Schicksals doch, ohne zerschmettert zu werden, nicht in die Speichen greifen.« Übrigens eine Formulierung, die von der katholischen Kirche bereits ein paar Jahrhunderte früher bemüht worden war, um das seit dem 12./13. Jahrhundert vermehrt aufkommende Fortschrittsdenken als eine Art Anmaßung gegen die göttlichen Vorrechte auf die Zukunft zu bekämpfen. Kein Wunder also, dass zuallererst Zeitformen des Bewahrens, des Rückgriffs auf Vergangenes, besonders aber Wiederholungen im Mittelpunkt des vormodernen Zeitdenkens und Zeithandelns standen. »Die Sonne schien, da sie keine andere Wahl hatte, auf nichts Neues.« (Samuel Beckett) Völlig unumstritten war es, dass Gott, der Kosmos und die von ihm geschaffene Natur jene Zeitgeber waren, nach denen man sich zu richten hatte. Gott schreitet so wenig fort wie die Natur oder die Sonne. Dass der Fortschritt eine menschliche Erfindung ist und wenig Göttliches an sich hat, ist heute, nach 250 Jahren Fortschrittspraxis, ja auch kein Geheimnis mehr.

Für den vormodernen Zeitgenossen war Zeit nichts, das er in Besitz nehmen oder worüber er hätte disponieren können. Die Zeit gehörte Gott, sie war sein Eigentum, nicht das der Menschen. Sie war kein privates Gut, das man hat oder nicht hat, das man nutzt oder verschwendet. Ein Gebet des Kirchenvaters Augustinus von Hippo lässt uns diese vormoderne Sichtweise auf die zeitlichen Eigentumsverhältnisse nachempfinden: »Dir – Herr, mein Gott – gehört der Tag, und Dir gehört die Nacht, auf Deinen Wink hin fliegen die Augenblicke vorbei. Gib uns also Zeit zum Nachdenken über den geheimen Sinn Deines Gesetzes, und verschließe uns das

Dieses Jahr ist nichts passiert.

mittelalterliche Chronik

Tor nicht, wenn wir anklopfen!« Gott auch sorgte dafür, dass alle Dinge, alle Lebewesen ihre je eigenen Zeiten haben.

Sündig wurden all diejenigen hingegen, die die Zeit in die eigene Hand nahmen, um mit ihr Handel zu treiben und Profite zu erzielen. Darum auch galten im Mittelalter die zu Wucherern abgestempelten Geldverleiher als Zeitdiebe und das Geldverdienen durch Zinseinnahmen als verwerfliche Sünde. In einem ehemals weitverbreiteten Handbuch für Beichtväter schildert der Verfasser in anschaulichen Bildern, warum der Wucherer gegen die damaligen »Gesetze« verstieß, wenn er die Zeit zu einem Geschäft gemacht hatte: »Der Wucherer leiht dem Schuldner nicht, was ihm gehört, sondern nur die Zeit, die Gott gehört. Er darf also keinen Gewinn aus dem Verleih fremden Eigentums machen. Die Wucherer sind Diebe, denn sie handeln mit der Zeit, die ihnen nicht gehört; und mit dem Eigentum eines andren gegen den Willen des Besitzers zu handeln, ist Diebstahl. Und da sie außerdem mit nichts anderem als mit erwartetem Geld, das bedeutet mit Zeit, handeln, treiben sie mit Tagen und Nächten Handel. Der Tag aber ist die Zeit der Helligkeit und die Nacht die Zeit der friedvollen Ruhe. Also handeln sie mit Licht und friedvoller Ruhe. So wäre es nicht gerecht, wenn sie das ewige Licht und den ewigen Frieden erlangten.«

Die Sünde der Wucherei, so fasst der Mittelalterforscher Gurjewitsch seine informativen Ausführungen zum mittelalterlichen Zinsverbot zusammen, »wiegt außerordentlich schwer, und sie ist besonders schwer abzuwaschen, weil sie die einzige Sünde ist, die keine Pause kennt. Ehebrecher, Wollüstlinge, Mörder, Meineidige und Gotteslästerer werden ihrer Sünden irgendwann einmal überdrüssig – nicht so die Wucherer. Selbst wenn ein Wucherer schläft, gehen seine Geschäfte munter fort, und er zieht aus ihnen seinen Gewinn. Der Herr hat dem Menschen aufgetragen: Im Schweiße deines Angesichts sollst du dein Brot essen. Aber der Wucherer schafft nicht im Schweiße seines Angesichtes und häuft doch Reichtümer an, und so handelt er Gott zuwider [...]. Der Wucherer ist also ein Gegner Gottes und der Natur, da er alle Gesetze übertritt und sich sogar gegen die Zeit versündigt.«

Selbst dem in der Schweiz missionierenden strengen Reformator Calvin erschien der Beruf des Bankiers mit der Christenpflicht unvereinbar. Bekanntlich hat die Alpenrepublik inzwischen andere Akzente und Bewertungen gesetzt und sich von Calvins Einschätzung verabschiedet. Reisenden, die auf dem Weg nach Venedig sind, sei empfohlen, im nahen Padua Station zu machen, um sich dort in der Arenakapelle die grandiose Bilderfolge Giottos aus dem 14. Jahrhundert anzusehen. Auf den die Höllenqualen thematisierenden Fresken entdeckt man neben der schrecklichen Figur des aufgehängten Judas drei Wucherer, die an den Stricken ihrer Geldsäcke baumeln. Nicht ohne Ironie nimmt man in diesem Zusammenhang zur Kenntnis, dass der großzügige Stifter Enrico Scrovegni das Geld für dieses herrliche Kulturerbe seinen klugen Geldgeschäften zu verdanken hatte. Eine Mischung aus persönlicher Ruhmsucht, schlechtem Gewissen und der Hoffnung auf Erlösung von seinen Sünden hat ihn zu jenem großzügigen Geschenk motiviert, das zu den größten Kunstwerken der Menschheit zählt.

Der feste Glaube an eine von Gott geschaffene Ordnung sowie die problemlose Bereitschaft, sich darin einzugliedern, machten die in unseren Tagen beliebten und unverzichtbaren Terminkalender ebenso sinnlos wie eine kleinteilige Aufteilung des Tages in Stunden. Auch die »Beschleunigung« von Arbeitsabläufen und die damit verbundenen Gewinnaussichten waren in der Vormoderne keine anerkannten Motive, sich ins Zeug zu legen. Bauern und Handwerker sind nun mal nicht in gleichem Umfang an der Beschleunigung von Arbeitsabläufen interessiert, wie es dann später, in der Moderne, die Fabrikherren sind. Wer den traditionell üblichen Zeitverläufen mehr Tempo verleihen wollte, ging das Risiko sozialer Isolation ein. Manch ein aus dieser Zeit überliefertes Sprichwort weist darauf hin. (Eine kleine Auswahl: »Wer eilt, wird schnell müde«, »Eile mit Weile«, »Eile führt immer tiefer in die Irre«, »Wer eilt, stolpert«, »Hast und Eile sind selten gut«.)

Eine der fünf großen Versuchungen, denen es im Alltag zu widerstehen galt, war die Ungeduld. Dass sie nicht aufkam, dafür sorgten die von der Kirche verordneten Gebetszeiten, die den Alltag durch regelmäßige Phasen des Innehaltens gliederten und rhythmisierten. Das bäuerliche Leben und das klösterliche Dasein bestanden, wie es die Natur vorgab und anbot, aus längeren Perioden der Besinnung und des Wartens, die immer auch als Zeiten der Erwartung, nie jedoch als »verlorene Zeit« verstanden wurden. Doch das bedeutet nicht, dass der vormoderne Mensch nicht auch schnell sein konnte und hin und wieder nicht auch schnell war. Selbstverständlich beeilten sich die Bauern bei der Heuernte, wenn sie am Horizont Gewitterwolken nahen sahen. Auch die Vertreter der Kirche verlangten ab und zu von den Gläubigen mehr Tempo. So etwa der große Prediger des 13. Jahrhunderts, Berthold von Regensburg, der in seiner Zeit wortgewaltigste Redner gegen die Wucherer: »Schnell, schneller zur Buße, wo auch immer du dich vor meinen Augen befindest – und andernfalls in die Tiefe der Hölle!«

Fünf Vaterunser lang ...

Wie schon erwähnt, gab es in der Lebenswelt der Vormoderne weder einen Bedarf noch einen Platz für das Abstraktum »Zeit«. Zeiterfahrungen und Zeitwahrnehmung waren stets konkret, immer an Ereignisse und Handlungen geknüpft. Das galt auch für die Maße, mit denen die Zeit gemessen, konkreter: eingeschätzt wurde. Messen und Ermessen der Zeit waren identisch. Der Tag begann nicht um null Uhr, sondern mit dem Aufgang der Sonne und er endete wieder mit deren Untergang. Homer rechnete nach Morgenröten, Caesar nach Nachtwachen. Bis zum Aufkommen der ersten mechanischen Zeitmesser, allen voran die Räderuhr, war es die von der Wanderung der Sonne abhängige Schattenlänge, die zur Markierung von Zeitpunkten und Zeitstrecken herangezogen wurde. In der nächtlichen Dunkelheit übernahmen, wenn sie denn zu sehen waren, die Sterne und ihr himmlischer Verlauf die Aufgabe von Zeitmessung und Zeitbestimmung.

Weltordnung, Zeitordnung, Zeitdeutung, Zeitmessung und Zeitgliederung waren vereint. Ein von konkreter Erfahrung abgetrenntes, ein künstliches Maß, wie die später von Menschen erfundene »Uhrzeit«, existierte nicht im Alltag der Vormoderne. Warum auch, wo doch die kleinste Zeiteinheit, mit der im Alltag gewöhnlich »gearbeitet« wurde, der Tag war, und zwar nur der helle Tag. Beda, ein im frühen Mittelalter bekannter und einflussreicher Mönch, riet von allen heidnischen Versuchen und Versuchungen ab, die Zeit in kleinere Teile zu zerlegen. Ereignisse wurden nicht durch Daten, wie wir das heutzutage tun, numerisch fixiert (es war also niemals vier oder fünf Uhr), sondern durch die Zuordnung zu Ereignissen und Handlungen, die entweder früher oder später, zuvor oder danach stattfanden oder länger beziehungsweise kürzer dauerten. Ein Beispiel dafür liefert der Bericht eines Ortsgeistlichen über das Erdbeben vom Januar 1348 in der norditalienischen Region Trentino: »Und dieses Erdbeben währte so lange, wie ich für das bedächtige Hersagen von drei Vaterunsern und drei Ave-Maria gebraucht hätte.« Eine andere Quelle lässt uns wissen, dass Agnes Bernauer, die Geliebte des bayerischen Herzogs Albrecht III., auf Geheiß von dessen Vater im Jahr 1435 »fünf Vaterunser lang« in der Donau untergetaucht wurde. Auf andere Ereignisse, einen Gänsebraten beispielsweise, musste man erheblich länger, zuweilen bis zur nächsten Kirchweih warten, und derjenigen Erfahrungen, auf die man im irdischen Leben zu verzichten gezwungen war, musste man dann bis zum Jüngsten Gericht harren.

Aus der traditionellen bäuerlichen Kultur, von der sich Restbestände bis weit in die modernen Zeiten hinübergerettet haben, kennen wir raumzeitliche Wegmarken, die sich direkt mit der konkreten bäuerlichen Arbeitsleistung in einen engen Zusammenhang bringen lassen. In ländlichen Gegenden Süddeutschlands spricht man noch heute bisweilen von einem »Tagwerk«, in anderen Regionen vom »Morgen« und kombiniert damit Zeit- mit Raummaßen. Ein »Morgen,« das ist die Ackerfläche, die ein Bauer mit einem vom Pferd oder Ochsen gezogenen Pflug an einem Vormittag umwenden kann. Die Maßeinheit war sehr konkret, aber sie war nicht so exakt, wie wir das heute gewohnt sind, da die jeweils bearbeitete Fläche von der Bodenbeschaffenheit, von Nässe oder Trockenheit und der Tiefe der Pflugschar abhängig war. Was ein »Morgen« war, unterschied sich also von Region zu Region. Denjenigen, die Lust haben, solche qualitative Zeiten heute nachzuempfinden, sei empfohlen, sich mal wieder zwei bis drei Monde lang in einen Karl-May-Band zu vertiefen.

Die Zeitordnung Gottes 51

Frauen wählen im Übrigen andere Ereignisse als Männer, um Zeitstrecken und Zeitpunkte zu markieren. Männer bevorzugen in dieser Hinsicht, und das ist heute nicht viel anders, als es in der Vormoderne war, zuvörderst auffällige Ereignisse, die mit der äußeren Natur, mit dem Wetter, mit Katastrophen – wie Missernten, Überschwemmungen, Sturmfluten und Lawinenabgängen – sowie mit kriegerischen Auseinandersetzungen zu tun haben. Frauen hingegen wählen eher Ereignisse mit einem engen Bezug zur inneren, zur menschlichen Natur wie Schwangerschaften, Geburten/Fehlgeburten, Krankheiten und Todesfälle, Feiern und Feste in der Familie und der Verwandtschaft. Doch fragte ein Kind, wie lange es noch bis Weihnachten ist, dann antworteten Männer und Frauen gleich: »Noch fünfmal schlafen.« Wie trivial, wie leer und wie wenig informativ sich das Datum im Gegensatz zur Kunst qualitativer weiblicher Zeitbestimmung präsentiert, kann man in Shakespeares *Romeo und Julia* nachlesen, in jener Szene, in der die Amme Julias Alter aus Tausenden von Begebenheiten herausarbeitet.

Von den Römern übernahm die christliche Kirche die Zeitordnung der täglichen Gebetszeiten. Die Römer hatten sie ihrerseits wieder am Gang der Sonne ausgerichtet. Es waren sieben am Tag: Sonnenaufgang, Mitte des Vormittags, Mittag, Mitte des Nachmittags, später Nachmittag und Sonnenuntergang. Mit der siebten Gebetszeit, ursprünglich für die Zeit kurz nach Mitternacht festgelegt, gab es in der uhrzeitlosen Vormoderne verständlicherweise große Probleme. Sie verschob sich – da in der Nacht bekanntermaßen alle Stunden »grau« sind – immer weiter in den Morgen hinein. Im Winter folgten die Gebetszeiten in Mitteleuropa wegen der kürzeren Tageslänge rascher aufeinander als im Sommer. Für Verabredungen und soziale Zusammenkünfte war die Länge des eigenen Körperschattens ein beliebtes Zeitmaß.

Auch jene Konvention, für die seit dem 18. Jahrhundert im deutschen Sprachraum der Begriff der »Pünktlichkeit« bemüht wird, kannte man in der Vormoderne nicht. Sie ist ein Produkt der Uhrzeitgesellschaft. Man traf selbstverständlich auch in den Zeiten, in denen es noch keine Möglichkeit zum Uhrzeitvergleich gab, Verabredungen und arrangierte Treffen mit Freunden und Freundinnen, doch man arrangierte sie nicht auf Zeitpunkte, sondern auf Zeiträume hin. Zeitraumerwartungen unterscheiden sich von Zeitpunkterwartungen durch den Sachverhalt, dass sie auf überraschende, nicht planbare und nicht kalkulierbare Gegebenheiten und Gelegenheiten Rücksicht nehmen. Heute würden wir Verabredungen, die auf Zeiträume hin getroffen werden, als »flexibel« bezeichnen. So wie man das heute noch aus landwirtschaftlich geprägten, industriell unterentwickelten Gebieten dieser Welt kennt. Aus Sri Lanka zum Beispiel, wo man sich – so zumindest berichtet mir mein von dort stammender Physiotherapeut – nach dem Muster verabredet: »Wir treffen uns um sieben und wenn ich bis acht Uhr nicht da bin, dann warte bis neun und geh um zehn nach Hause.« Im alten Athen und im alten Rom verabredete man sich nach der Schattenlänge. Das tat man zwar auch weiter nördlich, doch seltener. Nicht weil man bessere Alternativen hatte, sondern weil dort die Sonne weniger häufig schien. Doch ob mit oder ohne Sonne, man nahm es in vormodernen Zeiten nicht allzu genau mit den Zeitpunkten von Verabredungen. Vielleicht, so könnte man vermuten, wollte man sich ja all jene Probleme, die die Menschen später dann mit der Pünktlichkeit bekamen, vom Hals halten.

Chaotischer als heute ging's deshalb in jenen Zeiten, in denen allein die Morgendämmerung und noch keine Glocken und keine Fabriksirenen zur Aufnahme der Arbeit mahnten, auch nicht zu. Man ging in den Stall, betrat die Werkstatt oder machte sich auf den Weg zum Acker, sobald es die Helligkeit erlaubte, seinen Nachbarn auf der Straße zu erkennen. Ähnliches berichtet der Zeitforscher Robert Levine aus dem heutigen Burundi, einem bäuerlich geprägten Land Afrikas. »Verabredungen werden nicht notwendigerweise für einen bestimmten Zeitpunkt des Tages getroffen. Die Menschen wachsen in ländlichen Gebieten auf, und wer über wenig Schulbildung verfügt, verabredet sich vielleicht für ein Treffen früh am Morgen, indem er sagt: ›Okay, wir sehen uns morgen früh, wenn die Kühe auf die Weide gehen.‹ Wenn man sich mittags treffen will, verabredet man sich für die Zeit, ›wenn die Kühe zum Fluss trinken gehen‹. Damit die jüngsten Kühe nicht zu viel trinken, verbringen die Bauern, so erklärt Niyonzima, zwei oder drei Stunden mit ihnen in einem schattigen Unterstand, während die älteren noch am Fluss trinken. Dann am Nachmittag, sagen wir etwa um drei Uhr, ist es Zeit, die jungen Kühe wieder auf die Weide hinauszuführen. Wenn man also ein spätes Treffen verabredet, sagt man zum Beispiel: ›Wir sehen uns, wenn die jungen Kühe hinausgehen.‹«

Nicht weniger fremd, zugleich aber auch nicht weniger sympathisch liest sich der Bericht eines Jesuitenpaters über ehemals gebräuchliche Zeitmaße auf der karibischen Insel Martinique: »Der Verzehr von Schokolade ist auf diesen Inseln weitverbreitet. Ja, die Einwohner sprechen ihr, ebenso wie dem Brandy und dem Tabak, so regelmäßig zu, dass diese Dinge ihnen als Uhr und Maß erscheinen; sodass sie, wenn du sie fragst, um welche Uhrzeit sie irgendwo aufgebrochen und wann sie angekommen seien, zur Antwort geben: ›Ich bin um Punkt Brandy aufgebrochen und um Schokolade angekommen‹, was so viel wie acht Uhr bedeutet.«

Doch so ganz problemlos, wie die Beispiele vermuten lassen, war das auch nicht immer. Zeitraumverabredungen öffnen eben, und das ist ja schließlich auch ihr Zweck, Interpretationsspielräume. Die aber mussten ab und zu von gerichtsähnlichen Schlichtungsinstanzen entschieden werden. Berichtet wird beispielsweise von einer misslungenen Verabredung, in deren Folge eine Schlichtungsstelle angerufen wurde, um festzulegen, wann der fürs Treffen vereinbarte Zeitraum, die Morgendämmerung, begann und wann sie zu Ende war. Selbst die relativ strenge Zeitdisziplin in den Klöstern des Mittelalters besaß noch erheblich mehr Spielraum, als sie das Zeitmanagement heutzutage akzeptieren würde. Die »kanonischen Stunden«, die zu befolgen sich die Mönche und Nonnen verpflichtet hatten, waren keineswegs fixe Zeitpunkte. Sie passten sich der variierenden Tageslänge, also den Jahreszeiten an und nahmen darüber hinaus auch Rücksicht auf lokale und regionale Bedingungen und Traditionen. Bis in unsere Tage hinein sind die rituellen Gebetszeiten in annähernd allen Religionen der Welt am Sonnenstand und nur in seltenen Fällen an der Uhrzeit orientiert.

Im Kreislauf der Zeit

Das Zeitalter der Ungenauigkeit

Zeit ist im Alltag der Vormoderne nicht die Summe von Tagen, Stunden, Minuten und Sekunden. Es ist nicht 6.15 Uhr, sondern Morgendämmerung. Bewohner alpenländischer Regionen bedienten sich unter anderem der Bergspitzen zur Bestimmung der Zeit. So wird etwa aus dem noch vom Fremdenverkehr weniger heimgesuchten Südtirol berichtet, dass die Stunden des Tages in verschiedenen Orten nach dem Aufgehen der Sonne über einzelnen Bergspitzen gezählt wurden, denen dann Namen wie »Neuner-«, »Zehner-«, »Elferkofel« oder »Mittagsspitze« verliehen wurden. Auf solche Weise kam, die Uhr war da bereits erfunden, die Benennung der bekannten »Sextener Sonnenuhr« zustande, die den Bewohnern der Ortschaft Moos im Sextental in den Dolomiten die Tageszeiten nannte.

Ähnliches über Gebirgssonnenuhren berichtet der Historiker und Zeitforscher Jakob Messerli aus der Schweizer Alpenregion: »In der ganzen Schweiz finden sich Belege dafür, dass Berggipfel zusammen mit der darüberstehenden Sonne zur Zeitbestimmung dienten. Ein *Verzeichnis der Schweizer Gipfel über 2000 m* listet 46 Berge auf – vom Piz Mezdi über den Pizzo di Mezzodi und den Rocher du Midi bis zum Mittaghorn – deren Namen eindeutig auf ihre Funktion als Zeitmaßstab verweisen. Etwas genauer können wir die Situation im Kanton Graubünden [...] überblicken. Man findet insgesamt 52 Belege für Orte – meist Berggipfel –, an denen der Stand der Sonne abgelesen und die Tageszeit bestimmt wurde: weitaus am häufigsten der Mittag (45-mal), gefolgt von 1 und 2 Uhr (je dreimal) und 11 Uhr (einmal). [...] Dass Berge im schweizerischen Alpenraum ein weitverbreitetes Zeitbestimmungsmittel waren, belegen ihre heute noch gebräuchlichen Namen eindrücklich. Weit schwieriger ist indessen abzuschätzen, bis zu welchem Zeitpunkt diese natürlichen Sonnenuhren als Zeitmaßstäbe verwendet wurden. In den Dörfern Soglio und Alvaneu hat sich nach der Beschreibung von Christian Brügger die Bevölkerung mindestens bis in die späten 1850er-Jahre danach gerichtet. Und im abgelegenen Tessiner Dorf Broglio orientierten sich die Menschen offenbar noch in der zweiten Hälfte des 19. Jahrhunderts nach dem Schattenwurf eines Berges.«

Uhren, das gilt auch für Sonnenuhren, hatten in der Vormoderne für die alltägliche Zeitorganisation keine Bedeutung. Nur in Klöstern und an den Höfen der Feudalherren wurden Sonnen-, Wasser- und Kerzenuhren verwendet, aber auch dies nicht überall. Als die Zeit noch Gott gehörte, hat man keine Uhr gebraucht und wusste trotzdem, meist besser als heute, was die Stunde jeweils geschlagen hatte. Die Art und Weise, wie man den vormodernen lichten Tag einteilte, macht deutlich, wie weit sich der Mensch des 21. Jahrhunderts von dieser Form des Umgangs mit Zeit entfernt hat. Seit Langem schon messen und organisieren wir die Zeit mit abstrakten, von Ereignissen unabhängigen Maßen, die bis ins mikroskopische Detail reichen. Ein noch viel größerer Unterschied zwischen damals und heute tut sich dann auf, wenn wir einen Blick auf die Schattenseite des lichten Tages, auf die Nacht, werfen.

Die Nacht galt lange Zeit als nicht kontrollier- und nicht beherrschbar. Sie war im doppelten Sinne nicht berechenbar und war daher bedrohlich. Sie war ein Synonym für das Undurchschaubare, für das Dunkle. Man sah in ihr die Wohnstätte der Geister, der ruhelos umherwandernden Toten und des Zaubers. Ganz besonders in christlicher Tradition ist der Nacht nicht zu trauen. Man zog die Decke über den Kopf und steckte ihn erst wieder hervor, als es dämmerte. Die Nacht war bedrohlich gestaltlos und deshalb auch zeitlos. Sie spielte in der vormodernen Zeit weder in der bildenden Kunst noch in der Literatur eine Rolle. Die Menschen tappten im wahrsten Sinne des Wortes im Dunkeln, sie griffen nicht – wie sie das heute täglich tun – nach den Sternen. Zur Abenddämmerung schloss man die Stadttore und wollte bis zu ihrer Öffnung am nächsten Morgen nicht wissen, wie spät es ist.

Konsequenterweise war auch jede nächtliche Arbeit sinnlos – und nicht nur das, sie war nicht erlaubt, setzte sie doch einen Pakt mit dem Teufel voraus und wurde nur von jenen bedauernswerten Seelen praktiziert, die den Einflüsterungen des gefallenen Engels nicht widerstehen konnten. Wer also gegen das ungeschriebene Gesetz des Nachtarbeitsverbotes verstieß, wurde verdächtigt, mit dem Teufel gemeinsame Sache zu machen, was schließlich zum Ausschluss aus der menschlichen Gemeinschaft führte. Eine bis in unsere Tage erhalten gebliebene Inschrift an einer alten Mühle im österreichischen Lungau erinnert an diese Zeiten: »Das Mahlen in der Nacht/hat der Teufel sich ausgedacht.« Zeit wurde es immer erst, als die Sonne aufging. Mit dem Licht begann das Leben. Das ist auch der Grund, weshalb Schöpfungsmythen stets mit der Erzählung von der Vertreibung der Finsternis beginnen.

Was das Jahr betrifft, so richtete sich die zeitliche Strukturierung nach periodisch wiederkehrenden Naturereignissen, nach Regenzeiten, nach Überschwemmungsperioden oder – wie in Europa – nach dem jahreszeitlichen Werden und Vergehen. Bauernkalender und Bauernregeln legen davon Zeugnis ab. Das altägyptische Kalenderjahr zum Beispiel war nicht, wie das moderne europäische, vier-, sondern dreigeteilt. Es unterschied die Jahreszeiten der Überschwemmung, des Wasserrückganges und des Wassermangels. Wie unwichtig Daten und wie wichtig Ereignisse in der Vormoderne waren, spiegelt sich auch in dem Sachverhalt, dass es im Laufe der Jahrhunderte unterschiedliche Jahresanfänge gab: den von Cäsar eingeführten 1. Januar, der den davor gefeierten 1. März ablöste, später dann den 25. März als Beginn des Marienjahres und der im byzantinischen Machtbereich übliche 1. September sowie der mit dem Weihnachtsfest identische 25. Dezember. In Mitteleuropa waren drei Termine gebräuchlich, der 1. Januar, der 25. März und, am meisten verbreitet, der 25. Dezember.

Diese nicht gerade übersichtlich zu nennende, aber auch nicht störende Vielfalt reduzierte sich schließlich erst im 16. Jahrhundert, als sich der 1. Januar als allseits akzeptierter Jahresbeginn durchsetzte. Selbst das verhinderte es nicht, dass in manchen ländlichen Regionen weiterhin nicht nach Jahreszahlen gerechnet wurde, sondern Ereignisse drei, vier oder mehr »Sommer« beziehungsweise »Winter« zurücklagen. Wichtiger als Kalenderdaten waren für die Bauern Ereignisse wie Sonnenwenden und der Gang des Mondes, der ja noch bis heute über die Lage des Osterfestes und der wiederum davon abhängigen Feiertage entscheidet.

Die anstrengenden Herausforderungen der Lebensbewältigung durch die – nur in seltenen Augenblicken romantische – Auseinandersetzung mit der Natur prägten das vormoderne Zeiterleben und die Zeitwahrnehmung. Zeit war erlebte Zeit, also angefüllt mit Erfahrungen und immer konkret. Erlebnisse setzten die Markierungen, mit deren Hilfe die Zeit »ermessen« wurde. An solch konkretem und anschaulichem Geschehen waren auch jene Zeitstrecken festgemacht, die über die Wiederkehr der Jahreszeiten hinausgingen. Es war nicht die Zählung in Jahrhunderten, es waren auch keine Legislaturperioden, die der langfristigen Zeitorientierung dienten, es war das Zeitmaß der »Generation«. Die Familienabfolge stellte einen zur Orientierung völlig ausreichenden, konkreten und langfristig gültigen Zusammenhang des Geschehens und der Ereignisse her.

Über den verwandtschaftlichen Rahmen hinaus dienten Regentschaftszeiten für zeitliche Zäsuren und Wegmarkierungen. In der altägyptischen Hochkultur waren es die wechselnden Dynastien der Pharaonen, die die kollektivierenden Zeitmarken setzten. Was die Christen betrifft, so ist die Weihnachtsbotschaft, wie sie in Lukas 2 beschrieben wird, das wohl bekannteste Beispiel für eine Zeitordnungspraxis mithilfe von Herrschaftsdynastien: »Es begab sich aber zu der Zeit, dass ein Gebot von Kaiser Augustus erging, den ganzen Erdkreis aufzeichnen zu lassen. Diese Aufzeichnung war die erste und geschah, als Quirinius Landpfleger in Syrien war.« In Japan begann früher sogar mit jedem neuen Kaiser eine jeweils neue Zeitrechnung.

»Präzise« in dem Sinne, was wir heutzutage darunter verstehen, war das alles nicht. Aus heutiger Sicht und unter den derzeit geltenden Maßstäben würden wir von einem ungenauen Zeitalter, genauer, von einem Zeitalter der Ungenauigkeit sprechen. Von einer Zeitmessung, wie wir sie kennen und gewohnt sind, kann nicht die

Rede sein. Man hat in der Vormoderne die Zeit gekennzeichnet, hat ihr eine Qualität gegeben. Wir hingegen investieren unsere Energie, um ihr die Qualitäten zu entziehen, damit wir sie zahlenmäßig erfassen und in Geldeinheiten transferieren können. In der Absicht, Vergleichbarkeit herzustellen zu können, trennen wir die Zeit von ihrer jeweils spezifischen Qualität und entleeren sie ihres Inhaltes und ihres Erfahrungspotenzials. Zeit war für den vormodernen Menschen kein Mittel, um Leistungen zu kalkulieren, Abläufe zu berechnen und genauso wenig eines, um Aufwand und Ertrag zu vergleichen. Sie war kein Mittel, sie war Dasein pur.

Modernen Menschen, die sich an eine detaillierte Zeiteinteilung und Zeitorganisation gewöhnt haben, die von Uhren und von Medien umgeben sind, die die Zeit bis auf die Sekunde genau anzeigen und organisieren, fällt die Vorstellung schwer, dass die Menschheit die weitaus längste Zeit ihrer irdischen Existenz *ohne* ausgefeilte Zeitmesstechnik und detaillierte Zeiteinteilung auskam. In unseren Sehnsüchten aber ist diese Zeit durchaus noch präsent. Immer dann, wenn es uns wieder einmal aufs Land hinauszieht, wenn wir einen Urlaub auf einer »Zeitinsel« planen oder auch, wenn wir mal wieder eine Schnulze auflegen, die von »dem Tag, als der Regen kam« schmachtet, kommt sie uns als wünschens- und erlebenswert in den Sinn und ins Gefühl. Diese Sehnsucht hat einen Namen: Es ist die Sehnsucht nach dem verlorenen *Rhythmus*.

Der Rhythmus, bei dem jeder mit muss

War das vormoderne Zeitverständnis durch die Zyklen der Natur und die periodisch wiederkehrenden Veränderungen am gestirnten Himmel geprägt, so war das Erleben des Zeitlichen durch die Rhythmen des Lebendigen bestimmt. Friedrich Nietzsche hat den Gedanken der »ewigen Wiederkehr« in seinem *Also sprach Zarathustra* auf die knappe Formel gebracht: »Alles geht, alles kommt zurück; ewig rollt das Rad des Seins. Alles stirbt, alles blüht wieder auf; ewig läuft das Jahr des Seins.« Der Rhythmus, er ist die Wiederkehr mit Abweichungen, ist das Zeitmuster der äußeren und auch der inneren, dem Menschen eigenen Zeitnatur; darüber hinaus ist er auch das Zeitmuster des Sozialen. Zwischen diesen drei rhythmischen Syste-

...und es geschieht nichts Neues unter der Sonne.

Prediger Salomo

...same procedure as
every year.

Miss Sophie

men, jenen der natürlichen Umwelt, des Körpers und den sozialen Riten und Bräuchen, bestehen enge Resonanzbeziehungen.

Was nun ist das Besondere am Rhythmus? Der aus dem Altgriechischen stammende Begriff meint ursprünglich so viel wie »Bewegung, Fließen, Fortschreiten«, aber auch »Begrenzung der Bewegung«. Der Rhythmus ist kein gleichmäßiges Fließen, er ist ein Strömen, das Unterbrechungen und Wiederholungen kennt. Nachschlagewerke beschreiben den Rhythmus als einen »gleichmäßigen, harmonischen, sich regelmäßig wiederholenden, systemhaft gegliederten Bewegungsablauf«. Rhythmische Verläufe zeigen sich als maßvoller Wechsel von Regelmäßigkeit und Unregelmäßigkeit, Gleichem und Verschiedenem. Sie sind zugleich »Ordnung« und »freier Fluss«. Rhythmen verleihen zeitlichen Verläufen eine Gliederung, zerteilen sie aber nicht – wie der Takt dies tut. Es war ein solch rhythmisch gestaltetes Geschehen, das die Zeiterfahrung des vormodernen Menschen und dessen Gemeinschaftsleben ausformte.

Die weltliche Herrschaft, die sozialen Gemeinschaften und die kirchliche Liturgie gaben der Zeit durch Traditionen, Bräuche, Feste und Rituale einen rhythmischen Verlauf. Feier- und Festtage, Wallfahrten, kirchliche und weltliche Messen, Märkte und Gottesdienste mit ihrer jeweils eigenen rhythmischen Feingliederung stellten eine hinlänglich orientierende lebendige Zeitordnung bereit. Sie teilten die Zeit nicht ein, sie *waren* die Zeit. Zeit wurde in der Vormoderne stets als sozial arrangierte Zeit erfahren. Doch es wäre ein Fehler, daraus den Schluss zu ziehen, es wäre damals – zeitlich betrachtet – sehr eintönig zugegangen. Im Gegenteil: Innerhalb der rhythmisch gestalteten und rhythmisch erfahrenen Welt existierte eine breite Vielfalt unterschiedlicher Rhythmen, die der zeitlichen Gestaltung des Alltags Buntheit und Abwechslung verliehen. Kosmische, biologische, religiöse und soziale Rhythmen in wechselseitiger Durchdringung sorgten dafür. Sie hatten ihre unterschiedlichen Höhepunkte und Intervalle, ihre Verdichtungen, Dehnungen und Faltungen.

Heute, da wir dem rhythmischen Leben weitgehend entfremdet sind, würden wir die Zeitmuster der Vormoderne als »sozial- und naturverträglich« charakterisieren. Sie garantierten ökologische Vielfalt und ökologische Stabilität, waren also das, was wir unter »nachhaltig« verstehen. Das Handlungstempo des individuellen und des sozialen Lebens harmonierte mit den Rhythmen der inneren und der äußeren Natur. Das aber bedeutet – und hier entdeckt man die Schattenseiten des so harmonisch und romantisch klingenden »Einsseins mit der Natur« –, dass man ihr und ihren Bewegungsgesetzen alternativlos ausgeliefert war. Niemandem kam es zu dieser Zeit in den Sinn, in die Zeitgesetze der Natur einzugreifen, sie zu manipulieren, über sie zu dominieren oder mit ihnen zu experimentieren.

Ein solcherart inniges Verhältnis zwischen Natur und Zeitleben hat einen hohen Preis. Aus Ägypten wissen wir, dass dort auf sieben fette sieben magere Jahre folgten. In Europa brauchte man meistens keine sieben Jahre zu warten, um nach fetten Jahren magere spüren zu bekommen. Die Natur liefert nun mal nicht nur Sonnenschein und romantische Schneelandschaften, die Natur hat auch brutale Seiten und Zeiten, und diese hat sie auch, ohne dass der Mensch in unverantwortlicher Art und Weise an ihr und in ihr herumgepfuscht haben muss. Diejenigen, die sich diese Zeiten zurückwünschen, sollten nicht unberücksichtigt lassen, dass der Mensch gegenüber der Natur erheblich häufiger den Kürzeren zog. Der Wiener Philosoph Otto Neurath brachte das auf den Punkt: »Wenn früher ein Mensch und ein Sumpf zusammenstießen, starb der Mensch, heute stirbt der Sumpf.«

Als die Zeit noch kein Thema war, kam es auch niemandem in den Sinn, die Zeit auf möglichst optimale »Vernutzung« hin zu organisieren. Hätte jemand lauthals die Forderung gestellt, die Zeit doch gefälligst besser zu nutzen, um mehr als bisher aus ihr zu machen, kein Mensch hätte verstanden, was er da sagt und was »die Zeit besser nutzen« überhaupt bedeutet.

Nicht individuelles Streben und Wollen kennzeichnete den vormodernen Umgang mit der Zeit, sondern ständische Traditionen, Bräuche und die Zeitvorgaben des Kirchenkalenders. Alle gemeinsam verpflichteten sie die Menschen, das Bestehende zu wahren und fortzusetzen. Das, was man ist, was man hat und was man tut, wurde vom Kollektiv des jeweiligen Standes, dem man von Geburt

Im Kreislauf der Zeit 63

an zugehörig war, definiert. Unter diesen Bedingungen gab es keinen Raum, die Zeit für individuelle Motive zu nutzen. Für all das, was man vermisste, entbehrte und worunter man litt, standen kirchliche Tröstungsrituale zur Verfügung.

Warum also mit der Zeit kalkulieren, wenn man auf der Welt war, um eine überindividuelle Ordnung zu übernehmen und weiterzugeben? Man war Teil eines kollektiven und eines relativ homogenen Organismus in kleinräumiger, überschaubarer Umgebung. Nur in diesem engen Rahmen durfte Zeit »genutzt« werden. Es gab eine Zeit des Melkens, eine Zeit des Weidegangs, eine Zeit der Aussaat und eine der Ernte, eine des Gebetes, und eine der Messe und eine andere, in der Verträge und Geschäfte abgeschlossen werden konnten und durften. Besprechungen begannen, wenn alle, die etwas zu besprechen hatten, anwesend waren – und hätte es damals bereits Schulen gegeben, dann hätte auch der Unterricht erst begonnen, wenn der letzte Schüler zugegen gewesen wäre. Eine Schulpflicht aber gab es in der vormodernen Zeit nicht. Es gab zwar auch damals viel zu lernen, aber weniges, das man sich nicht über praktische Erfahrungen und Erzählungen anderer hätte aneignen können.

Es ging ja nicht darum, eine zukünftige Welt zu schaffen, sondern die gegenwärtige zu bewahren und fortzusetzen. »Zukunft« existierte zu dieser Zeit noch nicht – weder als Begriff noch als Vorstellung, unter anderem weil die deutsche Sprache im Mittelalter noch nicht über die Zeitform des Futurum verfügte. Bis ins 17./18. Jahrhundert hinein hat man nicht auf eine offene, das heißt auf eine gesellschaftlich, sozial oder individuell zu gestaltende Zukunft hin gelebt oder gearbeitet.

Die Ereignisse kamen auf die Menschen zu, man ertrug oder erwartete sie oder wurde von ihnen überrascht. Die Zukunft, die so nie genannt wurde, war die Ankunft des Vorherbestimmten. Die Neugier auf das Kommende, die »curiositas«, wurde (von Augustinus beispielsweise) zu den Lastern gerechnet. Neues erwartete man in erster Linie von Wundern, deren Eintreten man durch Wallfahrten, Gebete und den Kontakt mit heiligen Gegenständen sich bemühte wahrscheinlicher zu machen.

Die Vormoderne war die Zeit der Wiederkehr und der Wiederholungen, eingebettet in einer theologisch grundierten Weltsicht. Jeder Tag im Kirchenjahr hatte seine feste Bedeutung, die es durch rituelle Aktivitäten zu bestätigen galt. In einer auf Kontinuität und Wiederholungen ausgerichteten Gesellschaft war nur das zu lernen, was sicherstellte, dass alles so blieb, wie es war. Dafür ist die Formulierung aus der Thorner Zunfturkunde von 1523 typisch, die den »Fortschritt« – auch dieses Wort existierte damals noch nicht – verbot:»Kein Handwerksmann soll etwas Neues erdenken oder erfinden oder gebrauchen, sondern jeder soll aus bürgerlicher und brüderlicher Liebe seinen Nächsten folgen und sein Handwerk ohne des Nächsten Schaden treiben.«

Eine Mahnung, die dem Lernen, dem Erfinden und dem Entdecken nicht gerade förderlich war. Sie verpflichtete die Handwerker zum Festhalten an der Tradition und stärkte das Misstrauen gegen Neuerungen. Das entsprach auch der damals einflussreichen Tugendlehre, in der die»curiositas«, also die Neugierde, als etwas Verwerfliches und nicht als etwas Erwünschtes angesehen wurde. Die fatalen Folgen von Ikarus' Himmelfahrt galten in dieser Hinsicht als ein aussagekräftiges Zeichen.

Selbst der 1533 im Süden Frankreichs geborene, hoch gebildete und weit gereiste Edelmann Michel de Montaigne hasste die Veränderung. In seinen *Essais* gesteht er:»Ich verabscheue Neuerungen, welches Gesicht sie auch tragen mögen, und ich habe Grund dazu, weil ich äußerst verhängnisvolle Auswirkungen hiervon erleben musste.« Die Gesinnung der Menschen, ganz gleich ob Edelmann, Handwerker oder Bauer, zielten zuvörderst darauf, die Arbeit so zu machen, wie sie immer schon gemacht wurde, und sie so gut wie möglich, aber nicht so schnell wie möglich zu erledigen.»Gut Ding will Weile haben« war das handlungsbestimmende Motto. Die Beschleunigung des Arbeits- und des Lebenstempos waren kein Thema. Niemand sah sich dazu aufgefordert, gegen die Zeit kämpfen oder sie sparen zu müssen, denn, so kann man's heute noch ab und zu im Voralpenland hören:»Wias kimmt, so weard's.« Aus heutiger Sicht ist das nur sehr schwer nachvollziehbar.

Neue Zeiten in Sicht

Sein Dasein, sein Zeitleben, erfuhr und verstand der vormoderne Mensch als fortschreitende Gegenwart. Was immer er tat, er tat es in der Absicht, die Welt, so wie er sie vorfand (selbst wenn er unter ihr litt), zu bewahren. Er akzeptierte sie, und hatte aus diesem Grund auch keinerlei Interesse und sah auch keinen Bedarf, sie zu verändern oder gar zu verbessern. Die Zeitwahrnehmung und die Erfahrung des Zeitlichen waren vom Erleben des Dauerhaften, des Andauernden und sich in regelmäßigen Abständen Wiederholenden geprägt und bestimmt. In diese dauerhafte überindividuelle Ordnung gliederte sich die überwiegende Mehrheit widerstandslos und demütig ein. Sie verstand und akzeptierte sich als ein Teil dieser Ordnung. Diese wiederum versprach ihnen jene Sicherheit und jenen Schutz, die ihnen die oftmals unbeherrschte und unbeherrschbare natürliche Umwelt nicht gab.

Die Zeit drängte in vormodernen Zeiten nicht, und daher taten es auch die Menschen nicht. Nur ganz selten war etwas dringlich oder wurde dringlich gemacht. Zeitdruck, Zeitnot waren unbekannt, und da man keine Verfügungsgewalt über das Zeitliche zu haben glaubte und niemand die Zeit und deren Verlauf als eine fragwürdige Vorgabe begriff, war immer genug Zeit vorhanden, das zu tun, was getan werden musste. Selbst gemachte Eile und Hetze kannte man nicht, ebenso wenig wie selbst verschuldete Verspätungen. Es ging in der Vormoderne so zu wie bei Miss Sophie in *Dinner for one*: »Same procedure as every year«.

Gegen Ende des Mittelalters vollzog sich dann ein Wandel des Zeitverstehens. Kluge und nachdenkliche Zeitgenossen tauchten auf, Meister Eckhart gehörte dazu, Albertus Magnus war einer und auch Roger Bacon. Die wollten mehr wissen, als sich gemeinhin gehörte, und begannen daran zu zweifeln, ob wirklich alles so bleiben müsse, wie es immer schon gewesen war. Der Glaube, dass die Dinge und Abläufe von sich heraus existieren und immer so bleiben, wie man sie angetroffen hat, bekam Risse, wurde brüchig und ging manch einem ganz verloren. Das beeinflusste dann auch die Art und Weise, wie man das Zeitliche wahrnahm, wie man damit umging und wie man die Zeiterfahrungen verarbeitete.

Die Folgen dieses Wandels, der anfänglich eher zögerlich, später dann stürmisch vonstattenging, können wir heute genießen, andererseits aber bekommen wir sie auch – und das nicht selten leidvoll – zu spüren. Rückblickend kennzeichnen wir diese neue »Zeit«-Epoche mit der doppelt aussagekräftigen Formel der »Neuzeit«. Mit der Neuzeit geht jene Zeit zu Ende, in der man zur Erklärung von zeitlichen Ereignissen in erster Linie Götter und Helden beziehungsweise deren Taten und Werke heranzog. Der Glauben an sie ging im Laufe der Jahrhunderte mehr und mehr zurück und wurde von dem an die Uhr und deren Zeitansage abgelöst. Auch empfing man seine Ideen, seine Einfälle und Gedanken nicht mehr von Gott und vom Heiligen Geist, auch wurden sie einem nicht mehr vom Teufel eingeflüstert. Fortan bemühte man sich selbst um Einfälle und Ideen, wohl wissend, dass sich diese nicht erzwingen lassen.

Warum aber diese tief greifende Veränderung? Was störte die Menschen an den vormodernen Zeiten so, dass sie ihrem traditionellen Zeitverständnis untreu wurden und sich neue Zeiten wünschten? Antworten darauf werden im nun folgenden Kapitel gegeben, das die modernen Zeiten beschreibt und erläutert. Es ist die Epoche, die der Vormoderne, die dieser ihren Namen verdankt, nachfolgt. Zuvor aber noch ein kurzer »Blick nach vorn zurück«, der darauf hinweisen soll, dass die vormodernen Zeiten auch in der Gegenwart weiterhin präsent sind – und das nicht nur als Thema in Zeitbüchern.

Zeitlos glücklich?

Der gehetzte Zeitsparer von heute kann sich nur schwerlich einer sehnsüchtigen Anmutung erwehren, wenn er liest, hört oder in verfilmten Historien-Epen sieht, dass der vormoderne Mensch ein Leben führte, das ohne die Pflicht und die Notwendigkeit auskam, über Zeit reden zu müssen, und sich auch nicht im Geringsten gezwungen sah, sie zu organisieren, einzuteilen, zu sparen und zu managen.

Wir sollten uns jedoch davor hüten, die Freiheiten eines solch »zeitlosen« Lebens zur Idylle zu verklären: Ohne Zwänge und Opfer sind diese »Freiheiten« nicht zu haben gewesen. Die weitestgehend schutzlose Auslieferung an die Gewalten der Natur, die immerzu lebensbedrohliche materielle Armut, die Starrheiten zeitlicher und sozialer Regeln, die geringe Lebenserwartung, die erzwungene Sesshaftigkeit und die extrem dichte soziale Kontrolle sind zusammengenommen ein Preis, den kein Individuum, das die Errungenschaften der Moderne kennen- und schätzen gelernt hat, für eine Rückkehr in diese Zeiten zu zahlen bereit wäre. Auch wenn heute manche Fernsehsendung und mancher Kinofilm den Menschen weismachen möchten, es wäre abenteuerlich schön gewesen, in solch vormodernen Zeiten zu leben – es stimmt nicht. Allein schon deshalb, weil das vormoderne Gesundheitswesen die Menschen damals erheblich früher, als es heute der Fall ist, der Ewigkeit auslieferte.

Michel Houellebecq hat in seinem Roman *Elementarteilchen* das Notwendige dazu geschrieben: »Da jedoch manche radikalen Umweltschützer zeitweilig eine unverständliche Nostalgie für diese Lebensweise an den Tag legen, gebe ich hier der Vollständigkeit halber eine kurze synthetische Beschreibung eines solchen Daseins: Man hat die Natur und die frische Luft, man bestellt ein paar Äcker (deren Anzahl durch ein strenges Erfolgssystem genau geregelt ist), ab und zu schießt man ein Wildschwein; man vögelt quer durch die Gemeinde und besonders seine Frau, die Kinder zur Welt bringt; man zieht besagte Kinder auf, damit sie ihren Platz in demselben Ökosystem einnehmen, man holt sich eine Krankheit, und dann ist Sense.«

Über »Zeit« reden und schreiben zu können, »Zeit« planen zu dürfen und die Zukunft als etwas, das man mitgestalten kann und darf, zu erfahren – all dies sind Freiheiten, für die Menschen sich engagiert und gekämpft haben und für die sie, falls sie künftig bedroht wären, auf die Barrikaden gingen. Andererseits haben auch die vielen Zeitfreiheiten unserer Tage wiederum ihren Preis. Dieser ist es, an den wir uns schmerzlich erinnert fühlen, wenn wir uns mit der vormodernen Zeit und den Zeiten der Vormoderne im Detail beschäftigen. So wenig, wie das heutige Zeitalter »golden« genannt werden kann, so wenig trifft dieses Attribut auch auf Zeiten zu, in denen Schreiber drei Jahre brauchten, um eine Bibel zu kopieren. Der in dieser Zeit noch weitestgehend intakte Gleichklang von Naturerfahrung und Zeiterfahrung mutet idyllischer an, als er in Wirklichkeit gewesen ist. Es gibt also keinerlei Anlass, die Lebens- und Arbeitsbedingungen in der Vormoderne in ein romantisches Licht zu tauchen. Mehr hierzu und zu anderem im folgenden Kapitel.

II

Alle Macht der Uhr –
Die Zeit der Moderne

Der vormoderne Mensch wartete, bis die Zeit sich wandelt, der moderne Mensch nimmt sie in die Hand und handelt.

Modern wurden die Zeiten, als die Menschen nachzudenken begannen, ob man nicht auch anders mit der Zeit und dem Zeitlichen umgehen kann, wie man das bis dahin so selbstverständlich tat. Richtig modern aber wurden sie erst in dem Augenblick, als man es nicht mehr beim Nachdenken beließ, sondern das alltägliche Zeithandeln veränderte. Das war der Fall, als die Menschen sich nicht mehr, wie vorher, an den Herrn im Himmel wandten, um die Zeiten zu verbessern, sondern selbst etwas taten, um ihre Lebensumstände zu ihren Gunsten zu verändern. Das ist jener Zeitpunkt, an dem die Menschen die Zeit und die Zukunft in die eigene Hand nahmen; die Zeit, in der wir den Beginn der Moderne erkennen. Die Menschen hörten jedoch deshalb nicht auf, auch weiterhin Gebete gen Himmel zu schicken, nur das, worum man bat, das änderte sich: Man flehte beim Herrgott jetzt nicht mehr um bessere Zeiten, sondern um die Vergebung jener Sünden, die man beging, weil man die Zeiten selbst in die Hand genommen hatte. Dazu hätte man auch heutzutage allen Grund, allein dem Beten traut man nicht mehr viel an Wiedergutmachungskraft zu.

Die neue Zeitordnung

Der Klang der Zeiten

Der Schritt – im Nachhinein gesehen, war es eher ein Sprung – von den vormodernen zu den modernen Zeiten war im wahrsten Sinne des Wortes zu hören. Doch nicht als Knall oder ein sonstiges, die Menschheit aufschreckendes Geräusch, sondern – zumindest im christlichen Abendland – als mehr oder weniger melodisches »Geläut«. Die Zwangsheirat von Glocken und Uhren zur Schlaguhr führte schließlich dazu, dass der Hahn sein Monopol als lebendige Zeitansage mehr und mehr verlor und als vergoldeter Wetterhahn auf die Spitzen hoher Gebäude wanderte. Fortan hörten die Menschen nicht nur die neue Zeit, sie hörten auch auf sie, um das religiöse und das profane Leben zu regeln. Der an die Uhrzeit gekoppelte Glockenschlag übermittelte akustische Informationen über die Zeit und den jeweiligen Zeitpunkt. Stets aber war er auch mahnender Hinweis, sich der traditionellen gemeinschaftlichen und religiösen Pflichten und Traditionen zu erinnern. Stundenschlag und Vesperglocke drängten die Bauern, ihre Arbeit auf dem Feld einzustellen und sich auf den Heimweg zu machen, um sich auf den abendlichen Gottesdienst vorzubereiten. Ein andermal hatte das Duett von Glocke und Uhr die Aufgabe, eine Kindstaufe oder eine Beerdigung anzukündigen, und spät am Abend ermahnte es die Bevölkerung täglich, die offenen Feuer zu löschen. Das galt vor allem für größere Siedlungen, insbesondere für die am Ende des Mittelalters stark wachsenden Stadtkommunen. Die ländliche Bevölkerung ließ sich jedoch weiterhin vom Federvieh und nicht vom Glockenschlag mechanisch gesteuerter Uhren wecken, zumal auf dem Lande keine Stadttore existierten, die nach fixen Uhrzeiten am Morgen geöffnet und am Abend wieder geschlossen wurden. Sie blieben, soweit es die Helligkeit zuließ, auf dem Felde, bis die Arbeit, das

»Tagwerk«, getan war. Die Bewohner der Städte hingegen hatten ein heute verloren gegangenes sehr feines und differenziertes Gehör für die verschiedenen Botschaften des jeweiligen Geläuts. Das brauchten sie auch, da es den Einwohnern die Zeitordnung vorgab, an der sie sich gemeinsam ausrichteten und zusammenfanden. Dass das sehr weit ging, belegt eine in Frankreich geläufige Formulierung: »Eine Stadt ohne Glocken ist wie ein Blinder ohne Stock.« Ohne Zeitsignale vom Kirch- oder Glockenturm fühlten sich die Menschen im Zeitlichen verloren, ihnen fehlten die zeitliche Orientierung und die soziale Einbettung. Sie waren unsicher, was zu welchem Zeitpunk zu tun und was wann zu lassen war. Sie rätselten, was sich ihre Vorfahren in vormodernen Zeiten nie gefragt hatten: was die Stunde geschlagen hat.

Ein solcher Zustand der Orientierungslosigkeit rief in einer Zeit, in der man wie selbstverständlich zwischen Obrigkeit und Untertanen unterschied, die Einflussreichen und Mächtigen auf den Plan. Stadt- und Ratsherren, Fürsten und die hohe Geistlichkeit sahen sich dazu aufgefordert, vor allem aus Gründen ihrer Machterhaltung, ihren Untertanen den Weg durch die Zeit und das Zeitliche zu weisen und ihnen Sicherheit und Orientierung zu verleihen. Sie sagten ihnen, wie spät es war, was zu welcher Zeit zu tun und zu lassen war und wo es langzugehen hatte. Zu diesem Zweck installierten sie ab dem 14. Jahrhundert Uhren im öffentlichen Raum. Das waren keine Sonnenuhren mehr, wie sie bereits in Rom eingesetzt wurden, sondern vom Wetter und Sonnenstand unabhängige mechanisch gesteuerte Zeitanzeiger, die den Tag – auch das war neu – in Stunden einteilten. Die Zeit wanderte nicht mehr als Schatten übers Ziffernblatt, sondern als berechen- und mechanisch steuerbares Artefakt. Aber es dauerte nicht allzu lange, da wollten die Untertanen nicht mehr nur von der Obrigkeit gesagt bekommen, was die Stunde geschlagen hatte, sie wollten es auch von sich aus wissen. Seitdem war die Zeit im ganzen Land, und immer öfters auch außerhalb der Städte zu hören und, wo die Uhren an hohen Türmen angebracht waren, auch zu sehen. Das sind sie ja in Süd- und Mitteleuropa bis heute, obgleich die Privatisierung der Uhren – nicht die der Uhrzeit – den Blick zur Turmuhr inzwischen überflüssig gemacht hat.

Als es so weit war, dass alle Zeitgenossen die Zeit hören und sehen konnten, wurde sie zum Alltagsthema. Seitdem redete man von ihr und über sie und beschwerte sich, nicht mit ihr zurechtzukommen. Das war dann auch der Moment, als man den »zeitlosen Zustand« der Vormoderne endgültig hinter sich gelassen hatte. Mit dem zeitsuchenden Blick auf die Uhr delegierte man die Zeitentscheidungen von der Natur zur Technik. Das Zeitleben wurde zur angewandten Mechanik. Man war in einer neuen Zeit angekommen, der man später dann die Auszeichnung »Neuzeit« verlieh.

Zwischen 1280 und 1320 war etwas geschehen, das die Welt und den Umgang mit Zeit von Grund auf verändern sollte. Man hatte die mechanischen Uhr erfunden, die nach dem Rad wohl folgenreichste Innovation. Die Erfindung der Räderuhr steht am Anfang einer Epoche, die dann im Anschluss zum Zeitalter der großen Erfindungen und Entdeckungen wurde. Es war vor allem der Wunsch, sich von den Zeitgebern der Natur, vom Lauf der Sonne und dem Gang der Sterne, in allererster Linie aber vom Wetter unabhängiger zu machen, der schließlich zur Erfindung einer Uhr führte, die mechanischen – und nicht mehr wie die Sonnenuhr – kosmischen Gesetzen folgte. Sie verrichtet ihren Dienst unabhängig vom Wetter und ist auch nicht mehr von Helligkeit und Dunkelheit noch von jahreszeitlichen Dynamiken abhängig. Sie folgt, wie die Zeit, die sie produziert und anzeigt, einer von Menschen kontrollierten, manipulierten und manipulierbaren Mechanik. So gesehen, ist die Uhr die zum Instrument gewordene Idee eines souveränen Subjektes, wie sie im Italien zu Beginn der Renaissance geboren wurde. Dass dort auch die Uhr erfunden wurde, ist nur konsequent.

Gesicherte Erkenntnisse, an welchem Ort Norditaliens die Räderuhr erfunden wurde, existieren nicht. Die wenigen Daten und Informationen, die uns vorliegen, verweisen auf ein Kloster in der Nähe von Mailand. Für die Tatsache, dass die Uhr in einem Kloster das Licht, besser: die Zeit der Welt erblickte, spricht der Sachverhalt, dass dies ein Ort war, an dem man vom Tageslicht unabhängige Zeitangaben und Zeitsignale brauchte. Das auf den Dienst an Gott ausgerichtete Miteinander der Ordensmitglieder verlangte strengen Gehorsam, eine am Gebet ausgerichtete Zeitdisziplin sowie umfassende Selbstbeschränkung. Vor allem aber erforderte es ein striktes Einhalten der Gebetsvorschriften. Dazu zählte auch ein im Zeitplan vorgesehenes Chorgebet (die Matutin), das in die Zeit zwischen Mitternacht und Morgendämmerung (genauer: ins dritte Viertel der Nacht) fiel. Um den verbindlichen Zeitplan pflichttreu einzuhalten, benötigte man ein Gerät, das die Mönche rechtzeitig aufweckte. Wohlgemerkt, man brauchte keinen Zeitanzeiger im Kloster, man brauchte einen Wecker. Die vor der Erfindung der mechanischen Uhr üblichen wetter- und lichtabhängigen Sonnen- und Wasseruhren konnten nicht garantieren, dass die bei Sonnenuntergang ins Bett gehenden Klosterbrüder und Klosterschwestern auch rechtzeitig zum nächtlichen Stundengebet wach wurden. Auch vom Hahn konnte man zu dieser nächtlichen Zeit keine Hilfe erwarten. Hörte man ihn krähen, war's zu spät. Dann wusste man, dass man verschlafen hatte.

Der Erfindung der mechanischen Uhr ging die Einführung der christlichen Datierungsgewohnheiten voraus. Sie jedoch hat das alltägliche Zeithandeln nur geringfügig beeinflusst. Wenn überhaupt, dann fand die Datierung von Ereignissen nur in Klöstern von überregionaler Bedeutung Anwendung, wie etwa in Sankt Gallen und an einigen Königs- und Fürstenhöfen. Weder Bauern noch Handwerker brauchten das Datum, um Zeiträume und Fristen zu markieren. Auch Chronisten blieben noch relativ lang ihrer Gewohnheit treu, merkens- und bemerkenswerte Zeitpunkte durch die Schilderung von Ereignissen zu markieren und nicht durch Daten. Erst als Räderuhren in der Öffentlichkeit auftauchten, markierten die Chronisten ihnen wichtig erscheinende Ereignisse nicht mehr nur durch die Beschreibungen eines auffälligen Geschehens am Himmel, in der Gemeinschaft oder in der Natur (»am Tag, als der große Regen kam ...«). Ab da brachten sie die Ereignisse auch in eine Reihenfolge. Was nicht datierbar war, bliebt unerwähnt. Was zur Folge hatte, dass schließlich nur noch Datierbares berichtet wurde. Man kann also davon ausgehen, dass kaum jemand etwas von der ersten Jahrtausendwende mitbekommen hat, zumal man bezifferte Ereignisse wie Jahrhundert- oder Jahrtausendwenden ja nicht sieht, nicht spürt und nicht riecht. Sie finden nur im Kopf statt. Und so haben die allermeisten damals lebenden Menschen die Jahrtausendwende schlichtweg verschlafen. Sie haben in ihrem Leben nicht einmal erfahren, dass sie dieses Kopfereignis verschlafen haben. Von der zweiten nachchristlichen Jahrtausendwende, die wir vor Kurzem hinter uns gebracht haben, kann man das nun wirklich nicht behaupten. Auch diese Tatsache lässt sich gut als Argument gegen diejenigen einsetzen, die immer wieder sagen, die Zeiten würden sich nicht ändern.

Die Enteignung Gottes und der neue Zeitgott

Geändert hat sich zu Beginn der Moderne vieles, allem voran aber die »Besitzverhältnisse« der Zeit. Dem Zeitenlenker Gott (im alten Griechenland waren es Götter) wurden die Zügel aus der Hand genommen. Er wurde »zeitlich« enteignet, verlor sein Zeitmonopol und sein Privileg, dass man zu ihm aufschaute und nicht auf die Kirchturmuhr, um in Erfahrung zu bringen, was die Stunde geschlagen hatte. Ging es um Zeit, um irdische Zeit, verlor der Himmel an Einfluss und Zuneigung. Gott war es, wie die Schöpfungsgeschichte berichtet, der die Zeit geschaffen hatte, doch der Mensch erfand die Uhr und erhob fortan Anspruch auf die Zeit, die er in die Uhr hinein verlagerte. Seitdem schaute man nicht mehr zu Sonne, Mond und Sternen, wenn man wissen wollte, was die Stunde geschlagen hatte, sondern auf die Uhr. Die Zeit war kein göttliches Geschenk mehr. Zeit wurde zu einem irdischen Produkt, das sich aus der Uminterpretation von zurückgelegten Zeigerverläufen auf Zifferblättern errechnete. Wie die Kuh Gras in Milch, so verwandeln die Zeiger der Uhr den Raum in Zeit. Die Uhr wurde zum neuen Zeitgott und ihre Zeitansage zu dessen verbindlicher Botschaft. Der Mensch machte sich selbst zum Zeitherrscher und nahm das Privileg der Zeitgestaltung und der Zeiteinteilung fortan für sich in Anspruch. Das galt in allererster Linie für solche Zeitgenossen, die Macht und Einfluss hatten und das Interesse, beides zu erhalten und möglichst auszubauen. Fortan hieß es nicht mehr: »Alles hat seine Zeit«, jetzt verkündeten die Mächtigen: »Alles hat meine Zeit.«

Mit Druck, Strafandrohungen und Appellen zwangen die Mächtigen ihre Untertanen, sich in Zeitdingen am Stand der von ihnen regulierten Uhrzeiger zu orientieren und nicht mehr am Sonnenstand oder an ihrer aktuellen Gefühls- und Stimmungslage. Seit diesem Zeitpunkt neigen die Menschen dazu, die Uhr mit der Zeit zu verwechseln und fragen, wenn sie sich über die Zeit informieren wollen: »Wie viel Uhr ist es eigentlich?« Eine Frage, die wie keine andere deutlich macht, dass die menschliche Kreatur und deren Zeitlichkeit nicht mehr länger eins mit den Zeiten der Natur und des Himmels sind.

Der Gleichklang von Natur und Sein, der das vormoderne Denken und Handeln über eine lange Zeit geprägt hat, zerbricht mit der beginnenden Moderne. Die Zeit ist nicht mehr länger einfach vorgegeben, sie kann, wie es im christlichen Schöpfungsgedanken ja bereits angelegt ist, geformt werden. Die der Neuzeit ihren Namen verleihende neue Zeit trennt Mensch und Zeit und macht sie genauso zu Gegenspielern, wie sie es mit Zeit und Natur tut und hierdurch Natur zur bloßen »Umwelt« werden lässt. Mit der Uhr glaubt der Mensch sich zugleich auch das Recht erworben zu haben, die Zeiten der Natur – die der inneren ebenso wie die der äußeren Natur – unterwerfen und zu Komparsen der Zeigerlogik machen zu können. Mit guten Gründen kann man daher die Moderne auch als die Epoche des Uhrzeitimperialismus charakterisieren. Mehr und mehr lebendige Zeiten und Zeiten des Lebendigen werden von der Uhrzeit okkupiert und dominiert und zum Objekt menschlichen Zugriffs.

Obgleich Räderuhren meist an Kirchtürmen installiert worden waren, so war es in erster Linie die Kirche, die durch die Verbreitung der Uhr im Alltag der Bevölkerung an Einfluss bei der Zeitorganisation verlor. So entbehrt es auch nicht einer gewissen Ironie, einer »tragischen« Ironie, dass es ein Mann der Kirche war, der mit der Erfindung der Räderuhr die Entmachtung Gottes als Zeitmonopolist in die Wege geleitet hat. Der fromme Mann, der mit seiner Erfindung den Menschen den Zugriff auf die Zeit Tür und Tor geöffnet hat, ist bis heute unbekannt. Was wir wissen, ist wenig. Sicher ist jedoch, dass der geniale Konstrukteur nicht, wie man das eigentlich vermuten könnte, zu der Gruppe jener einflussreichen Personen gehörte, die in einer weiter fortgeschrittenen Phase der Moderne dann das Dogma vom Geldwert der Zeit in die Welt gesetzt haben. Es war kein Handwerksmann und auch kein findiger Kaufmann, der die Uhr erfand, dieses größte Meisterstück aller praktisch verwertbaren Kunststücke. Es war ein tiefgläubiger Christ. Diesem ging es nicht um die Mehrung seines Wohlstandes, es ging ihm überhaupt nicht um irdische Erlöse, sondern ausschließlich um himmlische Erlösung. Auch hat der kreative Ordensbruder nicht mitbekommen, dass er mit seinem Kunststück zugleich eine neue Rolle geschaffen hat: die Rolle des Erfinders. Sie löste die des Nachahmers ab und machte die modernen Zeiten erst richtig modern.

Doch schauen wir noch einmal etwas genauer hin, wie die Uhr das Leben der Menschen und deren Umgang mit Zeit verändert hat. Bevor die mechanische Uhr auftauchte, waren die Menschen gezwungen (ohne dies in ihrer Zeit als Zwang zu begreifen), den Blick zum Himmel zu richten, um tagsüber den Gang der Sonne und nachts den der Sterne zu verfolgen und zu deuten. Dazu mussten sie viel vom Wetter und dem, was sich in der Natur tat, verstehen und ihre Botschaften, Vorzeichen und Warnsignale interpretieren können. Im Großen und Ganzen aber lebte der Mensch in einer Welt der »Zeitlosigkeit«. Die Zeit war kein Thema, zählte, wie das Wetter, zum schlechterdings Hinzunehmenden. Nur durch Bittgebete an Gott, den Schöpfer und Eigner der Zeit, waren das Wetter und die Zeitverläufe, wenn überhaupt, beeinflussbar. Mehrheitlich sahen sich die Menschen in demütiger Art und Weise in die Rhythmen und Zyklen von Natur, Kosmos und Kirche eingebettet und eingebunden. Erst als die Menschen zu planetenverlorenen Wesen wurden und der Zeit ein Zahlenkleid überstülpten, änderte sich dies.

Mit der Uhr stand den Menschen ein Instrument zur Verfügung, das es möglich machte, sich aus der umfassenden Abhängigkeit von den Natur- und Wetterdramatiken zu befreien. Zugleich war mit der Uhr ein Gegenstand geschaffen, der es ihnen erlaubte, auf die Zeit zuzugehen, etwas mit ihr zu tun, sie zu organisieren. Man war also nicht mehr länger nur Opfer, nicht mehr nur Empfänger fremder Zeitvorgaben. Wir können davon ausgehen, dass der spätmittelalterliche Mönch aus der Lombardei das alles so nicht gesehen, geschweige denn beabsichtigt hatte. Er hatte die Uhr aus kultischen Gründen, nicht aus ökonomischen oder ordnungspolitischen Impulsen heraus erfunden. Hätte er geahnt, was die Welt jenseits der Klostermauern mit seiner Erfindung in Bewegung setzen und umwälzen würde, dann hätte er seine technische Intelligenz mit hoher Wahrscheinlichkeit anderweitig eingesetzt. Die Uhr hat die Zeit nämlich säkularisiert, ein Schicksal, das den Klöstern später selbst widerfuhr. Hatte der kreative italienische Ordensbruder die Uhr einst in der frommen Absicht erfunden, den religiösen Verpflichtungen, der kanonischen Stundeneinteilung, in gottgefälliger Art und Weise nachkommen zu können, so hat er sein Ziel nicht erreicht. Das Gegenteil ist eingetreten. Die Uhr regelt und optimiert heute viel, sehr viel – allein die Gebetszeit zwischen Mitternacht und Dämmerung, jene von den Griechen besungene »rosenfingrige Göttin der Morgenröte«, gehört nicht mehr dazu.

Die neue Zeit erhielt auch ein neues Zeitmuster. Es ist nicht mehr der Rhythmus des Lebendigen, der dem Dasein die zeitlichen Akzente verleiht, es ist der Takt der Maschine »Uhr«, der dies in der Moderne tut. Seitdem die Uhrzeit die Herrschaft über Zeit ausübt, fließt die Zeit nicht mehr, wie sie das in den Sand- und in den Wasseruhren tut. Von da an tickt die Zeit und muss es über sich ergehen lassen, in immer kleinere Teile zerhackt zu werden. Der Zeit, die von der Uhr produziert wird, haftet keine Qualität mehr an, sie tickt ohne Unterbrechung, kennt kein Auf und Ab, keinen Rhythmus, keine Zeitoasen, keine Zeitfalten und keine Zeitnischen. Die leblose, mechanische Regelmäßigkeit des maschinellen Taktes überlagert immer umfassender die lebendigen, nur eingeschränkt kalkulierbaren und beherrschbaren Naturrhythmen. Der Takt verdrängt und ersetzt die Rhythmen des Lebendigen und bietet sich immer direkter und undiskreter als Leitbild des Zeithandelns an. Die Uhr mit ihrer vertakteten Zeit hat das Kommando im Maschinenraum jenes Schiffes übernommen, das die Meere der Moderne kreuzt.

Gottverlassene Zeiten

Als die Menschen schließlich so weit an die neue Zeit gewöhnt und angepasst waren, dass sie öfters auf die Uhr als zum Himmel und auf das Geschehen schauten, das sich in der Natur um sie herum abspielte, ging auch die Zeit zu Ende, in der man noch Götter und

Helden brauchte, um sich und anderen die Undurchschaubarkeit der Zeitverläufe plausibel zu machen. Die Uhrzeit hat keine ähnlich unterhaltsamen und abwechslungsreichen Umwege über Heldenerzählungen und Göttergeschichten mehr nötig. Sie ist sachlich, geradeaus und in aufdringlicher Art und Weise direkt. Ein kurzer, rascher Blick auf die Zeigerstellung und auf das alle Zeiten uniformierende Zifferblatt genügt, und man weiß Bescheid, was die Stunde geschlagen hat. Das ist zeitsparend, aber es ist erheblich weniger amüsant und unterhaltsam als all das, was sich Chronos und Kairos, mal zur Freude, mal zum Entsetzen der alten Griechen, so alles geleistet haben.

So wenig, wie es bis heute gelungen ist, die Vaterschaft der mechanischen Uhr zu klären, so wenig wissen wir auch über den präzisen Zeitpunkt ihrer Geburt. Wir wissen nicht, wer die mechanische Uhr erfunden hat, wissen nur mit Sicherheit, dass es nicht der Kuckuck war. Die Tatsache, dass uns die Historiker nicht einmal das Jahr, und schon gar nicht das exakte Geburtsdatum der Anwärterin auf dem Thron der Zeitorganisation nennen können, eignet sich für eine ironische Fußnote im Lehrbuch der Technikgeschichte, mit dem Hinweis, dass sich die Geburt der Uhr zwar genauer Datierung entzieht, sie aber die Voraussetzung schafft, die ihrem Erscheinen folgenden Ereignisse datieren zu können.

Die Uhr hat nicht nur die Zeitwahrnehmung und die Zeiterfahrung der Menschheit verändert, sie hat auch deren Verhalten neu ausgerichtet. Bis zum Ende des 20. Jahrhunderts, als das Mobiltelefon sie schließlich vom Thron gestürzt hat, war die Uhr jenes Instrument, dem wir im Alltag die größte Aufmerksamkeit zukommen ließen. Selbst Personen in nächster Umgebung, Lebenspartner und die eigenen Kinder etwa, konnten sich nicht einer nur annähernd gleich großen Zuneigung erfreuen. Während wir täglich mehrmals Gespräche mit ihnen mit dem Argument unterbrechen, wir hätten keine Zeit, haben wir diese jedoch stets für den Blick zur Uhr. Von niemand anderem, weder von unseren Vorgesetzten noch von lieben Freunden und Freundinnen lassen wir uns so bereitwillig und problemlos sagen, was zu tun und was zu lassen sei. Kein Präsident, kein König und keine Kanzlerin nimmt so viel Einfluss auf

Die neue Zeitordnung   81

unser Alltagsleben wie die Uhr. Sie und ihr Räderwerk sind an der Macht, sie herrschen über die Menschen und das, was diese tun und lassen.

Begonnen hatte das alles damit, dass im 12./13. Jahrhundert die Vernunft immer häufiger den Glauben herausforderte und dessen Offenbarungen und Praktiken auf den Prüfstand des Verstandes stellte. Die Gewissheit der Glaubensgrundsätze schwand zu dieser Zeit mehr und mehr. Erlösung erwartete man sich nicht mehr nur von der Gnade Gottes, sondern jetzt auch von irdischem Tun. Mutige Menschen stellten erstmalig die Frage:»Könnte es nicht auch anders sein?« Soweit es dabei um»Zeit« ging, erörterte man die Frage nach deren Wesen vor allem an den gegen Ende des Mittelalters gegründeten Lehranstalten Oberitaliens, Bologna und Padua an erster Stelle, und an der Universität Paris. Dabei ging es meist um den aristotelischen Zeitbegriff, der an den genannten Universitäten gelehrt und über den dort auch gestritten wurde.

Details über die heutzutage schwer nachvollziehbaren Auseinandersetzungen müssen hier nicht weiter interessieren. Mit Blick auf die Argumentation genügt in unserem Zusammenhang der Hinweis, dass die Philosophen im Laufe des 14. Jahrhunderts damit begannen, das Thema»Zeit« nicht mehr bloß als»spekulative Denker« zu erörtern, sondern auch als»Physiker«. Die Physik hatte sich mehr und mehr von der Spekulation befreit, was schließlich die Spaltung von Philosophie und Naturwissenschaft zur Folge hatte. An vielen Orten des Geistes bekamen die alten Gewissheiten Risse und fingen an zu bröckeln. Neue Gewissheiten zeichneten sich ab. Es begann eine neue Zeit. Das Eingangstor dieser Neuzeit ziert der Imperativ des italienischen Humanisten Pico della Mirandola: »Werde zum Schöpfer und zum Bildhauer Deiner selbst.«

Das traditionelle Zeitverständnis geriet in jenem Augenblick ins Wanken, als man die»Zeit« als ein Maß der Bewegung zwischen einem Vorher und einem Nachher zu verstehen begann. Damit war die Idee des zeitlichen Fortschreitens, die später im 18. Jahrhundert den Namen»Fortschritt« erhält, in die Welt gesetzt. Es ist die äußerst wirksame Vorstellung der einer schnurgeraden napoleonischen Landstraße gleichenden Linie, die von der Vergangenheit über

Siehe, ich mache

alles

neu!

Offenbarung 21,5

die Schnellgaststätte »Gegenwart« in die Zukunft führt. Die Basis des Fortschrittsdenkens wurde bereits um das Jahr 1500 gelegt, als das geozentrische Weltbild – das bekanntlich auf der Vorstellung fußt, Sonne, Mond und Sterne drehten sich um die im Zentrum des Universums platzierte Erde und die Menschen könnten sich das, was um sie herum geschieht, wie aus einer Theaterloge ansehen – zum Einsturz gebracht wurde. Dem »Homozentrismus«, die Vorstellung vom Menschen als dem Mittelpunkt der Welt, wurde damit der Garaus gemacht.

Kopernikus, Kepler und Galilei hießen die drei gelehrten Neuerer, die sich dabei in besonderem Maße hervortaten. Sie zerstörten die Illusion von der Erde als dem Zentrum des Universums, verhalfen aber dem Homozentrismus ungewollt auf anderem Wege zu einer neuen Blüte. Aus dem Mittelpunkt des Raums vertrieben, stürzte der Mensch sich jetzt auf die Zeit und machte sich, unterstützt von der mechanischen Uhr, zu deren steuerndem Zentrum. Voraus jedoch ging die Verwandlung der »Zeit« in »Uhrzeit«. Heute erst, im Internetzeitalter angekommen, sieht es so aus, als würden sich die Menschen von dieser selbstverliebten Vorstellung, sie wären gemeinsam mit der Uhr der Mittelpunkt der Zeit, um die sich alles dreht, langsam wieder verabschieden. Später dann mehr dazu.

Kniefall vor der Uhr

Die mechanische Uhr ist nicht nur Messgerät und Zeitansage, sie ist auch eine Welt- beziehungsweise eine Zeitanschauung, die in erster Linie auf das irdische Geschehen ausgerichtet ist. Sie erst ermöglicht es, sich die Zeit unabhängig vom Wetter, Sonnenstand, von Tag und Nacht, Ebbe und Flut vorzustellen. Ein Zeitgeist, der es den Menschen dann auch erlaubt, sich in einem Gegenüber zu der Zeit und der eigenen Zeitlichkeit zu positionieren, einen distanzierten Standpunkt zum zeitlichen Geschehen einzunehmen und das Zeitleben, das eigene eingeschlossen, von »außen« zu betrachten. Zur Folge hatte dies einerseits, dass sich die Menschen, im Guten wie im Schlechten, nicht mehr ausschließlich als Opfer der Zeit sehen und begreifen, sondern auch als Täter. Andererseits, und das ist der Preis für dieses zeitliche »Gegenüber«, erleben und empfinden sich die

Menschen nicht mehr länger eins mit dem Werden und Vergehen, sie sind nicht mehr länger, wie das in der Vormoderne der Fall war, in der Zeit zu Hause. Die Zeiten des Naturwesens »Mensch« und die mechanisch hergestellte Zeit der Uhr sind seitdem nicht, oder nur noch schwer, in Übereinstimmung zu bringen. Und so gehören Zeitkonflikte und Zeitprobleme zur Moderne wie die Dunkelheit zur Nacht.

Der Uhr war ein für damalige Verhältnisse überaus schneller Erfolg beschieden. Schon bald nach ihrer Erfindung wurde sie zur einzig gültigen Zeit erklärt. Nicht zuletzt, weil die Uhrzeit von Menschenhand manipuliert, konkret: gestellt, geteilt und verändert werden kann. Man konnte sich von da an als »Herr der Zeit« fühlen, eine Täuschung, mit der wir bis heute leben. Jedoch wird ignoriert, dass es sich bei dem, über das man glaubte jetzt herrschen zu können, nur um eine ganz spezifische, eine mechanisch hergestellte Zeit handelt. Die große bürgerliche Illusion von der Machbarkeit und der Gestaltbarkeit des Lebens und der Lebensumstände hat in dieser Verkürzung des Zeitverständnisses auf Uhrzeit ihren Ursprung und ihre Basis.

Das neue Uhrzeit-Denken breitete sich zu Beginn der Neuzeit rasch aus, zuerst in den damals stark wachsenden Städten Süd- und Mitteleuropas. Es änderte sich damit nicht nur die Welt und die Art, wie man sich innerhalb des irdischen Geschehens positionierte und mit ihm arrangierte, es änderten sich auch das Denken, das Wahrnehmen und das Empfinden der Menschen. Die Fiktion, Zeit und Uhrzeit wären identisch, hat die Realität erobert und von Grund auf verändert. Das meinen wir, wenn wir von »Moderne« sprechen. Die Unterstellung, selbst über Zeit entscheiden und die Zeiten eigenmächtig steuern zu können, führte schließlich dazu, dass man sich mehr zutraute, man ging höhere Risiken ein und wagte sich immer weiter in die weite Welt hinaus. Auf dem Umweg nach Indien entdeckte man dabei Amerika und auf anderen Wegen noch ganz viel anderes. Die Welt änderte sich mit den Zeiten und weil sich die Zeiten änderten, änderte sich auch die Welt. Doch nicht alles änderte sich; und das, was sich änderte, änderte sich nicht so schnell wie es in der gerafften Rückschau zuweilen aussieht.

Als Christoph Kolumbus auf seinem Umweg nach Indien Anfang Oktober 1492 auf einer Karibikinsel an Land ging und als erster Europäer seinen Fuß auf amerikanischen Boden setzte, dankte er, vormoderner Tradition folgend, zuallererst Gott für Beistand und Schutz. Als demonstratives Zeichen seiner Dankbarkeit rammte er das Kreuz der Christenheit in die Erde und fiel davor auf die Knie. Sehr ähnlich und doch ganz anders Alexander von Humboldt dreihundert Jahre später. Als der in seiner Heimat als »zweiter Kolumbus« gefeierte Weltreisende am 16. Juli 1799 den Strand von Venezuela betrat, fiel auch er umgehend auf die Knie, jedoch nicht um dem Herrn im Himmel für die glücklich überstandene Reise zu danken, sondern um mit einem Thermometer die Temperatur des Sandes zu messen. Daher wissen wir heute, dass der Sand am 16. Juli 1799 an der Nordküste Südamerikas siebenunddreißig Grad Celsius warm war.

Zwischen der Entdeckung Amerikas durch den ersten Kolumbus und der Vermessung Südamerikas durch den »zweiten Kolumbus« liegen dreihundert Jahre. In diesen drei Jahrhunderten hatte sich die Welt gründlich verändert. Mit ihr auch die Menschen und deren Zeitwahrnehmung und Zeitbewusstsein. Zu Humboldts Zeiten spielte Gott nur mehr eine Nebenrolle. Wichtiger war es, die von ihm geschaffene Welt zu vermessen, mit Thermometer und Uhr und vielen weiteren neu entwickelten Instrumenten. Statt auf Gott, vertraute man auf Geräte. Nicht mehr vor dem allmächtigen Schöpfer ging man in die Knie, sondern vor den Messinstrumenten. Auf kein anderes Gerät trifft das mehr zu als auf die Uhr.

Der Kniefall vor der Uhrzeit begann bereits lange, bevor Alexander von Humboldt sich auf den Weg machte, Südamerika zu vermessen. Er begann gegen Ende des 14. Jahrhunderts, als die ersten Räderuhren an den Kirchtürmen auftauchten. Von da an beugte man die Knie in der Kirche, um den zeitlosen Gott, und man beugte sie außerhalb, um die von Menschen gemachte Zeit anzubeten. Seitdem verfolgt der Mensch das Ziel, zeitlich gesehen, vom Opfer zum Täter zu werden. Weit jedoch ist er dabei nicht gekommen, das beweisen die vielen lauten und leisen Klagen über fehlende Zeiten. Ob es dem Menschen jemals gelingen wird und ob es ihm überhaupt gelingen kann, den mit der mechanischen Uhr in die Welt gesetzten

Herrschaftsanspruch gegenüber der Zeit verwirklichen zu können und ob das überhaupt erstrebenswert wäre, das sind Fragen, denen wir uns heute, wo sich die Schattenseiten und Schattenzeiten des modernen Zeitprogramms immer deutlicher zeigen, stellen müssen. Ob es dazu eines ähnlich radikalen Perspektivenwechsels bedarf, wie er vor sechshundert Jahren in Gang gesetzt wurde, ist ungewiss, aber wahrscheinlich. Wie auch immer, wagt man diesen, sollte man zumindest eine Ahnung davon haben, was die modernen Zeiten eigentlich so modern gemacht hat, wie sie modern geworden sind. Auf drei »Errungenschaften« wird in diesem Zusammenhang zu sprechen zu kommen sein. Alle drei haben der Moderne, die man mit Fug und Recht auch »Uhrzeitmoderne« nennen kann, ihr Gesicht verliehen:

– Die Zeit der Uhr hat der Welt eine neue Ordnung gegeben.

– Die Zeit der Uhr hat die Zeit aus ihrer engen Bindung mit der Natur gelöst, sie qualitativ geleert und der Neubewertung als ökonomischer Ressource (sprich: der Verrechnung in Geld) geöffnet.

– Die Zeit der Uhr hat der Welt ihr Zeitmuster Takt aufgeprägt und das Arbeiten und das Leben hierdurch immens beschleunigt.

Die Uhr als Ordnungsmaschine

Wie nur ist es zu erklären, dass die Uhr außerhalb ihres klösterlichen Geburtsortes eine so rasche und dauerhafte Karriere machen konnte? Nicht, weil sie die Zeit so exakt misst, sondern weil mit keinem anderen Instrument so leicht, so einfach und so durchschlagend Ordnung geschaffen werden kann, und zwar eine Form der Ordnung, die sich hervorragend als Instrument der Herrschaftsausübung eignet. Die Uhr wurde *das* Mittel, das soziale Leben und das der Subjekte berechenbarer und damit steuerbarer zu machen. Grundlage aller Herrschaft ist bekanntlich die Macht über den Raum (ein bestimmtes Territorium) und die Macht über Zeit (die Zeit anderer). Die Uhr ist ein ideales Werkzeug zur Ausübung von Zeitmacht durch die Herrschenden. Sie steuert und reguliert das Verhalten der Untertanen, indem sie diese zeitlich standardisiert und ihnen signalisiert, was zu welchem Zeitpunkt zu tun und was wann zu lassen ist.

Mit der Uhr ist also nicht nur eine neue Zeitmesstechnik in die Welt gekommen, sondern auch die Idee und zugleich die Technik, mit einem Messgerät Ordnung zu schaffen. Dass es sich dabei um eine Ordnung handelt, die den Interessen der Mächtigen an Gelderwerb, Macht und Rum entgegenkam, diese Chance ließen sich die Einflussreichen jener Zeit nicht entgehen. »Die Macht tritt der Zeit sehr nahe und sichert sich ihre Kontrolle und ihre Ausnutzung« schreibt Michel Foucault. Andererseits bestand auch in diesen Zeiten, in denen vieles in Bewegung geriet, die Unsicherheiten zunahmen und die Selbstverständlichkeiten nicht mehr selbstverständlich waren, bei der Bevölkerung ein gesteigertes Verlangen nach einem geordneten Leben, nach geordneter Verantwortung und geordneten gesellschaftlichen Hierarchien.

Doch richten wir den Scheinwerfer einmal etwas genauer auf die Gepflogenheiten, wie damals mit der Uhr und deren Zeit Ordnung geschaffen wurde. Vorab aber eine Klarstellung: Es ist nicht, wie die Überschrift dieses Abschnittes – »Die Uhr als Ordnungsmaschine« – vermuten lässt, der Chronometer, der Ordnung schafft. Die Uhr »geht« zwar, ist aber kein handlungsfähiges Subjekt, sondern ein toter Gegenstand. Vielmehr sind es mächtige und einflussreiche Personen, die mit dem Werkzeug »Uhr« und deren Output (der Uhrzeit) Ordnung schaffen und absichern – und das von Beginn an.

Dabei sind die Mächtigen nicht immer sehr sensibel vorgegangen. Viele Regenten, Fürsten sowie Stadt- und Landesherren zeigten sich nicht gerade zimperlich, wenn es darum ging, ihren Untertanen die Uhrzeit nahezubringen und sie dazu anzuhalten, ihr Alltagsleben am Gang der Zeiger und nicht mehr an Sonne, Mond und Sternen auszurichten. Sollten Arbeitsbeginn und das Arbeitsende nicht verpasst werden, galt es zwar weiterhin nach oben zu blicken, aber nicht mehr ganz nach oben zum Himmel, sondern zu dem auf halber Höhe angebrachten Zifferblatt der Turmuhr. Das war auch dringend geboten, wenn man die Zeiten für den Verkauf von Waren an Markttagen und für die Öffnung und die Schließung der Stadttore nicht verpassen wollte. Mit zuweilen harten Strafen hatten diejenigen zu rechnen, die sich nicht an die von der Obrigkeit festgelegten Zeitvorgaben hielten.

Bis heute hat sich in dieser Hinsicht wenig geändert. Zumindest sieht das manch heutiger Schüler so, der den Unterrichtsbeginn verschlafen hat und dafür eine Stunde nachsitzen muss. Probleme bekamen Stadtbewohner, die die Uhr nicht »lesen« konnten und von ihrem Gang so wenig verstanden wie heute nur noch Kindergartenkinder. Mit noch mehr Schwierigkeiten mussten die rechnen, die sich weigerten, der neuen, irdischen Zeitansage Folge zu leisten. So zum Beispiel waren die Bauern, die nicht rechtzeitig von ihren außerhalb der Stadt liegenden Feldern zurück waren und die Stadttore geschlossen vorfanden, gezwungen, auf ungeschütztem Gebiet außerhalb der Stadtmauern zu übernachten. Die Glücklichen hingegen, die es knapp geschafft hatten, sich dabei aber ziemlich hetzen mussten, erfanden für diese Dramatik dann den Begriff der »Torschlusspanik«.

Die Uhr lieferte, was den realen Verhältnissen am Ende des Mittelalters abging: eine ideale, sinnfreie Ordnung. In enger Verbindung mit den von der Kirche eingesetzten akustischen Signalgebern, den Glocken, erkannten die Machthaber dieser Zeit in der Uhr eine ideale, für ihren Machterhalt und Machtausbau nutzbare Ordnungs- und Orientierungsmaschine. Die Stadtuhr, ihre rationale Einteilung und ihr taktförmiges Funktionieren wurden von den Herrschenden zum Vorbild und zum Gleichnis einer idealen Ordnung erklärt, nach der sich das individuelle ebenso wie das soziale Handeln auszurichten hatte. In dieser Hinsicht war es für die Herrschenden von entscheidendem Vorteil, dass die Uhr die Zeit – über den Verlauf der Zeiger – direkt sichtbar und dort, wo sie mit Glocken oder später mit einem mechanischen Kuckuck koalierte, auch hörbar machte. Ihr Takt regelt, zerteilt, zerstückelt und zerhackt den stetig fließenden Fluss der Zeit. Nichts und niemand gibt eine vergleichbar präzise Antwort auf die Frage, was die Stunde geschlagen hat, wie die Maschine »Uhr«. Das macht sie für Herren und gleichermaßen auch für deren Untertanen zu einer attraktiven Prothese für den ihnen von der Evolution verweigerten Zeitsinn.

Den wohlregulierten Gang der Zeiger und den Takt als Vorbild des Zeithandelns im Blick, machte man – beginnend im 15. Jahrhundert – die himmlische zu einer irdischen Zeitordnung und schob Gott, in zeitlicher Hinsicht, aufs Altenteil. Man geht nicht zu weit, darin einen ersten großen Schritt zur Selbstvergottung des Menschen zu sehen, dem im Verlauf der Moderne dann weitere folgen sollten. Die Vorstellung einer göttlichen Erlösung am Ende des irdischen Daseins verwandelte sich in das Projekt einer Selbsterlösung im Laufe der irdischen Existenz. Die Mächtigen im Lande erklärten sich zu Zeitbevollmächtigten, sorgten für die Verbreitung von Uhren im öffentlichen Raum und behaupteten (nicht ganz uneigennützig), damit »das geordnete Leben der Bürger zu fördern«. Das Wissen um die Uhrzeit wurde zu einem allgemein verpflichteten Wissen, der regelmäßige Blick auf die Uhr zur Gewohnheit. Im Gegensatz zum allermeisten Herrschaftswissen, das seine Macht auf Geheimhaltung und Exklusivität stützt, basiert die Zeitmacht auf einer möglichst großen öffentlichen Verbreitung des Wissens. Die Zeitmacht der herrschenden Klasse, die für die Verbreitung und die Installation der Uhren sorgt, lebt davon, dass nicht nur wenige, sondern möglichst alle wissen, wann es fünf vor zwölf ist.

Ab dem 15. Jahrhundert verlagerte sich die zeitliche Ordnungspolitik weg von der Kirche hin zur weltlichen Macht. Die Metapher vom Uhrwerk erfreut sich als Ideal von Ordnung, Regelmäßigkeit und Gleichmaß wachsender Beliebtheit. Die Uhr wurde zum Gleichnis für eine Welt, wie sie sein sollte. Ausgangspunkt dieser Neujustierung der Zeitordnung waren die aufstrebenden, sich rasch vergrößernden Städte und deren wachsender politischer Einfluss. Die »Veruhrzeitlichung« der Zeitordnung und damit auch die des Verhaltens der Stadtbevölkerung begann in den führenden Handelsstädten Oberitaliens und der Toskana. Sie setzte sich dann in Burgund und Flandern fort und erfasste schließlich auch Deutschland, zuerst die mit italienischen Kommunen in regem Handelskontakt stehenden Städte Nürnberg, Regensburg, Augsburg und Frankfurt. Die Stadt am Main stattete ihr Rathaus, den Römer, bereits 1453 mit einer Uhr aus, doch noch über hundert Jahre, bis 1561 nämlich, war es die monumentale Domuhr, die der Bevölkerung der Stadt die gültige Zeit angab. Ein Beispiel, das darauf aufmerksam macht, dass die Verfügungsgewalt über die ordnungspolitisch einflussreichen Zeitsignale »Uhr« und »Glocken« im

16. Jahrhundert zwischen Stadtverwaltung und Kirche heftig umstritten waren. Wer nämlich die Verfügungsgewalt über die Zeit, die Uhrzeit hatte, besaß die Möglichkeit und die Macht, die Bevölkerung durch Zeitzeichen zu ordnen, zu lenken und im Not- oder Konfliktfall auch zu mobilisieren.

Nicht an allen Orten wurde der Konflikt so eindeutig zugunsten der Kommune entschieden wie in Venedig, wo der Doge der Kirche verbot, am Markusdom eine Uhr anzubringen: die Machtdemonstration einer selbstbewussten Stadtbevölkerung, bei der es um nichts Geringeres ging als um die Herrschaft über die Zeit, die Zeitordnung und die Zeitverwendung der Einwohner. Dieser Machtdemonstration haben wir den schönsten kommunalen Uhrturm der Welt, gleich neben der Markuskirche, zu verdanken.

Weniger spektakulär, aber nicht weniger demonstrativ hat die weltliche Macht der Geistlichkeit in Nürnberg ihre zeitordnungspolitischen Grenzen aufgezeigt. Das von der Kommune installierte, mit der Uhr kombinierte Glockenspiel an der Frauenkirche wurde nicht, wie in den meisten anderen Städten, durch eine biblische Szene geschmückt, sondern von den sieben Kurfürsten, die dem Kaiser im Stundentakt huldigten.

In dem Maße, wie Weltbild und Zeitgeist mechanisch wurden, verloren auch die Stunden der Nacht ihren bedrohlichen Charakter. Das Zifferblatt wird, im Unterschied zu dem der Sonnenuhren, die ja bekanntlich nur die schönen Stunden anzeigen, rund. Hatte man mit der Vertaktung der hellen Stunden Gott von seiner irdischen Zeitgeberfunktion entbunden und ihm nur noch die Zuständigkeit für das Ewige und die Ewigkeit gelassen, so nahm man mit der Einteilung der Nacht in gleich lange Stunden schließlich auch noch dem Teufel seinen irdischen Zeitwohnsitz.

Die von der Uhr begleitete und gestützte ordnungspolitische Zeitmacht der Regionalfürsten war nicht nur überraschend erfolgreich, sie war auch äußerst langlebig. Sie hielt sich bis gegen Ende des 19. Jahrhunderts, bis – so im Deutschen Reich – 1893 die im ganzen Lande vereinheitlichte Standardzeit eingeführt wurde. Seitdem werden die Menschen unruhig, wenn sie an einem Bahnhof drei Uhren sehen, die unterschiedliche Zeiten anzeigen. Umrundete man 1890, was zu dieser Zeit bereits möglich war, mit der Eisenbahn den Bodensee, sah man sich gezwungen, fünf mal die Uhr umzustellen. Man durchquerte fünf verschiedene Herrschaftsbereiche, die allesamt ihrer Souveränität nicht nur durch Grenzpfähle und Schlagbäume, sondern auch durch selbst gesetzte Zeitgrenzen Ausdruck verliehen. Zu den Insignien der Macht gehören seit dem 15. Jahrhundert nicht mehr nur Krone, Zepter und Reichsapfel, sondern auch die Uhr. Dass diese auf repräsentativen Gemälden von Kaisern, Königen und Landesherren im Gegensatz zu den anderen drei Insignien der Herrschaft nur selten auftaucht, sagt nichts über ihren überaus wirkmächtigen Einfluss. Auch wenn die Herrschenden sich heute subtilerer Mittel für die Ausübung ihrer Herrschaft bedienen, so sollten wir nicht vergessen, dass die Zeitordnungsmittel, die das Leben der Menschen formen, wiederum von Menschen entwickelt wurden, die bestimmten, wem diese nutzen und dienen sollten.

Als um das Jahr 1500 herum die ersten Uhren mit zwei Zeigern, einem für die Stunden und einem für die Minuten, auftauchten (auf einer Zeichnung von Leonardo da Vinci ist das erstmalig zu sehen), begannen die Menschen in Mitteleuropa eine bis dahin nicht gekannte Leidenschaft zu entwickeln und zu kultivieren, eine Leidenschaft, die heute keine Grenzen mehr kennt. Es ist die Leidenschaft, Termine beziehungsweise Zeitpläne zu machen. Sie setzt die Existenz von mechanischen Uhren und Kalendern voraus, verstärkt und intensiviert also zugleich auch deren Funktion als Zeitordnungsmittel.

Mit dem Auftauchen des Minuten- und später – im 17. Jahrhundert – dann auch des Sekundenzeigers wurde die Zeit immer kleinteiliger. Was nichts anderes bedeutet, dass die Zeitordnungen und die Zeitvorgaben, die es zu beachten und denen es zu folgen galt, enger und dichter wurden. Je kleinteiliger, enger und dichter sie aber wurden, desto häufiger und verbreiteter entstand der Eindruck, dass einem die Zeit davonlief und man zu wenig von ihr hatte. Ein Eindruck, der sich im Laufe der Moderne mehr und mehr intensivierte und ausbreitete.

Die von den Menschen am direktesten und unmissverständlichsten erfahrene Ordnungsleistung der Uhr und ihrer Zeit ging zweifelsohne später von der Stechuhr aus. Forciert durch die Ausbreitung der Fabrikarbeit bekamen in der zweiten Hälfte des 19. Jahrhunderts die sogenannten »Arbeiter-Kontrolluhren« an den Ein- und Ausgängen der Fabrikareale ihren festen Platz. Ihre Aufgabe bestand vornehmlich darin, aus Individuen zuverlässige, pünktliche und ordentliche Arbeiter zu machen. So ganz nebenbei reicherten sie den Arbeitsablauf auch wieder mit kultischen Formen des Zeithandelns an, die dem Siegeszug der Uhr zum Opfer gefallen waren. Sie sorgten dafür, dass der Beginn der Arbeit und das Ende des Arbeitstages und zuweilen auch zwischenzeitliche Abwesenheiten vom Arbeitsplatz von dem Ritus der Zeitnahme begleitet wurden. Als Gott noch für die Ordnung des Zeitlichen zuständig war, wurden Arbeitsanfänge und Arbeitsabschlüsse von Gebeten zeremoniell begleitet, im Zeitalter der Fabrikarbeit übernahm die Stechuhr diese Funktion. Ein Beispiel für den Sachverhalt, dass sich die Zeiten ändern, die alten Zeiten aber zugleich weiter wirksam sind.

Was ihre Leistung als Ordnungsmittel angeht, so wurde die Uhr in immer größeren Maße zum Skelett der modernen Lebenswelt und deren Ordnungsstrukturen. Das Diktat der Uhr treibt die Menschen frühmorgens aus dem Bett und spät am Abend wieder hinein. Wir organisieren die Arbeit nach der Uhr und immer häufiger auch das, was wir »Freizeit« nennen; Gleiches gilt fürs Lernen, den Sport und das Vergnügen. Hunger haben wir nicht, wenn sich der Magen meldet, sondern die Uhr. Läden, Büros, Schalter und Auskunftsstellen, sie alle lassen sich ihre Öffnungs- und Schließzeiten von Uhrzeigern vorgeben. Die Fahrpläne der öffentlichen Verkehrsmittel sind streng chronometrisch geregelt, genauso wie die Programmstrukturen des Fernsehens und die der Radiosender.

Gescheiterte Zeitrevolutionäre

Den am meisten bekannten und zugleich auch radikalsten und spektakulärsten Akt, die Welt und die Menschen mithilfe der Zeitordnungsmittel Uhr und Kalender zu verändern, starteten die französischen Revolutionäre gegen Ende des 18. Jahrhunderts. Wie alle Revolutionäre, wollten auch sie alles »neu« machen. Um das zu tun, musste man zuerst einmal die bestehende Normalität für überkommen und »alt« erklären. Eben das taten die französischen Umstürzler mit der traditionellen christlichen Zeitrechnung. Um, wie sie proklamierten, der Vernunft zum Sieg zu verhelfen, schafften sie das gängige Schema des abendländischen Kalenders ab und legten ihrer neuen Zeitordnung das Dezimalsystem zugrunde. Der Mensch, dies die Botschaft der Revolutionäre von 1789, ist Schöpfer dieser Welt und ihrer Zeit, nicht Gott. Die von den Republikanern für verbindlich erklärte Zeitreform startete am 22. September 1792, dem Gründungstag der Republik. Das Jahr hatte zwar weiterhin zwölf Monate, die Monate aber waren, abweichend vom alten Kalender, auf eine Länge von jeweils dreißig Tage hin standardisiert. Diese 360 Tage ergänzten, um das Jahr voll zu machen, fünf »jours complémentaires« (Ergänzungstage) am Jahreswechsel, die in einem Schaltjahr um einen Tag, den Tag der Revolution, verlängert wurden. Die Woche wurde auf zehn Tage verlängert, sodass jeweils erst nach neun Arbeitstagen ein Ruhetag anfiel. Auf der Basis des Dezimalsystems teilte man den Tag in zehn Stunden mit jeweils 100 Minuten und die Minute zu 100 Sekunden auf.

Wie auf den ersten Blick zu erkennen ist, haben die französischen Revolutionäre nicht übertrieben, als sie davon sprachen, dass nach ihrer Machtübernahme eine neue Zeit anbrechen würde. Was die Zeitordnung betrifft, haben sie ihr Versprechen eingehalten. Eine lange Dauer aber war dieser nicht beschert. Dass die neuen »revolutionären Zeiten« bei ihrem Praxistest, speziell was die Folgebereitschaft der Bevölkerung betraf, auf große Akzeptanzprobleme stoßen würde, war voraussehbar. Das Uhrzeitexperiment mit dem Zehnstundentag wurde bereits nach zwei Jahren für beendet erklärt, und was das Kalenderexperiment angeht, so steigerte Napoleon seine Beliebtheit im Volke unter anderem auch durch das Versprechen, den Revolutionskalender wieder außer Kraft zu setzen. Das geschah dann auch im Jahr 1805.

Neue Zeiten, neue Machtverhältnisse – neue Machtverhältnisse, neue Zeiten: Das ist eine so beliebte wie verbreitete Symbolstrategie von an die Macht gekommenen Despoten und autoritären Führerfiguren. 130 Jahre nach den französischen experimentierten auch die russischen Revolutionäre mit den traditionellen Zeitordnungsmitteln. Mit einem Ergebnis, das der These zuarbeitet, der Mensch würde auch deshalb nicht klüger, weil er aus der Geschichte nichts lernt. Lernen wollte auch Mussolini nichts, denn auch er hat sich an der Zeitrechnung zu schaffen gemacht. Nicht zuletzt soll Hitler, Dokumente weisen darauf hin, eine Korrektur der Zeitordnung in seinem unsäglichen Programm gehabt haben. Glücklicherweise ist es bei den Plänen geblieben. Wer es hinbekommt, tausend Jahre in zwölf abzuwickeln, kommt eben nicht zu allem, was er sich vorgenommen hat.

Im Rahmen und im Umfeld demokratischer Verhältnisse sind derartig größenwahnsinnige Eingriffe in die Zeitordnung, wie echte und Möchtegern-Revolutionäre und Despoten sie immer wieder anstreben, nicht möglich. Die Staaten der Europäischen Union beschränken sich bei der Demonstration ihrer Zeitmacht auf eine jährlich sich wiederholende minimale Änderung der Zeitordnung am letzten Märzwochenende – Anlass ist die Einführung der Sommerzeit – und deren Korrektur am Ende des Monats Oktober.

Doch es wäre ein Irrtum, daraus den Schluss zu ziehen, die Ordnungsleistungen der Uhr und des Kalenders hätten im Hinblick auf die alltägliche Zeitgestaltung deshalb abgenommen. Eher ist das Gegenteil der Fall. Mehr als je zuvor werden in unseren Tagen Uhren und Kalender konsultiert, um die Zeit und die Dinge »auf die Reihe zu bekommen«. Diese »Reihe«, von der, wenn es um Zeit geht, immer wieder so gerne geredet wird, ist ja nichts anderes als die Zahlenreihe auf dem Zifferblatt der Uhr oder die der Daten im Kalender.

Die Uhr ist, auch wenn sie sich derzeit aus dem öffentlichen Raum zurückzieht und auf demonstrative Gesten weitestgehend verzichtet, allgegenwärtig. Sie herrscht über den Zeitalltag, lenkt und bestimmt einen Großteil der menschlichen Geschicke. Man verabredet sich und trennt sich wieder mit Blick auf die Uhr und folgt bis ins kleinste Detail fein säuberlich gegliederten Listen, Fristen und Zeitprogrammen und arbeitet sie ab. Man terminiert und koordiniert die unterschiedlichsten Ereignisse und arrangiert das Leben um sie herum. Man unterwirft sich von der Uhrzeitlogik dominierten Fahrplänen und Programmabläufen der Fernsehanstalten. Wir müssen erst gar nicht mehr zu Uhrzeitmenschen gemacht

Die neue Zeitordnung   95

werden; unsere durch und durch veruhrzeitlichte Umgebung lässt uns gar keine andere Wahl, wir müssen es sein.

Ordnung muss sein – Erziehung zum Uhrengehorsam

Das heutige Leben des durchschnittlichen Mitteleuropäers ist zeitlich durchkalkuliert und so berechenbar wie der Lauf der Zeiger an der Uhr. Aus Sorge wird Vorsorge. Man arbeitet einen selbst erstellten Zeitplan ab – die einen nennen ihn »Leben«, die anderen »Karriere«. Mit einer nicht endenden Aneinanderreihung von Daten, Fristen und Terminen – täglich kommen neue hinzu – vermisst und kartiert man das Dasein. Dieses präsentiert sich nicht mehr als eine Summe von Ereignissen, Erfahrungen und Geschichten, sondern als die von Zahlen. Auch die kollektive Geschichte ist keine durch Erzählungen überlieferte Geschichte mehr, sie ist längst zu einer Geschichte der Jahreszahlen und der Daten geworden.

Das modernisierte Leben ist »ver-datet« und »durchterminiert«, um es wie einen für eine Bewerbung aufbereiteten Lebenslauf auf die Reihe zu bekommen. Krippe mit eins, Kindergarten mit drei, Einschulung mit sechs. Mit zwölf Jahren endlich, so regelt es eine nur in Deutschland mögliche Verordnung, darf man auch ohne Begleitung Erwachsener einen Fahrstuhl benutzen, um, was sich alle wünschen, schnell nach »oben« zu kommen. 18 Jahre alt muss man sein, um allein am Steuer eines Autos Platz nehmen zu dürfen und bekommt, nur weil man irgendwann mal die Uhr erfunden hat, bei dieser Gelegenheit mitgeteilt, dass es sich nach § 12 der deutschen Straßenverkehrsordnung bei einem mehr als dreiminütigen Halt mit dem Auto um einen Parkvorgang handelt. Strebt man das Amt des Bundespräsidenten an, muss man das 40. Lebensjahr erreicht haben. Chancen jedoch haben nur diejenigen, die zuvor nicht allzu viele Zeitstrafen abgesessen haben. Ordnung muss eben sein, insbesondere dann, wenn's um Zeit geht! Aber, die Frage sei erlaubt, muss es unbedingt diese sein? Darüber lässt sich trefflich streiten. Doch Zeit dafür haben nur die wenigsten. Was wiederum der bestehenden Zeitordnung zugutekommt.

Damit das mit der zeitlichen Ordnung und der ordentlichen Zeit auch ordentlich klappt, muss Erziehung her, die die Heranwachsenden in einem konfliktreichen Prozess zwischen Anpassung und Widerstand zu einem brauchbaren Uhrzeitmenschen macht. In Zeiten des lebenslangen Lernens bedeutet das Uhrzeiterziehung von der Wiege bis zur Bahre. Da der Mensch (ein jeder/eine jede kann das an sich selbst feststellen) der Perfektion der Uhr nicht gewachsen ist, muss er »veruhrzeitlicht« werden. Waren Schule und Militär diesbezüglich erfolgreich, dann heißt es, sich sein Leben lang zu bemühen, es auch zu bleiben.

Von Anfang an wird das Kind Schritt für Schritt seiner subjektiven Zeiterfahrungswelt entwöhnt und auf das gesellschaftlich dominierende Uhrzeitleben ausgerichtet. Kaum wurde der Mensch ungefragt in die Zeitlichkeit »Welt« hineingeboren, wird er schon – zumindest in unseren Breiten – mit dem Blick auf die Uhr gestillt, trockengelegt und in den Schlaf gesungen. Ist er wenig später dann zum Kleinkind herangewachsen, setzt man ihn auf den Topf und bringt ihm die Kontrolle und Manipulation von Zeit bei. Ist es nicht bereits im Kindergarten oder in der Vorschule geschehen, dann wird den Kleinen spätestens in der ersten Klasse der Grundschule eingeimpft, wie man sinnfreie Wegstrecken, die Zeiger auf dem Zifferblatt einer Uhr zurücklegen, in Zeit umzuinterpretieren hat. Zugleich wird die Illusion vermittelt, man könne Zeit an einem Ort erblicken und ablesen, wo sie gar nicht vorhanden ist. Es ist eine Illusion, die ein Leben lang anhält, da sie sich als selbsterhaltendes Glaubenssystem im Alltag täglich erneuert. Zugleich lernt der Erstklässler dann auch noch, dass das, was Zeiger und Zifferblatt anzeigen, die einzig wirkliche und die einzig gültige Zeit ist. (Später dann, zum Weltenbummler geworden, stellt er mit Erstaunen fest, dass andere Kulturen die Zeit ganz woanders suchen und auch woanders finden.)

Kinder erleben »Zeit« vor allem als eine Erziehungsmaßnahme und ihre von der Uhr ausgehende Vertaktung als ein Erziehungsziel. In dem Augenblick, in dem sie erstmalig ein Schulhaus betreten, hat jede Stunde sechzig Minuten (obgleich das bereits bei der Schulstunde schon nicht stimmt), völlig unabhängig von der Erfahrung, dass einem die Stunden in der Schule viel länger als auf dem Fußballplatz vorkommen. Die Kindheit ist schlagartig zu Ende, wenn

Die neue Zeitordnung 97

man die Uhr lesen, die Zeit sinnfrei einteilen und das eigene Tun vertakten kann und wenn man beim Herumtrödeln, beim Bummeln und beim Nichtstun ein schlechtes Gewissen bekommt. Von dem Moment an, ab dem nicht mehr länger die Zeit, sondern die Uhrzeit das Leben bestimmt, hört nun mal der Spaß auf. Von da an heißt es: pünktlich und möglichst immer fix und schnell sein! Ab diesem Moment hat der Mensch keine Zeit mehr, sondern nur noch Zeitprobleme, die, aber das will er nicht wissen, gar keine Zeit-, sondern eigentlich »nur« »Uhrzeit«-probleme sind.

Es ist also durchaus realistisch, wenn die schulpflichtigen Kinder von ihren Eltern und Lehrerinnen bei der Einschulung darauf hingewiesen werden, dass von nun ab »der Ernst des Lebens« beginnt. Die Schule ist dann und dort am ehesten eine Schule für diesen »Ernst des Lebens«, wo sie die Schüler zwingt, ihr Verhalten an der Uhrzeit auszurichten, ihre Leistungen nach vorab festgelegten Uhrzeiten abzurufen und dabei ihre rhythmisch über den Tag schwankende Leistungskurve, ihre subjektiven Zeiten, zu ignorieren. Diejenigen, die in dieser Hinsicht Schwierigkeiten haben, die zu langsam, zu müde, zu indisponiert sind, müssen mit Nachteilen und Strafen rechnen, zuvörderst mit Zeitstrafen: Nachsitzen, Nachhilfe, Sitzenbleiben. Erwachsene tun sich diese Dressur später dann selber an. Mal mehr, mal weniger freiwillig, bringen sie die Zeit und sich selbst auf die Reihe, mit Zeitratgebern, Zeitmanagementkursen oder Zeitmanagementtrainings, um schließlich alle Zeit dem Maß zu unterwerfen, das ihnen ihre andressierte Krämerseele vorgibt.

Um nicht missverstanden zu werden: Es ist nicht so, dass Zeitordnungen den Menschen nur Schwierigkeiten bereiten, ihnen nur Verbindlichkeiten und Pflichten auferlegen würden. Die Menschen brauchen Zeitordnungen, ohne sie wären sie in dieser Welt verloren. Sie können sie selbst herstellen, oder die dafür hernehmen, die ihnen die Natur und der gestirnte Himmel über ihnen anbieten. Sie können sie auch von anderen abschauen und/oder von einflussreichen Personen und Institutionen vorgeben lassen. Die allermeisten Zeitordnungen aber bekommt man durch die Normalität aufgezwungen, also ohne dass sie als Zwang erfahren werden. Wie auch immer, die Aufgabe von Zeitordnungen ist es, den Menschen Orientierung im Rahmen des Vergänglichen und der eigenen Vergänglichkeit zu verleihen. Nur mithilfe zeitlicher Ordnungen und deren Signalwirkung gelingt es Menschen, sich im Rahmen des Werdens und Vergehens verorten und zurechtfinden zu können und sich in der Unübersichtlichkeit, die das Leben ausmacht und die es stets neu produziert, zu stabilisieren.

Zeitordnungen wirken, mal im Hintermal im Vordergrund, als sichernde Geländer, die den Wanderer durch die Zeit vor dem Absturz in die unergründlichen Tiefen des Daseins bewahren und ihn in die Lage versetzen, mit den situativen Unsicherheiten klarzukommen. Zeitordnungen sind stets doppelt wirksam: Sie engen ein und machen frei. Ihre Wirkung gleicht jener der Schulpflicht, bei der es sich ja einerseits um einen verordneten Zwang handelt, andererseits aber auch um die Voraussetzung für ein freieres, selbstständigeres und selbstbewussteres Leben.

Ohne Uhr und ohne Uhrzeit wäre alles anders. Zumindest hätten wir nicht die Zeitprobleme, die wir nur haben, weil es die Uhr gibt und weil wir uns nach ihr richten. Wir könnten noch so viele Zeitmanagementseminare besuchen und Zeitspartipp auf Zeitspartipp einholen und ausprobieren – unsere Probleme mit der Uhrzeit werden nicht weniger. Und das ist gut so! Hätten die Menschen nämlich keine Probleme mehr mit der Uhrzeit, dann wären sie selbst zur Uhr geworden. Das aber wäre alles andere als erstrebenswert, man wäre – wie die Uhr und jede andere Maschine – tot, ein toter Gegenstand.

Es ist dem Menschen, solange er lebt, niemals möglich, mit der Uhr und deren Zeit in friedlicher und harmonischer Übereinstimmung zu existieren. Er ist im Gegensatz zum Chronometer ein Lebewesen, und die Zeitnatur alles Lebendigen besteht aus einer Symphonie von Rhythmen. Rhythmen aber kennt die Uhr nicht, sie kennt nur den Takt: die Wiederholung des Immergleichen. Die Uhr macht keine Pausen, das Innehalten ist ihr fremd, sie kennt kein Warten, keine Verlangsamung und auch keine Beschleunigung. Die Zeit der Uhr ist, zeitlich gesehen, unmenschlich. Und jede Zeitordnung, die ausschließlich ihr gehorcht, ist es ebenso. Daher irren sich alle, für die es eine Selbstverständlichkeit ist, sich mit der Uhr zugleich auch das Recht angeeignet zu haben, die Zeitmuster ihrer inneren und die der äußeren Zeitnatur den Prinzipien der mechanisch hergestellten Zeit unterwerfen zu können, um sie zu Komparsen der Zeigerlogik zu machen.

Ordnungsmacht Kalender

Alle Völker dieser Welt haben Zeit in geordneter Form gelebt. Über Jahrtausende brauchten sie dazu weder Instrumente noch Listen und Aufstellungen. Für die Organisation ihrer alltäglichen Lebenspraxis genügte der Augenschein der ihnen vorgegebenen Ordnung. Erst in Gemeinschaften mit Schriftkulturen tauchten Zeitordnungssystematiken auf. Man kann darin die ersten Kalender erkennen. Sie beschränkten sich jedoch, was die Einteilung in Zeitphasen betraf, auf die Zeiteinheiten »Jahr« und »Monat«. Als im Zweistromland an Euphrat und Tigris im dritten Jahrtausend vor unserer Zeitrechnung die babylonischen Astronomen begannen, den Himmel zu studieren, und ebendort dann die Woche »erfunden« wurde, tauchten die ersten Kalender auf, die bis hin zur Tageseinteilung verfeinert waren. Danach dauerte es eine Weile, bis der Tag eine weitere Unterordnung bekam. Dazu nämlich brauchte man mechanische Uhren mit präziser Stundeneinteilung.

Beides, die mechanische Uhr und die Sechzigminutenstunde, sind Erfindungen, die das Ende des Mittelalters ankündigten und zugleich forcierten. Von der Steinzeit über die Antike bis zum Auftauchen der »neuen Zeiten«, der Uhrzeiten, vollzogen sich die Zeitmessung und die Zeiteinteilung ausschließlich auf der Grundlage von in der Natur und am Himmel vorfindbaren Parametern, denen ein an Ereignissen und Aufgaben orientiertes Zeitverständnis entsprach. Ihre Funktion bestand in erster Linie darin, die Zeitvorgaben der Natur mit den Bedürfnissen einer Agrargesellschaft, zum Beispiel dem Anbau von Feldfrüchten, sowie religiösen und sozialen Riten und Bräuchen in Einklang zu bringen. Die Markierungen waren dabei stets nur so genau und detailliert, wie es für die Koordinations- und Organisationsbedürfnisse des sozialen Umfeldes notwendig war, und sie waren nicht so sinnlos präzise wie heute, wo uns die Wetterfee im Fernsehen am 20. Juni mitteilt, dass morgen um 19.16 Uhr der Sommer beginnt.

Kalender ordnen das Geschehen der Welt in zeitlicher Hinsicht, um Einfluss auf das Verhalten und das Denken von Individuen und sozialen Gruppen auszuüben. Kalender vergemeinschaften, erzeugen kollektive Folgebereitschaft und sind, wie Uhren auch, Instrumente der Machtausübung und des Machtvollzuges. Das waren sie von Beginn an. Ihren Einfluss und ihre Attraktivität verdankten sie vor allem dem Sachverhalt, dass sie nicht nur die Tage, die Wochen und die Monate in eine Reihenfolge brachten, sondern diesen auch jeweils »Praktiken« zuordneten. Dazu gehörten Hinweise auf Ernteaussichten, günstige Tage für die Aussaat, für Aderlässe und Festlichkeiten. Kalender wiesen auf Zeiten und Zeiträume erhöhter Gefahren und Chancen hin, warnten vor Wetterkapriolen wie Hagelschlag, Gewitter und Stürmen. Es waren solche Hinweise und Regeln in Kalendern, die sie zu wirksamen Mitteln der Verhaltenssteuerung machten. Aus diesem Grund auch zählte es stets zu den herausragenden Privilegien der Herrschaft, als Einzige im Land Kalender erstellen und über sie entscheiden zu können. Pharaonen kontrollierten den Kalender der Ägypter, Priester, in enger Abstimmung mit den jeweils regierenden Kaisern, den der Römer, die Päpste bis weit in die modernen Zeiten hinein den der Christen. Macht, speziell auch politische Macht, war und ist bis heute stets mit »Zeit-Wissen« und »Zeit-Technik« eng verknüpft.

Die letzte große Kalenderreform, die gregorianische vom Oktober 1582, die den Julianischen Kalender abgelöst hat, zeigt das exemplarisch. Die Reform war notwendig geworden, weil sich nach dem seit Cäsars Zeiten geltenden ungenauen Kalender der kalendarische Frühlingsbeginn vom 21. März auf den 11. März zurückverschoben hatte. Die Reform des damaligen Papstes Gregor XIII. sollte diese Fehlentwicklung korrigieren, auch mit dem Ziel, in der Zukunft solche Abweichungen zu verhindern. Anlässlich der Einführung dieses neuen Gregorianischen Kalenders ließ man im Oktober 1583 zehn ganze Tage ausfallen und sprang vom 4. auf den 15. Oktober. In der Zeit dazwischen geschah damals etwas Einmaliges, etwas, das weder jemals zuvor passiert war noch jemals danach wieder passierte: nämlich nichts, ganz und gar nichts. Aus dem naheliegenden

Grund, weil es diese Tage nie gegeben hatte. Wer am 4. Oktober 1582 zu Bett ging, wachte erst am 15. Oktober wieder auf. So lange hatte die christlich-katholische Welt noch nie geschlafen, weil der Papst es so wollte.

Es ist daher auch nicht allzu verwunderlich, dass sich gegen diese von Papst Gregor angeordnete Zeitreform heftiger Widerstand formierte, insbesondere von protestantischer Seite. Johannes Keplers Kommentar liefert dafür die Begründung: »Die Protestanten wollen lieber mit der Sonne uneins als mit dem Papst eins sein.« In den Folgejahren brach dann ein politischer, stark konfessionell gefärbter Streit um den »papistischen« Zugriff auf die Zeit aus, der in Augsburg zu bürgerkriegsähnlichen Auseinandersetzungen zwischen der katholischen und der protestantischen Bevölkerung führte.

Es dauerte fast hundert Jahre, bis sich im Heiligen Römischen Reich Deutscher Nation annähernd alle Bevölkerungsgruppen mit dem Gregorianischen Kalender abgefunden hatten. Die Jahre davor aber gab es ein heilloses kalendarisches Durcheinander, da zu dieser Zeit unzählige katholische und protestantische Regionen, Städte und Dörfer bunt durcheinandergewürfelt waren. So kam es gegen Ende des 16. und Anfang des 17. Jahrhunderts des Öfteren vor, dass an einem Ort zehn Tage früher Weihnachten und Ostern gefeiert wurde als am benachbarten. Auch Augsburg hatte vorübergehend zwei gültige Kalender. Noch heute werden wir an diese wirren Zeiten mit den unterschiedlichen Kalenderzählungen erinnert, wenn wir von den am Jahresende liegenden Tagen als jenen sprechen, die »zwischen den Jahren« angesiedelt sind. Die protestantischen Schweden waren erst im Jahr 1753 bereit, die von Rom diktierte neue, durchaus sehr vernünftige Zeitrechnung zu übernehmen. Russland stellte seine Kalender gar erst 1918 um, was unter anderem dazu führte, dass der Gedenktag zur Erinnerung an die Oktoberrevolution heute im November begangen wird.

Im 21. Jahrhundert ist die gregorianische Kalenderreform weltweit akzeptiert. Letzte Enklaven der julianischen Zeitrechnung findet man noch in den Gemeinden der koptischen Kirche und in der Mönchsrepublik auf dem Berg Athos, wo man heute 13 Tage hinter dem weltweit gültigen Kalender hinterherhinkt. Der Widerstand vonseiten der Protestanten zielte nicht auf die von Papst Gregor veränderte, durchaus plausible und sinnvolle Neueinteilung des Jahres, sondern war gegen das päpstliche Diktat gerichtet. Der Papst hatte, als er die Kalenderreform auf den Weg brachte, nämlich nicht mehr alleine das Sagen in Europa. Reformatorische Ideen und deren Verbreitung machten es vielen Menschen schwer, eine höchst sinnvolle und auch dringend notwendige vom Papst initiierte Reform zu akzeptieren.

Mit Uhren und Kalendern wurde viel Ordnung gemacht. Die folgenreichste aller neuen Ordnungen, für die sie verantwortlich zeichnen, ist die einer neuen Art des Wirtschaftens. Das ist das Thema des nun folgenden Abschnitts.

Zeit ist Geld

Die Geburt des Kapitalismus aus dem Geist der Uhr

Zur Erinnerung: Neben politischen Machthabern waren es in erster Linie Kaufleute, die, was den alltäglichen Umgang mit Zeit betraf, zu kirchlichen und natürlichen Zeitgebern in Konkurrenz traten. In ihrem Interesse lag es, dem Zeithandeln über die Zeitordnung eine Richtung zu verleihen, die mit den von ihnen vertretenen Prinzipien und Dynamiken des ökonomischen Denkens und Handelns vereinbar waren und die es darüber hinaus aktiv förderten. Wie erfolgreich sie in dieser Hinsicht waren, zeigt der gesellschaftliche Umschwung von einer traditionellen Naturalwirtschaft hin zu einer Geldwirtschaft. Vorlage und Impulsgeber war, wie für viele andere Veränderungen auch, die mechanische Uhr mit ihrer vertakteten, messbaren Zeit. Sie abstrahierte die Zeit von ihren inhaltlichen Verflechtungen, löste und trennte sie von den konkreten Zeiterfahrungen und Zeiterlebnissen der natürlichen Umwelt und des sozialen Geschehens und öffnete sie damit für andere Bezüge. Die geordnete Form, in der uns die Zeit in der Uhr entgegentritt, bestimmt, was Inhalt wird, was mit der Zeit getan wird. Sie macht Zeit *verfügbar*. Das Ordnungsprinzip der Uhrzeit, das Eins-nach-dem-anderen, bestimmt die Zeitwahrnehmung und das Zeithandeln. Es ordnet die Welt und das, was in ihr geschieht. Es »verbürokratisiert« sie und »ver-datet« sie im Sinne datierbarer Ereignisfolgen, löst sie aber zugleich von den Ereignissen jeweils innewohnenden qualitativen Zeiten. Moderne Zeiten sind Zeiten, die aus ihren substanziellen Verankerungen herausgelöst wurden, um sie ins Räderwerk der Uhrenmechanik pressen zu können. Chaplin hat dafür in seinem 1931 gedrehten großartigen Film über den Kampf des Arbeiters gegen die ökonomische Diktatur der vertakteten Zeit, dem er den zutreffenden Titel *Modern Times* gab, die Bilder geliefert.

Auch der namentlich nicht bekannte Mönch aus Norditalien hatte, als er sich an die Konstruktion der ersten mechanischen Uhr machte, im Sinn, die Zeitansage von den natürlichen und kosmischen Abläufen unabhängig zu machen. Doch was ihn von den Kaufleuten und den Herrschenden der damaligen Zeit grundsätzlich unterschied, war der Verwertungszusammenhang, auf den hin er die künstlich produzierte Zeit zum Einsatz bringen wollte. Dem Ordensbruder ging es, seinem Gelübde folgend, um den möglichst regelkonformen Dienst an Gott. In eine völlig andere Richtung hingegen zielten die Verwertungsinteressen der Kaufleute. Ihnen war, ihren ökonomischen Interessen folgend, daran gelegen, die in kleine und kleinste Einheiten zerlegbare »neue« Zeit im Rahmen ihrer irdischen Geschäftstätigkeiten einzusetzen und zu nutzen. Es ging ihnen in allererster Linie um etwas zutiefst Weltliches, nämlich um die Mehrung von Wohlstand, Macht und ihres Einflusses.

Die wirtschaftlichen Beziehungen am Ende des Mittelalters bestanden in erster Linie in einem am Gebrauchswert orientierten Warentausch: Man tauschte Wein gegen Gemüse, Arbeitsleistungen gegen Essen, Trinken und Wohnen, Raubgut gegen Waffendienst, Metalle und Gewürze gegen Glasperlen, Gemälde gegen Golddukaten. Dies änderte sich zu Beginn der Moderne durch die Ausweitung des Fernhandels und die Intensivierung des Geldverkehrs. Der stärker werdende Einfluss der Kaufleute und eine zunehmend selbstbewusster agierende Handwerkerschaft einte das Interesse an einem stärker profanen, irdischen Zugriff auf die Zeit. Das Interesse der Handwerker richtete sich dabei vornehmlich auf ein Zeitmaß, das sich für die Messung der Arbeitsleistung eignete, während die Kaufleute interessiert waren, der Zeit selbst einen Preis zu geben, ihr ein Preisschild umzuhängen, um sie mit Geld verrechnen zu können. Die Uhrzeit eignete sich für beides. Geld wurde so zum Maß für unterschiedliche zeitliche Aktivitäten: für die Zeiten des Warentransports, für die Zeit der Herstellung von Gütern, für Dienstleistungen aller Art und – in Form von Zinsen – für die Zeit geliehenen und verliehenen Geldes.

Die Uhr hat mit ihrer messbaren und in Geld verrechenbaren Zeit einen bis heute dauernden Prozess der kulturellen Transformation in Gang gesetzt. Mit ihr ist nicht nur eine neuartige Zeitmesstechnik und eine neue ordnungspolitische Strategie in die Welt gekommen, sondern auch eine ganz andere Art des Verfügens über Zeit. Die Uhr fordert die Menschen zu einer Form des Umgangs mit Zeit auf, die vor ihrer Existenz völlig unbekannt und auch undenkbar war: die Zeit einem Kalkül zu unterwerfen. Erst als durch die Loslösung der Zeit von ihrer Bindung an natürliche und kosmologische Qualitäten die Voraussetzungen für die ökonomische Diktatur der Zahl geschaffen waren und dies nicht mehr länger sozial und von der Kirche sanktioniert wurde, konnte sich jene Form des Wirtschaftens entwickeln und ausbreiten, der als »Kapitalismus« eine steile und große Karriere bevorstand.

Der Kapitalismus ermöglicht, erlaubt und legitimiert es, Dinge, Beziehungen, Abläufe und sogar die Zeit selbst zu einer am Markt handelbaren Ware zu transformieren. Zeit verwandelt sich, indem sie sich vertaktet, zu einer quantifizierbaren Tauscheinheit. Ein auf Uhrzeit hin ausgerichtetes Denken und Handeln öffnet eine Menge zuvor verschlossener und unsichtbarer Türen und Tore, es erschließt und entriegelt bisher unbekannte und unerlaubte neue Denk- und Handlungsmöglichkeiten, die schließlich zu vielen großartigen Erfindungen und Entdeckungen führten. Das machte die Uhr zu einem Medium und einem Symbol von Zeitfreiheit. Im Rückblick können wir feststellen: Die fortschreitende Durchsetzung und die immer breitere Akzeptanz der abstrakten Uhrzeit als zentralem Bezugspunkt der Zeitordnung und der Zeitorientierung ist mit dem Fortschreiten des Kapitalismus als Wirtschafts- und als Lebensform untrennbar wechselwirksam verknüpft.

Ohne die Räderuhr könnte das kapitalistische Wirtschaftssystem nicht jene Erfolgsgeschichte vorweisen, auf die es mit guten Gründen stolz ist. Andererseits wäre die Uhr ohne den von ihr maßgeblich auf die Füße gestellten Kapitalismus eine relativ unbedeutende Erfindung geblieben. Ihr Erfolg ist, wie der des Kapitalismus auch, mit der Verrechnung von Zeit in Geld, besonders aber mit der Verrechnung von immer mehr Zeit in immer mehr Geld, aufs Engste verbunden.

Die neuen Buchhalter der Zeit

Kaum war die Uhr erfunden, da intensivierte sich auch schon jener Handel, der über die vom Kirchturm her einsehbaren Räume hinausreichte. Le Goff, einer der führenden französischen Mittelalterforscher, beschreibt diesen tief greifenden Wandel mit der einprägsamen Formel:»Von der Zeit der Kirche zur Zeit der Händler«.»Es gibt«, so kennzeichnet er diesen Wandel, einen Umschwung von der»theologischen« zur»technologischen« Zeit, einen Übergang von einer ewig neu beginnenden, fortdauernd-unvorhersehbaren, natürlichen Zeit zu einer messbaren, künstlichen Zeit. Mit der Expansion des Handels und der Ausweitung der Handelswege erhöhte sich auch der Druck, die Zeit zu berechnen, sie zu verwalten und kalkulierend mit ihr umzugehen – mit der Konsequenz, dass die Zeit»verbuchhaltet« wurde.»Kaufleute sind Zeitverkäufer«, so bringt es Le Goff auf den Punkt. Diese»Zeitverkäufer« sorgen dann schließlich auch dafür, dass die Zeit wertvoll und das Leben zunehmend zeitökonomischer geführt wird und darüber hinaus auch dafür, dass von da an aufs»Tempo« gedrückt wird.

Anfänglich waren es in erster Linie Turmuhren, die zur zeitlichen Orientierung dienten, speziell was die Länge des Arbeitstages betraf. Der Blick auf sie wurde zunehmend selbstverständlich und bei Geschäftsabschlüssen unverzichtbar. Die Kaufleute entdeckten den Preis der Zeit und wurden zu Kalkulatoren und Buchhaltern der Zeit. Wer beim Einkauf, erst recht aber beim Verkauf der Erste sein wollte, brauchte ein sehr genaues Bewusstsein von der passenden Zeit und ein gutes Gefühl für das, was man heute»Timing« nennt. Bei spekulativen Geschäften spielte dies eine besonders wichtige Rolle. Gleiches galt auch für den Kredit. Durch das Aufkommen unterschiedlicher Kreditformen, insbesondere des Wechsels, waren die Kaufleute gezwungen, genau mit der Zeit zu rechnen. Warteten die Kaufleute früher auf den»rechten« Augenblick, so ließen sie stattdessen das Warten, machten Termine und kalkulierten und berechneten von nun an den optimalen, den»richtigen« Augenblick für ihre Geschäfte selbst.

Zur gleichen Zeit wuchsen auch die Städte, und ihr politischer Einfluss nahm in erheblichem Maße zu. Das führte zu einer Ausweitung und Intensivierung des Handels und der Handelsbeziehungen sowie zu einer rationaleren und planerischeren Denk- und Handlungsweise im Rahmen administrativer Herausforderungen und Problemlösungen. Zeitliche Abstimmungen wurden immer dringender und notwendiger. Mit der Erfindung des Buchdrucks, die nur kurze Zeit nach der Uhr erfolgte, stand dafür (neben der Uhr), eine weitere hilfreiche neuartige Technik zur Verfügung. Sie war die ideale Ergänzung zu der neuen Errungenschaft, die Zeit bei jedem Wetter, nicht nur bei Sonnenschein, ablesen, messen und organisieren zu können. Mit Uhr und Buchdruck konnte man von da an im doppelten Sinne »Zeit-Druck« machen.

Doch es war nicht nur der Handel allein, auch das Zusammenwirken von Handwerk und Handel in den europäischen, insbesondere norditalienischen Großkommunen forcierte und provozierte einen kalkulatorischeren Umgang mit Zeit und Geld. Solange Macht und Einfluss vom Grundbesitz abhingen, hatte man genug Zeit: nämlich die Zeiten, die von der Natur vorgegeben wurden. Mit wachsendem Geldverkehr und steigendem Fernhandel jedoch wurden Handlungsformen und Verhaltensweisen immer wichtiger, die wir heute mit den Begriffen »Mobilität« und »Flexibilität« beschreiben. Mehr und mehr Stadtbewohner ließen sich zum Glauben bekehren, man könne Zeit mit Geld vergleichen und umrechnen. Zu Beginn des 15. Jahrhunderts bereits tauchten Schriftstücke auf, in denen von »Zeitverschwendung« die Rede ist. Kein Zufall ist es, dass diese, wie auch die ersten Berichte über die Installation öffentlicher Uhren, aus den reichen, aufstrebenden Städten Oberitaliens, Flanderns und Burgunds stammen. Nicht viel später dann war »Zeitverschwendung« auch ein Thema in den in engem Handelskontakt zu Italien stehenden süddeutschen Städten Augsburg, Nürnberg und Regensburg, jener Stadt, die auch den Vorsitz im Deutschen Handelshaus in Venedig innehatte.

Nicht nur in den Handelshäusern, sondern auch in den größeren Werkstätten begann man die Arbeitszeit in Geld zu verrechnen. In Florenz, der Stadt, die dem modernen Zeitdenken den größten Schub verliehen hat, berechneten die Wollweber bereits gegen Ende des 14. Jahrhunderts ihre Überstunden. Auch dies eine Folge veränderter Lebensentwürfe, in deren Zusammenhang Fleiß und aktives Zukunftshandeln einen zunehmend wichtigen Stellenwert einnahmen. Bis zur Einführung des Stundenlohns – das geschah erst 400 Jahre später – war es noch ein langer Weg. Geebnet haben ihn die Florentiner Wollwerber mit ihrem früh entwickelten »Zeit-ist-Geld«-Bewusstsein. 1758 hat Benjamin Franklin dieses Bewusstsein in seiner Abhandlung *The Way to Wealth* (Der Weg zum Wohlstand) zu einem annähernd religiösen Programm gemacht: »Bedenke, dass die Zeit Geld ist.« Für Franklin war das keine Feststellung, es war eine zum 11. Gebot erhöhte Ermahnung, die da lautet: »Denke immer daran, dass das Geld dein wichtigster Zeitgeber ist!« Der »Zeit-ist-Geld«-Glauben wurde von den Menschen umso eher akzeptiert, je weniger die Zeit als das Echo der die Menschen umgebenden Natur und des Geschehens am Himmel wahrgenommen und verstanden wurde.

Der abstrakte Gedanke, dass Zeit Geld sei, war nicht jedem Mann und auch nicht jeder Frau sogleich einsichtig, da ja damit auch ein gravierender Verlust an konkreter Anschaulichkeit der Zeit einherging. Eine nach »Zeit-ist-Geld«-Prinzipien tickende Welt sortiert die Dinge und das Geschehen nicht nach gut und schlecht, nach schön und hässlich, gesund und ungesund, gerecht und ungerecht, sondern (nur) nach Gewinn und Verlust. In der Gleichung »Zeit-ist-Geld« gehen ja zwei Abstraktionen eine enge Beziehung ein. Die eine, Geld, ist eine an Papier beziehungsweise Metall gebundene Abstraktion, die andere, die Uhrzeit, eine an Zeigerverläufe gebundene Abstraktion. Nur weil wir die Wegstrecken, die Zeiger auf Zifferblätter zurücklegen, für Zeit halten, ist (Uhr-)Zeit Zeit. Nicht alle Menschen dieser Welt, und dafür gibt es gute Gründe, tun dies, aber inzwischen tut es die Mehrheit.

Solange man dieser Fantasie traut und solange man der »Zeit-ist-Geld«-Konvention folgt, funktioniert das auch. Auch in diesem Fall macht der Schein, was er am besten kann: Er trügt. Wie Kinder den Umgang mit dieser Abstraktion erst im Alter von etwa sechs Jahren zu verstehen in der Lage sind (deshalb werden sie auch nicht früher eingeschult), so mussten das die Erwachsenen auch in dem Augenblick lernen, als sie sich (unfreiwillig) entschlossen,

Bedenke, daß Zeit Geld ist.
Benjamin Franklin

modern zu werden, modern zu denken, modern zu leben und modern zu wirtschaften und zu arbeiten. Man war gezwungen, wollte man nicht das Risiko eingehen, vom modern gewordenen »Zeitgeist« abgehängt zu werden, die in der Natur vorkommende konkrete Zeitvielfalt zu ignorieren, um sich stattdessen an der vertakteten, teilbaren, abstrakten Einheitszeit zu orientieren, um diese dann mit Kategorien des Zahlungsverkehrs in eine enge Beziehung zu bringen. Dazu musste Vertrauen aufgebaut werden, denn ohne dieses funktioniert die Gleichung »Zeit ist Geld« nicht. Zum einen Vertrauen darin, dass das, was die Uhrzeiger an Wegstrecken zurücklegen, Zeit ist; zum anderen, dass diese Zeit in das Abstraktum Geld transformierbar ist. Die Uhrzeit, das Geld und deren gegenseitige Verrechnung setzen voraus, dass man an sie glaubt, dass man ihnen vertraut und darauf vertraut, dass die Menschen um einen herum das auch tun. Wäre das nicht der Fall, dann wäre die Uhrzeit kein geeignetes Mittel der Zeitordnung und der Herstellung einer allgemein verbindlichen Zeitordnung. Sie wäre als Zeitgeber so wenig brauchbar wie die Gleichung »Zeit-ist-Geld« wirksam.

Doch zugleich müssen die Menschen auch lernen (und heute müssen sie das mehr und öfters denn je), dass sich nicht alles, was zeitlich ist, in Geld verrechnen, nicht alles kaufen und verkaufen lässt. Nur verkaufbare Zeit kann verkauft oder gekauft werden, andere nicht. Zu den Zeiten, die mit Geld nicht zu bekommen sind, gehören so wichtige Dinge und so unverzichtbare Erfahrungen wie das Seelenheil, die Liebe, die Weisheit, die Zufriedenheit und das Glück. Die Gleichung »Zeit-ist-Geld« ist nicht umkehrbar. Die Lebenszeit ist mittels Geld nicht mehr rückkaufbar: Rücktausch ausgeschlossen. Zeit und Geld unterscheiden sich darin fundamental, dass sich Geld vermehren lässt, Zeit hingegen nicht.

Doch noch einmal ein Blick zurück zu den Glanzzeiten der oberitalienischen Stadtstaaten am Beginn der Renaissance. Ihr rasanter Aufstieg, ihr politischer und kulturprägender Einfluss und ihre Macht verdankten sich auch dem Brüchigwerden und anschließenden Einsturz des vormodernen Gedankengebäudes, dass das, was sich tagein, tagaus, jahrein jahraus, tut und zuträgt, nichts anderes als die Verwirklichung von Gottes Willen sei. Die Leerstelle, die diese eingestürzte traditionelle Welt- und Zeitsicht hinterließ, hat die »Zeit-ist-Geld«-Frömmigkeit aufgefüllt. Eine Menschheitsreligion, für die sogar der Vatikan etwas übrighatte. Der baute die bis dahin bestehenden Barrieren im Hinblick auf die Verrechnung von Zeit in Geld durch die Lockerung des seit 1179 existierenden kirchlichen Zinsverbotes zunehmend ab und machte den Weg für jene Wirtschaftsform frei, die später dann »Kapitalismus« heißen sollte. Es war Papst Johannes XXII., der im 14. Jahrhundert die Lockerung und schließlich Aufhebung des bis dahin gültigen Verbots, mit der Zeit Handel zu treiben, in die Wege leitete. Das geschah, wie im Vatikan üblich, auf indirekte Art und Weise. Signal war die Genehmigung des Papstes, die damals gerade erfundene doppelte Buchführung auch bei der Abwicklung kirchlicher Geschäfte einsetzen zu dürfen. Leo X. erlaubte schließlich 1515 dort Zinseinnahmen, wo sie der Deckung anfallender Kosten diente. Das wiederum führte dann zu einem bis dahin ungeahnten Kreativitätsschub bei der Kostenrechnung.

Ab da konnte man die Zeit »verkaufen«, ohne dass man nach Ablauf der irdischen Zeitlichkeit schauerliche Höllenqualen befürchten musste. Damit war das Haupthindernis weggeräumt, der Weg war frei für die Gründung von Banken und Versicherungen. Beides sind bekanntlich Institutionen, deren Tätigkeiten auf den Handel mit Zeit und Zukunft ausgerichtet sind. 1397 gründete die florentinische Adelsfamilie der Medici die erste Bank, der danach, im Jahr 1478, im benachbarten Siena die Errichtung der noch heute bestehenden Banca Monte di Paschi folgte. Ab 1486 existierte die erste Bank nördlich der Alpen, die Augsburger Fuggerbank. Auch sie gibt es noch heute. In diesem Zusammenhang entstanden die bis in unsere Tage im Geldverkehr gebräuchlichen Geschäftsbegriffe, die ja allesamt italienischen Ursprungs sind, wie »Konto«, »Kontokorrent«, »Giro«, »Lombard«, »Saldo«, »Agio« und »Bankrott«. Das sich in den oberitalienischen Stadtstaaten rasch etablierende und ausbreitende Bankwesen intensivierte schließlich jene Entwicklungsdynamik, die man die »normative Kraft des Faktischen« nennt.

112 II Alle Macht der Uhr – Die Zeit der Moderne

Der expandierende Handel mit Zeit und die Intensivierung des Kapitalumschlags überlagerten die altersschwach gewordenen kirchlichen Verbote und setzten diese faktisch außer Kraft. Ein zunehmend kalkulatorischer Umgang mit Zeit lockerte Bewusstseinsblockaden und durchbrach vormoderne Selbstverständlichkeiten und Gewohnheiten. Das lag nicht zuletzt auch im Interesse Roms, da der Vatikan bei den Geldgeschäften selbst auch gerne mitmischte. Da war es dann auch nur konsequent, dass die Kurie 1605 unter Papst Paul V., weniger im Namen des Heiligen Geistes als in dem des Geldes, die Banco di Spirito gründete.

In der Folgezeit wurde das Zeitverständnis immer umfassender von der Wirtschaftsgesinnung der großen Handelshäuser durchdrungen und geprägt. So vermerkten beispielsweise, was zu dieser Zeit völlig ungewöhnlich war, die Genueser Notare bereits Ende des 15. Jahrhunderts auf ihren Urkunden nicht nur das Datum des Tages, sondern auch die Stunde der Niederschrift.

In gleichem Umfang, wie der Glaube an die himmlischen Kräfte und die Vorstellung von der göttlichen Erlösung am Ende des irdischen Daseins zu schwächeln begannen, erstarkte der Glaube an die Selbsterlösungsmöglichkeiten im Laufe irdischer Existenz. Auch dies die Folge einer äußerst erfolgreichen »Zeit-ist-Geld«-Mission, deren Ziel es war, durch die Gleichsetzung von Zeit in Geld den Umgang der Menschen mit der Zeit so zu verändern, dass diese alle Zeit nach Nützlichkeitskriterien bewerteten.

Diese und andere weitere gravierende Veränderungen und Neuausrichtungen im Denken, Handeln und Glauben lassen es zu, in diesem Zusammenhang von einer Zeitrevolution zu sprechen, die sich zu Beginn der Renaissance in Europa vollzog. Allein, es handelte sich dabei nicht um eine Revolution von jener Beschaffenheit, bei der die Massen die Straßen erobern, die Paläste stürmen und, wild um sich schießend, die etablierte Ordnung im Handstreich wegfegen. Die in die Moderne führende Zeitrevolution vollzog sich schleichend, aber nicht weniger radikal wie manch laute Revolution. Was ihre Wirksamkeit betrifft, so war sie, obgleich kein Blut floss, erheblich effektvoller als die meisten übrigen revolutionären Umwälzungen in der Geschichte. Kein lauter Knall und auch kein großes Getöse waren zu hören, als die alte Zeit vom Sockel gestürzt wurde – und doch änderte sich fast alles.

Die in Geldeinheiten verrechenbare Zeit und der dadurch geschulte kalkulatorische Geist ebneten dann auch den Weg zu der Erfindung eines neuen Verfahrens der Rechnungslegung, der doppelten Buchführung. Der Handel, speziell der Fernhandel, setzte sie sogleich im Rahmen seiner Geschäftstätigkeiten ein. Als dann, auch dies ein Signal des zwischenzeitlich populär gewordenen »Zeit-ist-Geld«-Denkens, 1602 in Amsterdam das erste Börsengebäude eröffnet wurde, traten die Menschen endgültig ins Zeitalter der Herstellbarkeit von Zeit und Zukunft ein. Von nun an entschieden der Mensch und das Geld über die Zeit, deren Verwendung und deren Ordnung. Zumindest pflegte der Mensch – und tut es noch heute – die Illusion, das tun zu können.

Dieser Veränderungsdynamik konnte sich selbstverständlich auch die Wissenschaft nicht entziehen. Auch sie trug ihren Teil zur Zeitrevolution bei. Der moderne Fortschritt ist ohne Zuwachs an theoretischer Erkenntnis nicht denkbar. Das gilt an erster Stelle für die Einsichten und Theorien des großen englischen Physikers Isaac Newton. Er definierte die Zeit aus physikalischer Sicht, erkannte in ihr etwas Absolutes, gleichförmig Fließendes, das keinen Bezug zu äußerem Geschehen besitzt. »Die absolute, wahre und mathematische Zeit«, so seine berühmte Zeitdefinition, »verfließt an sich und vermöge ihrer Natur gleichförmig, und ohne Beziehung auf irgendeinen äußeren Gegenstand.« An die Stelle der Physik der Qualitäten trat mit Newton die quantitative Physik. Dieser physikalischen Sicht Newtons auf die Zeit genügte dann auch jene Zeit, die von allen natürlichen und religiösen Kontaminierungen gereinigt war, die problem- und umstandslos in Geld verrechenbare Zeit der Uhr. So war denn auch die Wissenschaft bei der Uhrzeit angelangt.

Die Veruhrzeitlichung des Lebens

Die Kaufleute und immer mehr auch die Handwerker, die ein großes Interesse hatten, den Zeitblick von Natur auf Geld umzustellen, mussten für diese Verhaltensänderung breite Akzeptanz schaffen und so für die Veränderung traditioneller Vor- und Einstellungen sorgen. Heutige Politiker, die sich mit solchen Situationen häufig konfrontiert sehen, reden in ähnlichen Fällen von der Notwendigkeit einer umfassenden Überzeugungsarbeit, die für die Folgebereitschaft der Regierten sorgt. Daran war auch den Kaufleuten und den Mächtigen im Lande zu Beginn der Moderne gelegen. Klugerweise nahmen sie Gott dabei nicht völlig aus dem neuen Spiel mit der Zeit, sondern hielten, was die Zeitorientierung betraf, an ihm als normativer Zeitinstanz weiterhin fest. Moralische Prinzipien des Umgangs mit Zeit, auch die des Umgangs mit der in Geld verrechneten Zeit, wurden auch weiterhin aus dem Willen Gottes beziehungsweise der kirchlichen Lehrmeinung abgeleitet und begründet.

Dies gelang, so die berühmt gewordene Analyse Max Webers, dem Protestantismus besonders gut. Obgleich Luther in Predigten und Texten vehement gegen den Wucher zu Felde zog, hat sich auch während der reformatorischen Bewegung das ökonomische Zeitdenken weiter ausgebreitet. Besonders hervorgetan haben sich in diesem Zusammenhang, neben den Pietisten und den Puritanern, die Anhänger des einflussreichen Genfer Reformators Calvin. Sie sorgten mit ihren Vorschriften, ihren Geboten und Verboten für die religiöse Absicherung des »Zeit-ist-Geld«-Denkens und Handelns. Der Lohn dieser Welt – folgt man der Argumentation Max Webers – gilt den Protestanten als Abschlag auf den Erfolg im Jenseits. Das wiederum heißt andererseits, dass der im Diesseits erreichte Erfolg zu einem Zeichen besonderer Zuneigung Gottes wird. Durch Belohnungsaufschub, Askese und gute Taten kann diese Geneigtheit erlangt, zumindest aber wahrscheinlicher werden. Daran aber war die Verpflichtung gebunden, die jeweils realisierten Geld- und Zeitgewinne weder zu verschwenden oder zu genießen noch durch ein ausschweifendes Leben zu verbrauchen. Der Protestant ist verpflichtet (genauer: er verpflichtet sich selbst), das erarbeitete Kapital erneut zu investieren, um noch mehr Geld und Zeit zu gewinnen. Es ist dieser »Geist der Askese«, in dem Max Weber den Treibsatz des modernen Kapitalismus erkannte.

Solch eine Verpflichtung stellt die Zeitperspektive radikal von Gegenwart auf Zukünftiges um. Die Zukunft wird, jetzt sogar mit kirchlichem Segen, zu einem irdischen Projekt. Der Fortschritt

Zeit ist Geld   115

als das große Programm zur Abschaffung des Schicksals, wird zu einer Art religiöser Pflicht. In dieser Logik reicht das jeweils Erreichte nie. Was man besitzt, erwirbt und erworben hat, wird am Maß einer grenzenlosen, nach oben offenen Skala bewertet. Diejenigen, die sich mit dem, was sie haben und besitzen, zufriedengeben, mindern ihre Chancen auf Erlösung. Niemals kommt man an den Punkt, an dem man mit dem Erlebten und Erfahrenen zufrieden, die Welt zeit- und lebenssatt verlassen kann. Rast- und Ruhelosigkeit, Unruhe und Ungeduld werden so zum Wasserzeichen der Moderne. Es ist eine Moderne, die ihre Dynamik an die Maxime »genug ist nicht genug« knüpft. Es ist wie im Märchen vom Hasen und vom Igel. Glaubt man, sein Ziel erreicht zu haben und hat das Gefühl, es sei genug, sind andere immer schon weiter und haben mehr erreicht.

So wurde der Zeitdruck zu einem erstrebenswerten und geachteten Zustand, die Eile und deren hibbelige Schwester »Hetze« wurden zur »heiligen« Pflicht, Pünktlichkeit zu einer Tugend. Für die Protestanten, und später dann für alle anderen Mitteleuropäer auch, reimte sich Leben auf Streben. Der unpünktlich geborene und selten pünktlich das Zeitliche segnende Mensch wird durch Erziehung und Drill »veruhrzeitlicht«, wird pünktlich und sparsam gemacht. Aus Untertanen sollten nicht in erster Linie etwa mündige Bürger werden, sondern brauchbare Untertanen.

Nicht selten waren es harsche und wenig sensible Methoden, mit denen Schulkinder in diesem Zusammenhang zu potenziellen Fabrikarbeitern gemacht und erzogen wurden. Oftmals bediente man sich dabei auch der berüchtigten Mittel aus der Gruselkiste der schwarzen Pädagogik. Subjektives Zeiterleben wurde zur Privatsache erklärt. Es war im Arbeitsumfeld zu unterdrücken und zu ignorieren, insbesondere dann, wenn es mit Zeitanforderungen der Arbeitsabläufe in Konflikt geriet. Diejenigen, die sich weigerten, ihr Tun und Lassen dem rigiden Zeitregime der Zeiger und den Taktvorgaben der Maschinen zu unterwerfen, wurden ausgegrenzt, bestraft, verächtlich gemacht und für verrückt erklärt. Gerechtfertigt wurde das mit dem staatlichen Programm, die gesamte Nation glücklicher und wohlhabender zu machen, indem man »alle Leibes-

und Seelenkräfte der Menschen ökonomisch zu nutzen« sich bemühte. Die Uhr besetzt bei diesem Programm die Position der Zeitherrschaft. Als wichtigste Herrschaftstechnologie forcierte, kontrollierte und legitimierte sie den verordneten Zwang, schneller zu werden, rascher zu arbeiten, die Zeit besser zu nutzen und dem Leben mehr Tempo zu verleihen.

Auf diesem Weg wandert die Uhr schließlich in die Körper der Menschen und formt, wie kein anderes Instrument, deren Sicht auf die Wirklichkeit. Sie erobert nicht nur die Kirchtürme, sondern auch die Köpfe. Die Veruhrzeitlichung der Individuen macht die Uhr menschlich, indem sie die Menschen zur Uhr macht. Sie formt deren Tun und Lassen. Die zeitliche Selbstverdinglichung geht schließlich so weit, dass es im 19./20. Jahrhundert zu einem großen Kompliment wird, wenn man von einer Person sagt, sie sei »pünktlich wie die Uhr«. Das bedeutet ja nichts anderes, als dass sie für den Entschluss gelobt wird, ihren Lebensentwurf auf pure Zweckdienlichkeit hin ausgerichtet und sich dem Diktat der Pünktlichkeit unterworfen zu haben.

Die Veruhrzeitlichung der Bevölkerung vollzieht sich in der westlichen Zivilisation, speziell in Deutschland, mit einer Intensität und einer Radikalität, die fremde Besucher zuweilen zu dem Schluss kommen lassen: »Der Mensch ist von Natur aus nicht pünktlich, nur der Deutsche ist es.« Er nämlich schaut nicht auf das, was sich um ihn herum tut, sondern stets auf die Uhr, wenn er den rechten Augenblick erwischen will. Es fällt schwer, diesen Eindruck zu entkräften. Doch Gott hat den Menschen nun mal nicht als ein Wesen geschaffen, dem die exakte Einteilung von Stunden in Minuten und Sekunden von Geburt an im Blut liegt. Kein Indiz weist darauf hin, dass der Mensch genetisch dahingehend programmiert ist, Tag für Tag zum gleichen Zeitpunkt in der Schule zu erscheinen, täglich zur gleichen Stunde mit der Arbeit zu beginnen und sich ohne Uhr in dieser Welt nicht zurechtfinden zu können. Dieser Meinung waren auch viele jener Menschen vom Lande, von denen zu Beginn der Industrialisierung verlangt wurde, ihr Leben fortan an die Uhrkette zu legen und ihre Zeitnatur zu unterdrücken, um sich dem Pünktlichkeitsdiktat der Fabrikuhr zu unterwerfen.

Zeit ist Geld   117

Die nach streng bürokratischen Zeitvorgaben organisierten Institutionen Schule und Militär bekamen die Aufgabe zugeordnet, den heranwachsenden Staatsbürgern jene verhaltenstypischen Einstellungen und Fähigkeiten anzuerziehen, die ihnen von der rationalen Zeitwirtschaft der Industriearbeit abverlangt wurden. In beiden herrscht das Zeitregime der Pünktlichkeit, der rigiden Zeitplanung, der vertakteten Aufgabenerledigung und der strengen Zeitdisziplin. Uhr und die Bürokratie sind beides Äste vom gleichen Baum, dem Baum des »Eins-nach-dem-anderen«.

Von Mitte des 19. Jahrhunderts an werden die Bemühungen der Pädagogen und der Militärs zur Veruhrzeitlichung von der Stechuhr unterstützt und flankiert. 1887 in Chicago unter der Patentnummer 375087 angemeldet und zuerst von den Arbeitnehmern als Instrument der Unterdrückung bekämpft, findet man sie heute in annähernd jedem Gewerkschaftsbüro. Für den Durchschnittsmitteleuropäer kann die Pünktlichkeitserziehung heute als erfolgreich abgeschlossen gelten. Nichts zeigt das überzeugender wie der stets aufs Zifferblatt gerichtete allererste Blick nach dem morgendlichen Aufwachen.

Das vom »Zeit-ist-Geld«-Denken infizierte Fortschrittsdenken begreift den Lauf der Zeit als ein stetiges Wachstum von Errungenschaften, Erfindungen, Entwicklungen und Problemlösungen. Die Leitmetapher der Moderne lautet »etwas in den Griff bekommen«. Sie kommt einem in den Sinn, wenn man sich von etwas bedroht sieht und nicht vor diesem davonlaufen kann. Dies trifft auf die Natur, das Wetter, die sozialen Systemdynamiken, die Leidenschaften und die Affekte, vor allem auf die Zeit zu. »Ordnung und Fortschritt« lauten die Maximen des In-den-Griff-Nehmens. Sie weisen die Richtung in ein unbescheidenes maßloses Zeitalter. Heute noch schmücken diese beiden Begriffe die Nationalflagge Brasiliens. Auch die Uhr und ihre Zeit senden ununterbrochen diese richtungsweisenden Maximen aus. Doch nicht alles, was da im Namen der Ordnung in die Wege geleitet wird, ist ordentlich, und auch nicht alles, was fortschrittlich zu sein vorgibt, ist dies auch wirklich. Nicht alles, was ein besseres Morgen in Aussicht stellt, führt auch in ein besseres Morgen. Wie der Tintenfisch seine Tintenwolke, so zieht die Moderne eine breite Spur irreparabler Irrtümer und unkalkulierbarer Nebenfolgen hinter sich her.

Moderne Dreieinigkeit: Geld – Arbeit – Zeit

Die Geschichte der Uhr ist auch die Geschichte der Geldwerdung von Zeit. Die Uhr und ihre Zeit haben der Verwertungslogik des Geldes all jene Türen und Tore geöffnet, durch die sie inzwischen in die entferntesten Winkel der Welt und des Alltagslebens mit triumphaler Geste Einzug gehalten hat. Seitdem man Zeit mit Geld verrechnen kann, lässt sich Zeit »gewinnen«, »verlieren«, »sparen«, »stehlen« oder auch »verschenken«, und diejenigen, die zu Übertreibungen neigen, sind sogar der Meinung, man könne sie »totschlagen«. Durch fleißiges Zeitsparen, so die Versprechen aller Zeitverkäufer, soll das an die Herstellung künstlichen Goldes in Alchemistenküchen erinnernde Kunststück gelingen, aus Zeit mehr Zeit und aus Geld immer mehr Geld machen zu können. Der religiöse Glanz, der einstmals auf Reliquien und Kultgegenständen strahlte, ist längst auf Aktivitäten und Strategien übergegangen, die Zeit zu sparen versprechen. Geld, Arbeit und Uhrzeit sind es, die als moderne Dreieinigkeit die verlassenen Orte der traditionellen Glaubensgewissheit erobert haben. Das Glück fällt nicht mehr, wie man es sich in der Vormoderne vorgestellt hatte, den Menschen zu, das moderne Glück errechnet sich vielmehr aus der Bilanz des Erreichten und des Versäumten. Es sind nicht gerade wenige Dogmen, die von der aufklärerischen Moderne vom Sockel gestürzt wurden, doch ganz ohne Dogmen kann auch sie nicht auskommen. Alle anderen überragend ist das Dogma vom Geldwert der Zeit.

Sprechen wir von »modernen Zeiten«, dann reden wir auch von den Zeiten, die wie keine anderen zuvor unseren Geld- und Güterwohlstand vermehrt haben. Geblendet und verführt von diesem Erfolg, vergaßen die Menschen schließlich, dass die Uhrzeit-Ordnung und die »Zeit-ist-Geld«-Logik nicht vom Himmel gefallen waren und nichts Natürliches oder Selbstverständliches sind, sondern das Werk findiger, kreativer Personen, die ihre Wünsche und Interessen verwirklichen wollten. So gesehen, könnte es auch ganz anders sein. Allem Anschein nach gibt es aber wenig Gründe und

Anlässe, sich über alternative Zeitordnungen, andere Zeitorientierungen und Zeitverwendungen Gedanken zu machen. Allen Vorschlägen, die gemacht wurden und die immer wieder mal ins Gespräch gebracht werden, mangelte es an Attraktivität. Und weil das so ist, mangelt es ihnen auch an Folgebereitschaft. Wohl auch deshalb, weil der mehr oder weniger freiwillige Entschluss, sich zum Befehlsempfänger der Uhrzeit zu machen und sich der kalten, inhaltsleeren Zeitanzeige des Zifferblattes unterzuordnen, durch die Mehrung des Geld- und Güterwohlstandes belohnt wird.

Doch hat der Uhrzeitgehorsam auch seinen Preis. Der heißt: Maß- und Sinn-Losigkeit. Die Uhr liefert, und genau das macht sie zu einer Technik, Lösungen für praktische Problemstellungen. Was sie aber nicht bietet, ist eine Antwort auf die Frage, was Zeit eigentlich ist und wie man sinnvoll und zufriedenstellend mit ihr umgeht. Die an der Uhr abgelesene Zeit ist von Inhalten geleerte, »sinn-lose« Zeit. »Maß-los« ist sie, weil sie die dem Menschen von seiner Zeitnatur mitgegebenen Zeitmaße ignoriert. Wie das Geld, kennt auch die Uhrzeit weder ein Genug noch ein Ziel. Zwar geht die Uhr, doch sie sagt nicht wohin. Einer, der diese Lektion besonders gut gelernt hatte, war ein zu lebenslänglicher Haft verurteilter Gefängnisinsasse. Auf die Frage eines Journalisten, wie er dieses Schicksal denn überhaupt aushalte, antwortete er: »Ach wissen Sie, die Zeit, die ich hier verbringe, müsste ich auch draußen verbringen.«

Die berechnende Liaison von Uhrzeit und Geld gibt der Zeit keine erkennbare Gestalt und ist daher nicht in der Lage, dem menschlichen Dasein einen qualitativ befriedigenden Sinn zu verleihen. Im Gegenteil, die Koalition von Geld und Uhrzeit hält die Subjekte davon ab, dem eigenen und dem sozialen Leben jene Aufmerksamkeit zukommen zu lassen, die die Voraussetzung für ein friedliches, enthetztes und zufrieden machendes Leben ist. Sie entfremdet die Menschen von ihrer eigenen Zeitnatur und macht sie stumpf gegenüber den Zeitsignalen ihrer sozialen Mitwelt. Sie tut das, weil sie von allem Zeitlichen zwar den Preis, nicht aber den Wert kennt. Statt Maß und Sinn produziert und liefert sie Tempo und Zeitdruck. Und dieser Zeitdruck ist es dann auch, der den modernen Menschen verfolgt wie die Möwe den Fischkutter.

Vom Tempo der Welt

Speed is Money – Die neue Tempo-Leidenschaft

Die Erfindung der Uhr diente, wie wir gesehen haben, zunächst der *Ordnung* der Zeit. Erst später ging es darum, *Tempo* mit ihr zu machen. Vom Hochsitz des Überblicks können wir also eine Ordnungs- und eine Beschleunigungsmoderne unterscheiden.

Beschleunigung bedeutet, dass das, was getan wird, schneller oder in verdichteter Art und Weise vonstattengeht. Die Zeit wird zu einem Gegenstand des Mangels: Es gibt immer zu wenig. Man arbeitet daher schneller, konsumiert schneller, läuft schneller, fährt schneller, isst schneller, redet schneller, kurzum, man lebt schneller. So gesehen ist der von Franklin in die Welt gesetzte Zeitimperativ »Time is Money« nicht ganz zutreffend. Genauer wäre die Gleichung: »Speed is Money«. Denn »Tempo« heißt das Zauberwort, mit dem man die Türen zu den gut gefüllten Schatzkammern dieser Welt glaubt und hofft öffnen zu können.

Die vormoderne Naturalwirtschaft, die Arbeit auf dem Felde und die im Stall kannten keine Beschleunigung und brauchten auch keine. Auch fürs Handwerk waren Maßnahmen der Beschleunigung nur in engen Grenzen möglich, sinnvoll und nützlich. Erst der Fernhandel und der auf einen anonymen Markt hin produzierende Industriekapitalismus setzten, um ihre Profite zu steigern, auf Beschleunigung. Die zum Beispiel im Handwerk noch bis ins 17./18. Jahrhundert dominierende Weltsicht der ewigen Wiederkehr, des »alle Jahre wieder«, wich mit dem Aufkommen industrietypischer Arbeitsweisen einer Geisteshaltung und einer Lebensauffassung, die an Neuerungen, Veränderungen und Erfindungen interessiert war, und die der Bewegung, der Mobilität und der Beschleunigung den Vorrang vor der Ruhe, der Geduld, der Kontemplation und der traditionellen »Eile mit Weile«-Mentalität einräumte.

Dass die Welt in der Moderne und durch die Moderne schneller wurde, ist ein Gemeinplatz. Jene Phase der Moderne, die man in rückblickender Draufsicht »Beschleunigungsmoderne« nennen kann, startete, als man mit der Dampfmaschine eine Technologie zur Produktion von Geschwindigkeit erfunden hatte, die das Tempo von Arbeitsabläufen zu erhöhen imstande war. Die Dampfmaschine markiert den Beginn künstlich hergestellter Beschleunigung. Der Mensch entscheidet seitdem nicht mehr nur über die zur Uhrzeit mutierte Zeit, er entscheidet von da an auch über die Geschwindigkeit und deren Variation. Er ist es jetzt, der das Tempo macht und es manipuliert. Nachdem er sich bereits einige Jahrhunderte zuvor mithilfe der Uhr zum »Zeitmacher« erklärt hatte, macht er sich jetzt noch zum Herrn des Tempos. Ebenso wie bei der von der Natur aufs Zifferblatt verlagerten Zeitorientierung löst er sich auch durch diesen Akt der Selbstermächtigung von den Bedingungen und den Grenzen der natürlichen Gegebenheiten – von Wind, Wasser und Muskelkraft.

Von findigen Menschen ausgedachte, von ihnen konstruierte und gesteuerte Maschinen und Geräte sind es, die von da an das Leben, insbesondere das Arbeitsleben, schnell und schneller machen. Das in diesem Zusammenhang zur Uraufführung gelangte und bis heute äußerst erfolgreiche permanent zur Wiederaufführung gelangende Stück heißt: Was sich beschleunigen lässt, wird beschleunigt, was sich abkürzen lässt, wird abgekürzt. Den Text für dieses Stück lieferte die Ökonomie mit ihrem »Zeit-ist-Geld«-Denken. Für die Ausstattung sorgten größer und größer werdende Maschinenparks und ein rasch unübersehbar gewordenes Arsenal von Groß- und Kleingeräten. Die »Mutter« aller Beschleunigungsmaschinen, die 1769 patentierte Dampfmaschine, übertrug das von der Uhr in die Welt gesetzte sinnfreie Zeitmuster »Takt« erstmalig in größerem Umfang auf die Produktion von Gütern und bald danach auch auf den Transport von Waren und Personen. Die Transportbeschleunigung sorgte schließlich dafür, dass die traditionelle Sesshaftigkeit einer räumlichen Unstetigkeit wich, der wir dann den Namen »Mobilität« verliehen. Die Dampfmaschine ist nicht nur ein Abkömmling der Uhr, sondern auch ihre Erfüllungsgehilfin. Das hat Lewis Mumford zu der häufig zitierten Feststellung veranlasst: »Die Uhr, nicht die Dampfmaschine, ist die wichtigste Maschine des Industriezeitalters.«

Historiker sehen in dem Umschwung von einer statischen zu einer dynamischen, dem Wechsel von einer landwirtschaftlich geprägten zu einer von der Fabrikarbeit formierten Gesellschaft den Beginn des Industriezeitalters. Herausragendes Merkmal des industrietypischen Zeitalters ist die großflächige Eroberung der Alltagszeit durch das leere, die Zeit zergliedernde und zerhackende Raster »Takt«. In enger Kooperation mit dem Geld übernahmen die vertakteten Maschinen die Zeitgeberfunktion. Der Alltag wurde mehr und mehr zu einem vertakteten Alltag. Wie die Uhr, die Mutter aller Maschinen, machen die neuen dampfgetriebenen Apparaturen das Leben, das Arbeits- und das Privatleben, schneller und schneller und immer kleinteiliger. Dem Vorbild Uhr folgend zerteilte auch der Maschinentakt die Zeit. Der verfügbare Arbeitstag und die Arbeitswoche konnten so, abgelöst von den Zeitbedürfnissen und Zeiterfahrungen der an der Maschine Arbeitenden und unabhängig von den Bedingungen des aktuellen Wetters, in gleich lange Abschnitte zerlegt werden. Die damit in Gang gesetzte stetig zunehmende Vertaktung des Alltags vertrieb die Menschen aus der Welt der Rhythmen, ihrer eigenen Rhythmizität und der ihrer natürlichen Umwelt. Nicht der lebendige Rhythmus der Arbeitenden steuert das Tempo der maschinellen Abläufe, sondern die Maschine – später dann das Fließband – setzte die Zeitnormen.

Andererseits eröffnete der taktförmige Gleichlauf den Zugang zu einer bisher unbekannten Welt des Zeithandelns. Die Gesellschaft verwandelte sich in ein riesiges Uhrzeitkollektiv, dessen Zeitwirklichkeit immer umfangreicher von Uhrzeigern, Zifferblättern und getakteten Signalen beherrscht wurde. Das ging schließlich sogar so weit, dass die Uhr zu einem Instrument der Kolonialisierung wurde, mit dem die Europäer die Überzeugung von der Höherwertigkeit ihrer eigenen Lebensform in die Welt trugen. Ihre nicht immer friedlich verlaufenden Uhrzeitmissionen waren von dem Sendungsbewusstsein getragen, die »restliche«

Vom Tempo der Welt · 123

Welt zur Übernahme europäischer Zeitordnungsprinzipien zu bewegen und vielfach auch zu zwingen. In der Beschleunigungsmoderne baute man keine Kathedralen mehr, auch immer seltener pompöse Rathäuser. Zuallererst und zuvörderst errichtete man Fabriken. Die Herren dieser Fabriken nahmen dann auch die Uhren und somit die Zeit in die Hand und nutzten ihre Uhrzeitmacht, um hin und wieder ein wenig Gott zu spielen. Friedrich Nietzsche, ein kritischer Beobachter dieser Entwicklung, schrieb 1875: »Auf Bergen zu wohnen, viel reisen, schnell von der Stelle kommen – darin kann man sich jetzt schon den griechischen Göttern gleichsetzen.«

Der industrielle, der vertaktete Geist eroberte die Zeit gleich in doppelter Hinsicht. Zum einen dominierte er die Dingwelt, zum anderen das Zeithandeln der Subjekte. Der mechanische Zeitgeist wanderte nicht nur in die Maschinen, er wanderte auch in die Menschen hinein – und von ihnen wieder heraus in die von ihnen geschaffene Umwelt. Die Menschen entwickelten eine Leidenschaft, die fünfhundert Jahre zuvor völlig unbekannt und auch unvorstellbar gewesen war, die Lust an der Geschwindigkeit. Selbst Künstler und Kulturschaffende wurden von dieser neuen Tempoleidenschaft angesteckt. So beispielsweise Gioachino Rossini, der es sich zur Aufgabe gemacht hatte, den schneller und schneller werdenden Zeiten in seinen Kompositionen Ausdruck zu verleihen. Der englische Maler Turner tat Ähnliches mit Pinsel, Farbe und Leinwand. Doch er machte es nicht ohne kritischen Blick auf das Geschehen der damaligen Zeit. Seinem wohl berühmtesten, 1844 gemalten Werk verlieh er den aussagekräftigen Titel *Rain, Steam and Speed*.

War »Tempo« die Formel, die die alte Sehnsucht nach umfassender Freiheit zu befriedigen versprach, so fungierte die »Beschleunigung« als eine Art Hoffnungsträgerin für den Traum der Menschen nach der Rückkehr ins Paradies durch den Hintereingang. Bis heute hat sich da wenig verändert. Das 2010 von der Politik auf den Weg gebrachte »Wachstumsbeschleunigungsgesetz« ist ein regierungsamtlicher Beleg für die bis heute wirksame Annahme, man könne den Eingang zum Garten Eden nur mit durchgedrücktem Gaspedal erreichen. Gelegenheiten, klüger zu werden gab es genug, auch schon bevor der Beschleunigungsfortschritt zu Beginn des 20. Jahrhunderts an einem Eisberg scheiterte und wenig später dann in der Katastrophe des Blitzkrieges sein bisher größtes Desaster erlebte.

Zeitgewinn und Raumverlust

Was die Geschwindigkeit des Landtransportes betraf, so erfuhr dieser vor 7.000 Jahren, als der Mensch auf das Pferd kletterte, bereits einen ersten Beschleunigungsschub. Doch danach tat sich in Sachen Beschleunigung lange Zeit nichts. Vor dem Industriezeitalter war es ausschließlich das Pferd, das es durch den Einsatz von Peitsche und Sporen ermöglichte, den Waren- und den Personentransport auf dem Lande in bescheidenem Umfang zu beschleunigen. Erst zu Beginn des 19. Jahrhunderts erlebte Europa mit der Verbreitung der Eisenbahn eine revolutionäre Veränderung des Beförderungswesens. Damals löste sich die Transportbeschleunigung von der Natur und deren Zeitgrenzen.

Sicher, auch die zu dieser Zeit bereits einige Jahrhunderte zurückliegende Erfindung des Buchdrucks mit beweglichen Lettern durch Gutenberg hat die eine oder andere Aktivität beschleunigt, unter anderem den Austausch und die Verbreitung des Wissens. Richtig Tempo aber wurde erst in dem Augenblick gemacht, als man dazu überging, durch den Einsatz fossiler Energieträger, wie der Kohle, die Beschleunigung selbst zu beschleunigen und die mechanische Uhr nicht nur als Zeitgeber, sondern auch als Taktgeber einzusetzen. Seitdem geht es nicht mehr ums rechte Tempo, sondern um dessen Steigerung, und seitdem vervielfachte sich die Transportgeschwindigkeit in kürzester Zeit gleich mehrfach.

»Mit verdreifachter und vervierfachter Schnelle«, so beschreibt Johanna Schopenhauer in ihrer Autobiografie *Im Wechsel der Zeiten* den radikalen Wandel der Zeiterfahrung zu ihrer Zeit, »gehen Leben und Reisen in Eilwägen und auf Dampfschiffen vorwärts, sogar die Stunden galoppieren«. Die vertakteten Artefakte Eisenbahn, Telegraf, Telefon, Automobil und später dann das Flugzeug verscheuchten die Pferde und die Kutschen aus den Städten und drängten die Fußgänger auf den Bürgersteig ab. Friedrich List geriet 1837 über

Vom Tempo der Welt 125

die Geschwindigkeit der Eisenbahn ins Schwärmen:»Durch die neuen Transportmittel wird der Mensch ein unendlich glücklicheres, vermögenderes, vollkommeneres Wesen.« Doch nicht alle Zeitgenossen teilten Lists Meinung. So wurde etwa 1830 im amerikanischen Lancaster von einer Versammlung berichtet, in der über die nicht zuletzt auch sittlichen Gefahren, die von Eisenbahnen auszugehen drohen, diskutiert werden sollte. Die an den Geist der Vormoderne erinnernde Begründung für die Ablehnung der Eisenbahn liest sich aus heutiger Sicht mehr als skurril:»Hätte Gott vorgesehen, dass der Mensch sich mit einer beängstigenden Geschwindigkeit von 15 Stundenkilometern fortbewegen soll, hätte er das durch seine Propheten verkünden lassen.« Es spricht vieles dafür, dass man in Lancaster den Dampf der Eisenbahn mit den stinkenden Abgasen verwechselte, die der Teufel nach landläufiger Meinung bei seinen irdischen Exkursionen zurücklässt. Die Beschleunigung, die mit dem Eisenbahntransport von einem Ort zum anderen erstmalig bei den Menschen eine konkrete Erfahrungsbasis bekam, war für die frommen Bürger Lancasters nichts weiter als Teufelswerk.

Auch wenn sich Reste dieses Denkens, zumindest was den Teufel angeht, bis heute in»Gods own country« erhalten haben – mehrheitsfähig waren sie schon damals nicht. Der Kontrakt des Zeitgeistes mit der Beschleunigung war auf langfristige Gültigkeit hin angelegt. Bis heute hat er gehalten. Als die Bürger Lancasters noch der Meinung waren, den dampfgetriebenen Fortschritt aufhalten zu können, hatten in Nordamerika und Europa längst diejenigen das Sagen, die alles nur Denkliche taten, um den Fortschritt überall im Land aufs Gleis zu setzen. Ihre Blicke waren wie die der Lokführer nach vorne in eine Zukunft gerichtet, die noch mehr Tempo erwarten ließ. All das, was»dauerte«, Zeit brauchte, war für die vielen Fortschrittseuphoriker zuallererst eine Sache des Verlustes. All jene, die sich weigerten, den Zug der Zeit zu besteigen oder ihn vor lauter Trödelei verpassten, die sich für das, was sie taten, Zeit nahmen und weiterhin den Zeitvorgaben der Natur folgten, denen Abkürzungen nicht geheuer waren und die Umwege bevorzugten – sie alle mussten fortan mit dem Vorwurf zurechtkommen, sie seien Faulenzer, Arbeitsscheue, Drückeberger und Fortschrittsverweigerer.

ZEIT

Die Zeit ist alles, der Mensch ist nichts mehr...

Karl Marx

Einem solchen Verdacht konnte man nur dann entgehen, wenn man bei jeder sich bietenden Gelegenheit aufs Tempo drückte. Keine Minute galt es zu verlieren, keinen Augenblick zu verpassen, keine Chance durfte ungenutzt bleiben. Das Leben glich immer häufiger einer dahinbrausenden Eisenbahn, mit der man, in möglichst kurzer Zeit, möglichst weite und noch weitere Räume zu überbrücken sich bemühte. 1843 hat Heinrich Heine, nicht nur ein großartiger Dichter, sondern auch ein sehr früher Eisenbahnpassagier, seinen Eindrücken über den Zusammenhang von Zeit- und Raumerfahrung in poetischen Worten Ausdruck verliehen:»Durch die Eisenbahn wird der Raum getötet, und es bleibt uns nur noch die Zeit übrig. Hätten wir nur Geld genug, um auch Letztere anständig zu töten.«

Die Beschleunigung, so Heines lakonisch-kritischer Hinweis, transformiert Orte in Räume und Räume in Flächen und verändert so die Zeit- und die Raumwahrnehmung. Statt Orte aufzusuchen, um an ihnen zu rasten, sich niederzulassen, durchquert man Räume und überwindet sie, umso rasch wie nur möglich noch mehr Räume zu durchqueren und zu überwinden. Die so Transportierten sind nicht mehr Teil der Landschaft, und die Landschaft ist kein Teil mehr von ihnen. Man betrachtet die Welt nur mehr durchs Fenster des dahinrasenden Verkehrsmittels. Der Mensch wird zum flüchtigen Beschauer, und so wird er es auch beim Blick auf die Zeit, der ja nicht die Zeit, sondern nur die Uhrzeiger trifft.

Ähnlich wie Heine, blickte auch Victor Hugo skeptisch auf das Transportmittel Eisenbahn. Nach einer frühen Zugfahrt schrieb er 1837 in einem Brief an seine Frau:»Die Blumen am Feldrain sind keine Blumen mehr, sondern Farbflecken, oder vielmehr rote und weiße Streifen.«

Wie die Eisenbahn, so sorgten kurze Zeit später dann auch der Telegraf, das Telefon und viel später dann auch der Mail-Verkehr für eine extreme Verkürzung der »Zwischen-Räume«. Die Vernichtung und die »Eindampfung« der Zeiten und der Räume des »Dazwischen« lässt die *Gartenlaube* 1853 bereits in die Klage ausbrechen, die Welt sei in den letzten Jahren zwanzig bis fünfzig Mal kleiner geworden. Noch kleiner wurde sie dann im 20. Jahrhundert, an dessen Ende zu jeder Tages- und Nachtzeit mehr als eine Million Menschen den Raum mit dem Flugzeug, dem Zauberteppich der Spätmoderne, überwinden.

Tempo und Takt – Das Programm des Fortschritts

Die Beschleunigungsmoderne startete ihren erfolgreichen Weg in England, setzte ihn in Nordfrankreich fort und verlängerte ihn schließlich nach Deutschland, um ihn dann in andere europäische Länder und kurz danach auch jenseits des Atlantiks, auf dem nordamerikanischen Kontinent, fortzusetzen. Im kommunistischen Manifest (1848) bewunderte Karl Marx, der ja, was häufig ignoriert wird, ein Programm zur Beschleunigung des Fortschritts aufgelegt hat, die Leistungen jener Bourgeoisie, deren Sturz er prognostizierte.»Sie hat Dinge vollbracht, die großartiger sind als der Bau der ägyptischen Pyramiden, der römischen Aquädukte und der gotischen Kathedralen; sie hat Expeditionen durchgeführt, die die Völkerwanderungen und Kreuzzüge weit übertreffen. Die Unterwerfung der Naturkräfte, die Erfindung der Maschine, die Anwendung der Chemie auf Industrie und Landwirtschaft, Dampfschiffe, Eisenbahnen, elektrische Telegrafen, die Rodung ganzer Kontinente für den Ackerbau, die Schaffung schiffbarer Wasserwege, große Populationen, wie durch Magie der Erde entsprungen – hatten frühere Generationen die geringste Ahnung davon, dass derartige Produktivkräfte im Schoß gemeinsamer Arbeit schlummerten?«

Nicht mehr das Alte, das Traditionelle, das Bewährte gilt es zu pflegen, zu erhalten und fortzusetzen, sondern das Neue und das Neuartige sind zu fördern, voranzutreiben und zu forcieren. Dazu zählen Erkenntnisse genauso wie technische Errungenschaften und andere Innovationen. Mit besonders heftigem Beifall können dabei die Einsichten und Gegenstände rechnen, die für mehr Tempo sorgen. Dabei jedoch entsteht das Problem der Anpassung des rhythmisch geprägten Menschen an die von ihm geschaffene, mehr und mehr vertaktete Welt. Wie erwähnt, macht die omnipräsente Uhr – wie jede andere Maschine auch – die Zeit zur quantitativen Größe ihres mechanischen Taktes. Da Maschinen, dies gilt für die Dampfmaschine genauso wie für den Computer, weder Müdigkeit noch

Vom Tempo der Welt 129

Arbeitsfreude kennen und auch nicht auf tagesrhythmische Veränderungen, den Hell-Dunkel-Wechsel oder die Wetterkapriolen reagieren, bleibt dem Menschen nichts anderes übrig, als sich an die Maschinen und deren taktförmiges Zeitmuster anzupassen. Die Einseitigkeit dieser Anpassung artikuliert sich in dem realistischen Hinweis, dass der Mensch *an* und nicht *mit* der Maschine arbeitet. Gelingt ihm die Anpassung gut und wird ihm der Takt der Maschine zulasten seines rhythmischen Zeitmusters zur zweiten Natur, dann kann er mit dem Kompliment rechnen, er sei »pünktlich wie die Eisenbahn«. Maschinentakt und starre Uhrzeitregelungen zwingen die Arbeitenden – auch über den Arbeitsbereich hinaus – zu einem rationalen, zeitökonomischen und durchgeplanten Umgang mit Zeit. Für den Uhrzeit-Menschen ist die Zeit nichts als ein zu füllender Leerraum. Die Tage, die Wochen, die Monate, die Jahre sind homogene und leere Zeitstrecken, sind nichts als eigenschaftslose Zeiträume, die es mit Terminen und Fristen zu füllen gilt. Die Zeigerstellung und die Daten im Terminkalender gebieten, was zu tun und was zu unterlassen ist. Ins Bett geht man nicht, weil man müde oder weil die Sonne untergegangen ist; ins Bett geht man, weil die Uhr sagt, dass es Zeit dazu ist.

Die Industriearbeit ist, wie auch das sie umfassende kapitalistische Wirtschaftssystem, nicht nur symbiotisch mit der Uhr und ihrer qualitätslosen Zeit, sondern auch mit ihrem taktförmigen Zeitmuster verbunden. Die geschätzte und erwünschte Eigenschaft des Taktes besteht in seiner Fähigkeit, in gleichförmigen Schritten voranschreiten, in Teile zerlegt und ohne Abweichungen funktionieren zu können. Darüber hinaus ist das Tempo des Taktes manipulierbar. Das Metronom, es wurde seit 1815 vornehmlich in der Musik zur Aussendung von Taktsignalen eingesetzt, demonstriert dies eindrücklich. Jede Maschine kann das auch. Selbst die Uhr könnte ihren Takt beschleunigen. Sie soll und darf es aber nicht, da sie in diesem Augenblick ihre Mess-, Kontroll- und Koordinationsfunktion verlieren würde. Wenn Arbeitsabläufe beschleunigt werden, um Zeit nicht nur in Geld, sondern in immer mehr Geld aufzuwiegen, braucht es nämlich ein Instrument, das die sich hierdurch entstehenden Veränderungen in unbestechlicher Art und

Weise misst. Dieses Gerät muss den Veränderungen entzogen sein, muss stabil bleiben, darf also, um die Beschleunigung zu messen, selbst nicht beschleunigt werden. Ein solches Instrument ist die Uhr. Erst durch ihre gleichbleibende, gleichförmige Bewegung ermöglicht sie es, die Differenz zwischen zwei Geschwindigkeiten festzustellen. Die Uhr sagt den Menschen in der ihr von diesen verliehenen schlichten Signal-Sprache, dass etwas schneller geworden ist oder nicht. Dort, wo alles rennt, sich alles flexibel und mobil zeigt, braucht es einen Ruhepunkt, an dem man sich zeitlich festhalten und orientieren kann. In voruhrzeitlichen Zeiten hatten die Fixsterne jene Aufgabe, die in der Moderne die Uhr übernommen hat. Wäre der Zeigerverlauf flexibel, würde er sich beispielsweise am Zeitempfinden der Menschen ausrichten, dann hätte diese ihre Funktion als Orientierungsmittel verloren und wir würden sie, falls wir sie nicht sogleich entsorgten, umgehend zum Uhrmacher bringen. Kurzum, diejenigen, die klagen, dass alles schneller würde, täuschen sich – die Uhr tut es nicht. Sie geht – es klingt paradox – nach wie vor gleich schnell. Der häufig als Klage vorgebrachte Hinweis, dass alles schneller würde, ist so falsch wie irreführend. Falsch ist er, weil er auf den die Zeit anzeigenden Zeigerverlauf nicht zutrifft, und irreführend ist er, weil wir viele Dinge, wie unser Denken, unser Fühlen, aber auch das Wetter und anderes mehr, wenn überhaupt, dann nur in ganz engen Grenzen beschleunigen können.

Das kapitalistische Wirtschaftssystem ist, weil es, um Wachstum zu garantieren, dem Bewegungsgesetz der Beschleunigung folgen muss, symbiotisch mit der Uhr und deren taktförmigem Zeitmuster verbunden. Es ist auf ihr stabiles Ordnungssystem der Zeit und auf ihre orientierende und stabilisierende Mess- und Kontrollfunktion angewiesen, um den Innovationen, der Produktion, dem Handel und dem Geldtransfer mehr und mehr Tempo zu verleihen.

Ode an die Schnelligkeit

Der dem Konkurrenzkapitalismus aufgepfropfte Beschleunigungs- und Wachstumszwang ließ den modernen Menschen schließlich ein Phänomen erfinden, das ihm heutzutage so selbstverständlich vorkommt wie die Fahrt mit dem Auto zum Einkaufen in den Stadtrandsupermarkt: das Phänomen »Rekord«. Es handelt sich dabei um eine fast zwangsläufige Erfindung, da der Kapitalismus ja auf dem Bewegungsgesetz fußt, dass das, was einmal angestoßen und auf die Schiene gesetzt wurde, unaufhörlich schneller und schneller werden muss. Zur Erinnerung: Die Griechen hatten keinerlei Interesse an so etwas wie einem »Rekord«. Weder haben sie die Weite des Speerwurfs bei den von ihnen erfundenen olympischen Wettkämpfen gemessen noch die Geschwindigkeit der Läufer. Nicht der Zeit, dem Sportler galt ihre Anerkennung und Begeisterung. Im Buchhandel ist es das Guinessbuch der Rekorde, das heute alle Verkaufsrekorde schlägt. Was die Mehrzahl der darin erwähnten Rekorde betrifft, so handelt es sich bei diesen nicht um Umsatz-, sondern um Temporekorde. Seit der Erfindung des Rekords eilt man im Rekordtempo von Zeitrekord zu Zeitrekord, unterstützt, kontrolliert und angetrieben von einer speziell für die Rekordjagd entwickelten Uhr, der Stoppuhr. Hieß es in der Vormoderne noch: »Alles hat seine Zeit«, so heißt es seit der Beschleunigungsmoderne: »Alles hat seine Uhr.«

Da konnte es auch nicht ausbleiben, dass kulturelle Leistungen, selbst die, die mit dem Etikett »ernst« oder »klassisch« aufwarten, von der Rekordsucht angesteckt wurden. Beethoven nahm sich als Dirigent bei der Uraufführung seiner *Eroica* für das Stück 60 Minuten Zeit; Bernstein 150 Jahre später, ebenfalls in Wien, nur mehr 53 Minuten und zwanzig Sekunden. In New York, der eindeutig schnelleren Stadt, nahm er sich dann nur mehr 49 Minuten und 30 Sekunden Zeit. Karajan hatte mit dem Stück und den Zuhörern anscheinend etwas mehr Mitleid, vielleicht aber hatte er auch einfach etwas mehr Zeit, da er 50 Minuten und zehn Sekunden brauchte. Den Rekord hält Michael Gielen, der 1987 aus der *Eroica* in goldmedaillenverdächtigen 43 Minuten eine Ode an die Schnelligkeit gemacht hat.

Längst wurde der Rekord zum Selbstzweck, und nicht selten sogar zu einer bewunderten und gut belohnten Sucht. Kafkas Hinweis aber hat uns unsere heutige Rekordsucht vergessen lassen, den man in dessen Erzählung *Zum Nachdenken für Herrenreiter* findet: »Nichts, wenn man es überlegt, kann dazu verlocken in einem Wettrennen der Erste sein zu wollen.« So etwas will man heute nicht hören und auch nicht lesen. Gut nämlich ist heute, was schnell ist, und das Schnelle ist das Gute – wohin die schnelle Reise geht, ist zweitrangig, das interessiert nur diejenigen, die zu viel Zeit haben. Und so geht's weiter, immerzu dem Motto huldigend:»Ich weiß nicht, wo's langgeht, wenn's nur nicht zu lang geht.«

Die mechanische Gleichförmigkeit, die sich im Takt der Maschine ihren Ausdruck verschafft, mutierte zum Ideal der Beschleunigungsmoderne. Ihr räumliches Pendant ist die Gerade. Die findet ihren demonstrativen Ausdruck in den Schienenwegen der Eisenbahn, später dann in den Hochgeschwindigkeitstrassen des Autoverkehrs und heute in den Datenhighways der Informationsgesellschaft. Auf den Schnellstraßen des Transports sind die Zeit- und die Raumvorstellungen der vertakteten Moderne in perfekter Art und Weise Realität geworden. Auch im Verhalten ihrer Passagiere und Nutzer. Deren Blick geht nach vorne, niemals nach hinten und nur selten zur Seite. Unterbrechungslos produziert er zurückliegende Vergangenheit und zugleich geradeaus liegende Zukunft. Die Gegenwart, das je aktuelle Zeitleben, schrumpft aufs lästige»Dazwischen«. Ist man in der Gegenwart angekommen, wird diese fluchtartig wieder verlassen, um eine Zukunft anzusteuern, die sich als offener Horizont wählbarer Möglichkeiten anbietet.

Nicht vergessen aber darf man, dass dieses radikal lineare Denken und Handeln, das uns heute zu einem Volk von hyperaktiven, welterobernden Nestflüchtern gemacht hat, auch radikalem Missbrauch in die Hände gearbeitet hat. Der während des Hitlerregimes für den Bau von Schnellstraßen zuständige Ingenieur Fritz Todt hat in einer programmatischen Rede 1933 die Rücksichtslosigkeit des linearen Denkens in einer Art und Weise offenbart, wie diese nur kurze Zeit später dann nicht nur beim Straßenbau zur bitteren Wirklichkeit wurde:»Unserem nationalsozialistischen Wesen entspricht die neue Straße Adolf Hitlers, die Autobahn. Wir wollen unser Ziel weit vor uns sehen, wir wollen gerade und zügig dem Ziel zustreben; Durchkreuzungen überwinden wir, unnötige Bindungen sind uns fremd. Ausweichen wollen wir nicht.« Fünfundzwanzig Jahre zuvor bereits, am 20. Februar 1909, hatte der italienische Futurist Marinetti auf der Titelseite der großen französischen Zeitung »Figaro« die »Schönheit der Geschwindigkeit« in einem furios-wirren Manifest der rauschhaften Motorisierung verherrlicht. Darin feierte er die »angriffslustige Bewegung, die fiebrige Schlaflosigkeit des Laufschritts, des Salto mortale, der Ohrfeige und des Faustschlags«.

Wo die Ideologie und die mit verkitschter Religiosität aufgefüllte Programmatik solch linear potenzierter Rücksichtslosigkeit schließlich enden, das hat die Welt in den Exzessen des Faschismus zu spüren bekommen. Spätestens seit dieser Erfahrung ist das Denkmodell der Linie kein unumstrittenes Vorbild mehr, weder für die Gestaltung der individuellen und der gesellschaftlichen Praxis noch fürs Zeitleben.

Der Preis, den die Individuen für die Begradigung und die Vertaktung von Zeit und Raum zahlen und zu zahlen gezwungen sind, lässt sich nicht mehr leugnen. Die Abkehr vom Heiligen und die Hinwendung zum eiligen Geist hinterlässt Spuren und Narben. »Unser Land ist arm an Rhythmus«, klagt Frederico Fellini, der große italienische Filmregisseur. Man muss nicht lange suchen, um den problematischen Folgen dieses Mangels an rhythmischem Lebensvollzug zu begegnen.

Dialektik des Fortschritts

Der Fortschritt und seine Ambivalenzen

Im Rückblick kann die Befreiung von der Natur als einzigem Zeitgeber als das große Emanzipationsprogramm der Moderne angesehen werden. In erster Linie gilt dies für die Beschleunigungsmoderne. Deren Programm ist heute weitestgehend eingelöst. Befreit haben sich die Menschen dabei jedoch nicht *als* Natur, sondern »nur« *von* der Natur. Das konnte nicht ohne Probleme vonstattengehen. So etwa führte die Abkoppelung der Zeitgeberfunktionen von den Vorgaben der menschlichen Rhythmizität in der Industriemoderne schließlich dazu, dass in Form von Tarifverträgen, Betriebsvereinbarungen, Gesetzen und Verordnungen konkrete Zeitregeln aufgestellt werden mussten, mit denen die an den Maschinen und Geräten arbeitenden Menschen vor den sie schädigenden und krank machenden Effekten einer naturfernen, vertakteten Zeitdynamik geschützt werden. Zeitgesetze, Pausenregelungen, Urlaubsansprüche, Arbeitszeitregelungen und viele weitere darüber hinausgehende Regelungen zählen auch zu den großen Errungenschaften einer Gesellschaft, die die Zeit und deren Ordnung und Strukturierung selbst in die Hand genommen und die der Geschichte einen Fahrplan in Richtung Beschleunigung aufgezwungen hat. Sprechen wir von »Fortschritt«, dann zählen auch diese Regelungen, Einschränkungen und Grenzziehungen dazu. Es ist eben nicht nur der Druck aufs Gaspedal, dem wir unseren ansehnlichen Lebensstandard zu verdanken haben, auch die verbindlich geregelten Zeitmarkierungen und Tempolimits haben viel dazu beigetragen. Sie verhindern, zumindest versuchen sie es, dass sich der modernisierte Mensch hoffnungs- und rettungslos in der nach oben offenen Steigerungsspirale der Beschleunigung verfängt. Regelungen, Einschränkungen und Verbote schützen zwar nicht generell von krank machendem Zeitstress und täglichem Zeitnotstand, verhindern jedoch zeitliche Überbelastungen und allzu riskante und gesundheitsgefährdende Beschleunigungszumutungen. Die Steigerung des Tempos kennt, wie das Geld, zu dessen Vermehrung sie ja dient, auch kein »Genug«. Ohne ein Maß fürs »Genug« aber tendiert sie dazu, die von der Natur gesetzten Grenzen des Erträglichen, des Tauglichen und des sozial Sinnvollen und langfristig Produktiven zu verletzen. Jede Beschleunigung, die eine Verbindung mit dem Geld eingeht, ist prinzipiell »maß-los«. Sie will immer mehr Beschleunigung, eine immer größere und umfassendere Steigerung des Lebenstempos.

Auch wenn der »Fortschritt« in seinem Rucksack eine Menge Risiken und Gefahren mit sich führt, so ändert das nichts an der Tatsache, dass die Steigerung des Alltagstempos und die wachsende Distanz zu den Naturrhythmen uns Europäer (aber nicht nur uns Europäer) zu ungeahnten neuen Horizonten der Freiheit, des Wohlstandes und des Ereignisreichtums geführt hat. Das aber, und hierin zeigt sich die Dialektik der Modernisierung besonders deutlich, um den Preis vieler neuer Abhängigkeiten; Abhängigkeiten von eben jenen Maschinen und Geräten, die den Beschleunigungsfortschritt ermöglicht und vorangetrieben haben. Wer in der Uhr ausschließlich jenes Gerät sieht und feiert, dem wir die vielen neuen Freiheiten der modernen Zeitgestaltung zu verdanken haben, geht von der realitätsverleugnenden Illusion aus, die Freiheit sei ohne Zwänge und neue Abhängigkeiten zu haben. Die Verheißungen der Modernisten, Veruhrzeitlichung und Beschleunigung würden die Unwägbarkeiten des Lebens mindern und für mehr Sicherheit, mehr Planbarkeit, größere Zeitfreiheiten und einen umfangreichen Zeitwohlstand sorgen, sind bis zum heutigen Tag ein weitestgehend uneingelöstes Versprechen geblieben.

Beherrscht werden wir nicht mehr von Stammesführern, Kaisern, Landesherren und anderen Potentaten; beherrscht werden wir heutzutage von der Technik. Der aufgeklärte Mensch mit demokratischer Gesinnung nimmt keine Befehle mehr von Königen, die er nicht selbst wählen durfte, entgegen; er lässt sich von seinem Handy regieren, das er selbst ausgesucht und bezahlt hat. Offeriert als ein hilfreiches Instrument, das uns stets zu Diensten ist, gibt es sich, genauso wenig wie die vielen sonstigen Apparate und Gerätschaften, die uns begleiten, nicht mit seiner untergeordneten Dienstbotenstellung zufrieden. Stück für Stück, Schritt für Schritt übernehmen die »fixen Helfer« die Macht über das Dasein derer, die sie sich zu ihrer Entlastung zugelegt haben. Sie geben die Richtung an und sagen, wo's lang geht, entscheiden, wann man mit wem wie lange redet, kommandieren herum, befehlen und verlangen dabei Gehorsam und Unterordnung. Kein politischer, kein sozialer Aufreger kann den zum Dienstboten seiner technischen Ausstattung geschrumpften Nutzer stärker aus der Ruhe bringen als ein plötzlich leer gewordener Akku oder der Zusammenbruch des Mobilfunknetzes.

Doch es ist nicht nur der Computer, der seine zeitsouveränen Nutzer zu Abhängigen macht. Auch Staubsauger geben inzwischen, wie Küchengeräte und Spülmaschinen, Befehle; Kühlschränke ordern, ohne bei ihren Vorgesetzten nachzufragen, den Nahrungsmittelnachschub, und im Auto wird man von einer in provokativer Art und Weise gesofteten Frauenstimme an Orte navigiert, die man gar nicht ansteuern wollte. Automaten entscheiden, wie und wo es langgeht – nicht nur im Auto.

Die Freiheit, der wir uns rühmen, reduziert sich in vielen Fällen auf die Freiheit entscheiden zu dürfen, von welchem Gerät man sich noch zusätzlich beherrschen lassen will, mit welcher Technik man sich noch mehr unter Zeitdruck zu setzen bereit ist. Die Veruhrzeitlichung der Gesellschaft und die der Individuen vollziehen sich als Dialektik von Befreiung und Entfremdung. Die vielen neuen Freiheiten, die uns die Moderne bescherte, sind durch viele neue Zwänge erkauft. Das aber heißt nicht, dass uns die Uhr aus einem vormodernen Zeitparadies vertrieben hätte; sie hat aber den Charakter unserer Probleme und Zeitnöte gründlich verändert. Besser denn je sind wir heute vor Naturgewalten und deren dramatischen Folgen geschützt, zugleich aber sind wir mehr denn je vom Ölpreis, den Energielieferanten, der Verkehrsdichte und den hochspekulativen Geschäften der Geldinstitute und dem Eurokurs abhängig. Der modernisierte Mensch liest sein Schicksal nicht mehr aus der Konstellation der Sterne, sondern aus den Schwankungen der Börsenkurse. Seine Erlösungs-Hoffnungen richten sich nicht mehr auf die Ewigkeit, sondern auf die rechtzeitige Auszahlung der Lebensversicherung.

Gehetzte Gesellschaft

Sucht man ein zutreffendes Schlagwort für den Beschleunigungsschub im 19./20. Jahrhundert, so findet man dieses im »Wettlauf gegen die Zeit«. Die Engländer erfanden diese Formulierung für den zu Beginn der Industrialisierung von ihnen erfundenen Leistungssport, den sie sehr zutreffend »matches against time« nannten. Ein treffliches Bild für das, was wir heute im Alltag – und nicht nur auf dem Sportplatz – mit der Zeit so treiben. Man könnte es auch, wenn wir an den ursprünglichen Wortsinn anknüpfen, »Zeitvertreib« nennen. Und seitdem wir gegen die Zeit kämpfen und sie vertreiben, sind die Menschen von der Geschwindigkeit fasziniert und infiziert.

Im Laufe des 19. Jahrhunderts entwickelte sich das sich selbst steigernde Wachstum des Tempos in immer breiterem Umfang zum Ideal und zur Leitmaxime des auf »Fortschritt« hin ausgerichteten Handelns. Es verlieh der Beschleunigung und dem »Zeit-ist-Geld«-Denken eine universelle, tendenziell sämtliche Lebensbereiche infizierende Wirkung. Was immer getan wird, besser wäre es, wenn es schneller getan würde. Eine Leitlinie, die weit über den Arbeitsbereich hinaus auch für das Privatleben, das Liebesleben nicht ausgeschlossen, Wirkung entfaltet.

Mit der Beschleunigung zieht auch das Nützlichkeitsdenken der Wirtschaft in die entferntesten Winkel des sozialen Lebens und des Privaten ein. Handlungen und Dienste, die niemals zuvor ein Preisschild trugen, werden in das sich rasant ausbreitende »Zeit-ist-Geld«-Imperium eingemeindet. Der Zeitgeist zeigt sich stromlinienförmig, ist stets auf dem Sprung, macht pausenlos Zeitdruck und feiert einen Geschwindigkeitsrekord nach dem anderen. Aktivitäten und Initiativen des Zeitsparens sind die treibende Kraft der Beschleunigung und müssen, wo immer sie auch in Gang gesetzt werden, ihre Ziele und Zwecke nicht weiter begründen. Sie rechtfertigen sich durch den Hinweis, einen Beitrag zur weiteren Beschleunigung leisten zu können.

Die substanziellen und die essenziellen Fragen des Lebens geraten in diesem Zusammenhang mehr und mehr außer Sichtweite. Warum und wofür wird Zeit gespart, und welche Zeit wird gespart? Was sind die Ziele der Beschleunigung und wann sind sie erreicht? Alles Fragen, die auch deshalb nicht gestellt werden, weil diejenigen, die ihre Aufmerksamkeit den existenziellen Problemen des Daseins zuwenden, und sich weigern, Schnellgerichten aus der Mikrowelle oder aus dem Tiefkühlfach den Vorzug zu geben, rasch in den Verdacht geraten, mit ihrer Zeit nichts Richtiges anfangen zu können.

Der Mensch hat im Laufe der Moderne großartige Dinge erschaffen, und er hat sehr viel mehr erreicht, als er sich das zu Beginn der Neuzeit hat ausmalen können. Das aber, was er geleistet hat und was er sich dabei zugleich geleistet hat, stellte ihn immer wieder vor die Frage, ob er eigentlich dafür auch geschaffen ist. Die Antworten fallen nicht einheitlich aus. So ist es denn auch kein Wunder, dass im Fundus der Moderne nicht nur große Jubel- und Lobgesänge zu finden sind, sondern auch eine große Anzahl lauter und leiser Bedenken, Befürchtungen und Ängste. Aufbewahrt ist darin die Klage Hamlets, die Zeit sei aus den Fugen (»the time is out of joint«) ebenso wie Joseph von Eichendorffs lehrreiche Geschichte vom Zuspätkommer und Träumer »Taugenichts«, der aus der überschaubaren und kalkulierbaren Uhrzeitwelt der Tüchtigkeit ausgestiegen ist. Man stößt dort auf Nietzsches an Deutlichkeit kaum zu überbietendes Urteil über das »Zeitalter [...] der Hast, der unanständigen und schwitzenden Eilfertigkeit, das mit allem gleich ›fertig werden‹ will«.

Nur ein paar Jahre älter als Nietzsches Äußerung ist Goethes Empörung über das »veloziferische« Tempo, das nichts mehr reif werden lässt. In seiner Ballade vom *Zauberlehrling* kommt diese Empörung besonders laut und deutlich zum Ausdruck. Mit der Figur des Zauberlehrlings warnt Goethe vor der allumfassenden Technisierung des Alltags und der damit einhergehenden Gefahr, dass Selbstbefreiung in Selbstversklavung umschlägt. Georg Simmel nahm dann später Goethes Warnung wieder auf und diagnosti-

Dialektik des Fortschritts 139

zierte, dass die Maschine (und vor allem gilt das für die Uhr), die den Menschen die Sklavenarbeit an der Natur hat eigentlich abnehmen sollen, sie schließlich zu Sklaven an der Maschine herabgedrückt hat. Nicht länger haben die Menschen die Macht über die Dinge, sondern diese besitzen immer mehr die Kraft über die Menschen. Neben Goethe und Nietzsche gab es noch viele andere große Denker und Künstler, die nicht müde wurden darauf hinzuweisen, dass die Themen und die Fragen der antiken Tragödien auch in der Moderne immer noch Aktualität besitzen. Das gilt insbesondere für die tragischen Schicksale von Daedalos, Ikarus und Sisyphus, die allesamt zum Opfer ihrer Hybris wurden.

Auch die in jüngerer Zeit oftmals zu hörenden Hinweise, dass die Produktivkräfte der Uhr ausgereizt seien, lassen sich als Kritik an der Uhrzeitmoderne verstehen. Es ist nun mal nicht von der Hand zu weisen, dass die Uhr die Menschen und ihr Zeitleben nicht nur zeitlich entlastet, sondern sie auch stark belastet, sie beansprucht und diszipliniert. Gedacht war das einmal anders. Eigentlich wollte man mithilfe der Uhr die Zeit disziplinieren, um sie – wie es das Zeitmanagement verspricht – »in den Griff zu bekommen«. Diszipliniert aber hat die Uhrzeit die Menschen und was die Menschen in den Griff bekamen, war auch nicht die Zeit – das waren sie selbst. Hin und wieder konnte man dabei den Eindruck gewinnen, dass sich die Menschen im Laufe der Moderne zu Gliedern jener Uhrkette verwandelt haben, an denen die Großväter ihre Taschenuhren einst stolz herumtrugen. Offensichtlichstes Zeichen dieser Selbstdisziplinierungsdynamik sind die vielen Wecker und akustischen Terminmahner, auf die nicht wenige Personen reagieren wie ein pflichtbewusster Hund auf den Pfiff seines Halters.

Selbst vonseiten der Wirtschaft mehren sich Problemanzeigen. Die Raten des monetären Mehrwerts sind in dem Augenblick nicht mehr garantiert, wenn die Kosten der Veruhrzeitlichung und der maßlosen Steigerung der Schnelligkeit die erzielbaren Erlöse übersteigen. Unübersehbare Schädigungen der Natur, rasante Kostensteigerungen im Gesundheitsbereich, wachsende individuelle Belastungen durch Zeitstress zeigen in diese Richtung. Selbst die automobile Beschleunigung ist an ihren Grenzen angelangt. Das gilt in allererster Linie für das herausragende Kultobjekt des beschleunigten Daseins des 20. Jahrhunderts, für das Auto. In ihm bündeln sich Erfolge und Misserfolge, Nutzen und Kosten, Vor- und Nachteile einer tempoverrückten Lebenswelt. Carl von Ossietzky hatte seine Skepsis schon bald, nachdem das Rad der Zeit ans Auto montiert wurde, in einem historisch originellen Vergleich Ausdruck verliehen:»Wie die Ägypter die Krokodile anbeteten, die sie fraßen, beten wir die Automobile an, die uns totfahren.«

Von allen Geräten, die die Menschen sich haben einfallen lassen, um sich zum Prothesengott aufzuschwingen, ist die Uhr das am besten geeignete, die Dialektik von Selbstbefreiung und Selbstversklavung zu studieren. Ein Zeitgenosse Ossietzkys, der Philosoph Ernst Cassirer, hat diesen Widerspruch von Freiheit und Zwang, von Wert und Unwert der Technik zu seinem Lebensthema gemacht. Er kommt dabei zu dem Schluss, dass eine umfassende Technikbewertung nicht dadurch geleistet werden kann,»dass man ›Nutzen‹ und ›Nachteil‹ der Technik erwägt und gegeneinander aufrechnet – dass man die Glücksgüter, mit denen sie die Menschheit beschenkt, dem Idyll eines vortechnischen ›Naturzustandes‹ entgegenhält und sie, in dieser Abwägung, zu leicht befindet. Hier geht es nicht um Lust und Unlust, um Glück oder Leid, sondern um Freiheit und Unfreiheit. Findet sich, dass das Wachstum technischen Könnens und technischer Güter notwendig und wesentlich ein immer stärkeres Maß an Gebundenheit in sich schließt, dass es die Menschheit, statt ein Vehikel zu ihrer Selbstbefreiung zu sein, mehr und mehr in Zwang und Sklaverei verstrickt: So ist der Stab über die Technik gebrochen.«

Bremsversuche – Entschleunigung als Mittel der Beschleunigung

Dem sich selbst beschleunigenden Tempo haben wir jedoch auch eine nicht geringe Anzahl von Gegenbewegungen zu verdanken. Die Sehnsucht nach der aus dem Blick geratenen Natur und ihren Zeitmustern und Zeiterfahrungen wächst in dem Maße, wie die Natur und ihre Zeitvielfalt verloren gehen und verschwinden. Darauf reagiert heute eine vielgestaltige, hochprofitable Wohlfühl- und Well-

Um den modernen Menschen herum ist gar nichts mehr einfach. *Robert Walser*

nessindustrie. Dort bemüht man sich unter anderem auch um die Wiederbelebung jener Zeitqualitäten, die im Laufe der Beschleunigung unter deren Räder geraten sind. Angeboten werden dort unter anderem aufwendig inszenierte Erfahrungen von Langsamkeit und des Innehaltens, Erfahrungen, die die Hektik der Normalität und die Normalität der Hektik im Alltag nicht mehr zulassen. Aber auch sie können sich der Beschleunigungsdrift nicht entziehen, sind sie doch Teil eines mit der »Zeit-ist-Geld«-Logik operierenden Marktgeschehens, bei dem bekanntlich die Konkurrenz das Geschäft belebt und beschleunigt. So treten die diversen »Entschleunigungsangebote« denn auch in bunter Kostümierung auf, mal als Offerte zum Stressabbau in einer Schweizer Luxustherme mit Bergkräuterbädern, mal als Selbstfindungswochenende auf einer abgelegenen Alm ohne elektrisches Licht oder auch als Ayurveda-Kur in einem schicken Hotel in Sri Lanka. Altehrwürdige, vor 2.000 Jahren von den Römern bereits gegründete Kur- und Badeorte werden kurzerhand zu Wellnessoasen mit Business-Yoga und Anti-Stress-Kuren erklärt und marktgerecht umgestaltet. Im Schlepptau der beliebten Tempoentschlackung kommt jedes zweite Provinzhotel mit einer Sauna- und/oder einer Entspannungslandschaft, mal im frisch ausgebauten Keller, mal im aufgestockten Dachgeschoss daher.

All das würde es nicht geben, wenn es nicht immer mehr überarbeitete Menschen gäbe, die irgendwo in der Provinz in irgendeinem Hotelzimmer aufwachen würden und sich unausgeschlafen und ungewaschen fragen: Wo bin ich? In Berlin, Bielefeld, Nürnberg, Stuttgart oder Essen, oder einem Ort, dessen Name ich vergessen habe? Das ist dann eine Erfahrung, bei der schon mal das Bedürfnis geweckt wird, das Hamsterrad der Tempospirale zu verlassen – zumindest für ein paar Stunden im benachbarten Wellnessparadies.

Auch der wohlschmeckende Protest gegen die sich aggressiv ausbreitende Fast-Food-Welle, die Slow-Food-Bewegung, muss in diesen Zusammenhang gestellt werden, ebenso wie der bei Managern in letzter Zeit sehr beliebte Trendpfad zum Kloster auf Zeit, ganz zu schweigen vom teuren »Do-nothing-Weekend« zwecks Selbstfindung in einem reetgedeckten Cottage an der irischen Westküste.

So, oder so ähnlich, sehen die von der Beschleunigungsgesellschaft offerierten Abbremsangebote für die gehetzten Individuen unserer Tage aus. Doch man sollte sich nicht täuschen. Die sich auf den ersten Blick als attraktive Gegenwelt präsentierenden Angebote, das gilt selbst für Klosteraufenthalte, sind von jenem Nützlichkeitsdenken infiziert, das den Alltag fest im Griff hat. Die Abbremsangebote sind kein Gegentrend, der dem Beschleunigungswahn Einhalt gebieten könnte. Der zehntägige Klosteraufenthalt befreit den Manager nicht von seinem Alltagsstress. Schon am ersten Tag nach dem Boxenstopp hinter den Klostermauern geht's am Arbeitsplatz wieder so weiter wie zuvor. Es ändert sich nichts, die Hektik nimmt nicht ab, der Stress verringert sich nicht und schon gar nichts verändert sich an dem allem unternehmerischen Handeln eingeschriebenen Zwang zu immer mehr Wachstum und immer höherer Beschleunigung. Das gilt für die gesamte Wohlfühlindustrie mit ihren vielen Gesundheits- und Besinnungsangeboten. Sie werden das Alltagstempo nicht verringern und dessen weiteren Anstieg auch nicht verhindern.

Die Wellnessbranche ist inzwischen ein gewichtiges Segment jener »Zeit-ist-Geld«-Dynamik, die sie hervorbringt und von der sie profitiert. Die Langsamkeit ist zwar abgeschafft, sie überlebt aber, und das gar nicht schlecht, als gewinnbringendes Geschäft mit den unerfüllten und unter diesen Bedingungen auch unerfüllbaren Sehnsüchten nach ihr. Längst ist die Entschleunigung ein profitables Mittel zur Beschleunigung. Sie erst bringt das Leben so richtig auf Trab.

Vor hundert Jahren bereits führte man in Deutschland eine breite Debatte über die Frage: »Wie viel Beschleunigung verträgt der Mensch?« Ausgelöst wurde sie damals von dem gegen Ende des 19. Jahrhunderts besonders stark spürbaren Beschleunigungsschub. Alois Riedler, ein zu dieser Zeit einflussreicher Maschinenbauer, erklärte 1899 den »Schnellbetrieb« zum kategorischen Imperativ des technischen Fortschritts. In diesem Zusammenhang führte er die »Schnellpost« ein und setzte den »Eilzug« auf die Schiene. Viele Mediziner hingegen rieten, was die Steigerung des Tempos anbelangte, zur Zurückhaltung. Sie warnten vor einer Nervenkrankheit, der sie den Namen »Neurasthenie« gaben. Der Volksmund sprach von der »Zeitkrankheit«. Ernst zu nehmende Warnungen und Einsprüche konkurrierten in diesem Zusammenhang mit weniger ernst zu nehmenden.

Zu den weniger ernst zu nehmenden Äußerungen zählte die Mahnung des Medizinalrates Dr. Nacke, der »jungfräuliche Damen vor dem Besteigen selbstfahrender Kutschen« warnte. Das schnelle Fahren, so seine Begründung, sei mit Erschütterungen verbunden, die bei den jungen Damen zu »sinnlicher Enthemmung« führen würden. Neurasthenische Beschwerden wurden in erster Linie bei Arbeitskräften diagnostiziert, die mit den Techniken des »Schnellbetriebs« zu tun hatten, besonders häufig bei Telefonistinnen und beim Fahrpersonal elektrischer Motorwagen. Auch beim regierenden Kaiser, dem im Volksmund als »Wilhelm der Plötzliche« verspottete Wilhelm II., dessen Lieblingsparole »mit Volldampf voraus« lautete, diagnostizierte man die Zeitkrankheit. Zu den neurasthenischen Symptomen zählten Überreiztheit, gesteigerte Ermüdbarkeit, Neigung zur »Verzettelung«, Erschöpfungszustände, übermäßige Erregbarkeit, aber auch Spannungskopfschmerzen, Herzbeschwerden und Verdauungsstörungen.

Der Fortschritt, das sah man damals nicht anders als heute, ist ohne Gefahren und Verluste nicht zu haben, genauso wenig sind es die neuen Freiheiten, die wir der Beschleunigung zu verdanken haben. Auch sie gibt es nicht ohne neue Knechtschaft. Auch deshalb, weil der Mensch nicht aus der Zeitordnung der Natur, wie aus einem Fiaker, einfach mal aussteigen kann. »Man hat«, so beschrieb das Robert Musil, »Wirklichkeit gewonnen und Traum verloren.«

Hundert Jahre später, zwischenzeitlich wurde nicht nur mit Volldampf, sondern auch mit Elektrizität weiter aufs Tempo gedrückt, zeigt sich der Alltag in dieser Hinsicht wenig verändert. Die Klagen über den »Schnellbetrieb« wurden noch lauter und vielseitiger. Die Zeitkrankheiten, die diagnostiziert werden, heißen nicht mehr »Neurasthenie«, sondern »depressive Verstimmungen« und »Burn-out«. Allein die Zahl der Tabletten und die Therapievielfalt, mit denen sie und anderes Unwohlsein bekämpft werden, sind in einem Ausmaß gestiegen, das man sich für die Artenvielfalt in der Natur wünschen würde. Dies aber ändert nichts an der Tatsache, dass es allemal besser ist, an der Zeit zu leiden, als von ihr verlassen zu werden ...

Auch weiterhin feiern das kalkulatorische Zeitdenken und die Beschleunigung einen Triumph nach dem anderen. Gemeinsam haben sie die Vorstellung in die Welt gesetzt und verbreitet, man könne Zeit »verlieren«, »gewinnen«, »managen« und sogar »sparen«, man könne Zeitpläne aufstellen und die Zeit nach selbst entworfenen Regeln ordnen. Inzwischen sind diese Vorstellungen, die für einen mittelalterlichen Menschen noch undenkbar waren, so selbstverständlich, dass es für uns heute Lebenden unproblematisch ist, mehr Zeit fürs Zeitmanagement aufzuwenden, als der vormoderne Mensch für seine Gebete um bessere Zeiten. Zeitfragen werden nicht mehr im Himmel gelöst, sondern von den Halbgöttern des Zeitmanagements. Zur Erlösung von unseren Zeitnöten falten wir nicht mehr die Hände und gehen nicht mehr in die Knie, sondern arbeiten gewissenhaft und dabei immer unter Zeitdruck stehend unsere To-do-Listen ab. Lebte der vormoderne Mensch, um erlöst zu werden, so der moderne, um möglichst viel aus der Zeit, die ihm gegeben ist, herauszuholen.

Und so ist es denn auch kein Wunder, dass die Ausrede: »Tut mir leid, keine Zeit« heute zur meistverwendeten und beliebtesten aller Ausreden wurde. Keine Zeit zu haben, fungiert überall dort als eine Art Währung, wo es ums Selbstwertgefühl und um soziale und gesellschaftliche Anerkennung geht.

Neue Zeiten, neues Glück?

Es spricht vieles dafür, dass die Uhr als die wichtigste aller modernen Erfindungen in die Geschichte eingehen wird. Ihre Erfindung war für die Menschheit ein Segen, und noch mehr waren es ihre hohe Akzeptanz und ihr umfangreicher Einsatz. Sie hat, auch wenn das nicht auf alle Individuen zutrifft, die Menschen und die Völker wohlhabender, mobiler und um manch wichtige und schöne Erfahrung reicher gemacht. Sie hat ihre Lebensumstände verbessert, sie von vielen zeitlichen Abhängigkeiten und Einschränkungen befreit. Die Uhr hat einen entscheidenden Anteil an dem Sachverhalt, dass eine große

Anzahl ehemals gewalttätiger Seiten der Natur im Laufe der Zeit domestiziert und unter Kontrolle gebracht werden konnten. Die Wirkung der Uhr jedoch war nicht immer und überall nur segensreich. Sie hat dem Menschen neue Zeitzwänge aufgebürdet und problematische Erfahrung zugemutet. Sie hat die Menschen verführt, die Zeiten und die Zeitmaße der Natur, die der äußeren, aber auch die ihrer eigenen, zu missachten und zu verletzen. Sie hat die Menschen gequält, hat ihnen zuweilen in rücksichtsloser Art und Weise ihren Takt aufgedrückt, hat daran mitgewirkt, sie aus ihren lokalen und sozialen Zusammenhängen zu vertreiben und sie nicht selten auch gezwungen, ihre Gesundheit aufs Spiel zu setzen. Die Uhrzeitrevolution hat zudem nicht alles gehalten, was sie versprochen hat. Realitätsgerechter formuliert: Sie hat nicht eingelöst, was diejenigen versprochen haben, die – ganz und gar nicht selbstlos – für die Veruhrzeitlichung der Gesellschaft und ihrer Mitglieder gesorgt haben. Das trifft vor allem auf jene Hoffnungen und Sehnsüchte zu, die darauf zielten, sich durch die Unterwerfung unter das Diktat der Uhrzeiger zugleich von den Zeitvorgaben der Natur »befreien« und somit frei, unabhängig und in gewissem Maße auch »rücksichtslos« über alles Zeitliche entscheiden zu können. Die weitaus meisten Versprechen, die in diese Richtung gingen, haben sich nicht erfüllt.

So gesehen, fällt die Uhrzeitbilanz zwiespältig aus. Zusammengefasst: Die Zeiten sind im Laufe des Uhrzeitimperiums sowohl besser als auch schlechter geworden. Auf jeden Fall sind sie anders geworden. Hätte die Uhr nicht das Licht und die Zeit der Welt erblickt, dann wäre die Menschheit niemals in den Zeiten der Moderne angekommen – und sie hätte niemals die Erfahrung machen können, dass die Beschleunigung des Lebens eher zu weniger, als zu mehr Zeit führt.

Wenige Jahre vor der Zeitenwende zum 21. Jahrhundert fing der Motor des modernen Fortschritts zu stottern an. Man war, was das Tempo und seine Steigerung anbelangte, an eine Grenze gestoßen. Der Transport von Informationen, sie waren inzwischen zu den wichtigsten Wirtschaftsgütern geworden, hatte die Grenzgeschwindigkeit der elektromagnetischen Wellen erreicht. Damit war die bis-

Dialektik des Fortschritts   147

herige Modernisierungsstrategie, durch eine kontinuierliche Steigerung der Schnelligkeit weiteres Wachstum und Fortschritt zu garantieren, nicht mehr weiter erfolgversprechend. Die Strategie war nach der relativ kurzen Zeit von hundertsiebzig Jahren an ihrem Ende angelangt.

Zwischen einem Minister Goethe, der seine diplomatischen Verpflichtungen am Weimarer Hofe noch mit der Postkutsche absolvierte (und seine Flucht vor diesen Verpflichtungen nach Italien ebenso), und dem gegenwärtigen Außenminister, der innerhalb von nur zwei Tagen vier Staatsbesuche im Fernen Osten abwickelt, liegen lediglich anderthalb Jahrhunderte. Die Beschleunigungsmoderne, die Goethe als eine Zeit erlebt hat, in der man immer nur knapp am Unfall vorbeileben konnte, und sie aus diesem Grund »veloziferisch« nannte, sieht in dieser Situation nicht mehr modern aus; sie sieht alt aus. In einem solchen Augenblick, den wir aus Zeitsicht einen »historischen« nennen können, wird die Uhr, das Gerät, das geschaffen wurde, um Zeitprobleme zu lösen, selbst zum Zeitproblem.

Damit die Moderne auch weiterhin modern bleiben, oder unter einem anderen Namen weitermachen konnte, musste etwas geschehen! Das klingt dramatischer als es ist. Zu heller Aufregung besteht kein Grund und zu hektischen Reaktionen genauso wenig. Denn in diesem Falle zumindest hat die Titanic den Eisberg umschifft. Der Alarm ist abgeblasen, die Aufregung zwischenzeitlich verebbt, der Zeitdampfer ist auf neuem Kurs, die Musik spielt weiter, die Korken knallen wieder und der Sekt fließt in Strömen. Ein Geschwindigkeitsrekord jagt, wie früher, den anderen.

Eine neue, erfolgversprechende Wachstumsstrategie wurde gefunden und hat auch inzwischen ihre Regeln und ihre Strategie erfolgreich etabliert. So sieht sie aus: Es ist nicht mehr länger – wie in der Beschleunigungsmoderne – die Steigerung der *Schnelligkeit*, die für die ökonomisch notwendigen Wachstumsraten sorgt. Die neue Strategie heißt vielmehr: Steigerung der *Zeitverdichtung*. Bei dieser Strategie geht es dann nicht mehr in erster Linie um Pünktlichkeit, Gehorsam und Uhrzeitdisziplin, sondern um Flexibilität, Kurzfristhandeln, schnelle Reaktion und Multitasking. Landauf, landab ist sie spürbar: Überall wird neuerdings vergleichzeitigt und verdichtet; kein neues Gerät, das nicht verspricht, uns dabei zu unterstützen. Auch das verdichtete Zeithandeln wird uns, man kennt es ja noch von der Schnelligkeit, viele neue Chancen und Möglichkeiten eröffnen. Aber es wird uns auch viele neue Zeitprobleme und Zeitkonflikte bescheren. Die Banken und die Börsenhändler haben dafür gesorgt, dass wir einige davon bereits kennenlernen durften. Kurzum: Neue Zeiten sind angebrochen. In Ermangelung eines besseren Begriffes nennen wir sie »postmoderne Zeiten«. Dazu Details im folgenden Kapitel.

III

Alles zu jeder Zeit –
Die Zeit der Postmoderne

Irgendwann kommt jede Zeitreise wieder an der Stelle an, von der sie ausgegangen war: in der Gegenwart. Im Kino muss man dazu bis zum Abspann warten. Das ist hier anders. Es folgen noch zwei weitere Kapitel. Denn was noch fehlt, ist ein detaillierter Blick auf die Gegenwart und vor allem auf die sich bereits abzeichnende Zukunft unseres Umgangs mit Zeit. Was ändert sich, was nicht? Von welchen Zeitproblemen werden wir in der Zukunft aller Wahrscheinlichkeit nach »erlöst«, auf welch neue müssen wir uns einstellen? Wer wird vom Wandel der Zeit und des Zeitgeistes profitieren, und für wen erhöht sich das Risiko, vom Zug der Zeit in Zukunft abgehängt zu werden?

Lassen Sie uns konkreter werden: Überprüfen Sie doch gleich mal an sich selbst, welchem Zeitgeist Sie anhängen. Jenem, der derzeit an Einfluss verliert: dem modernen; oder dem, der soeben dabei ist, zur Normalität zu werden: dem postmodernen. Dass Sie gerade diese Zeilen hier lesen, unterscheidet Sie nicht von anderen Lesern und Leserinnen. Was Sie aber unterscheidet, ist das Arrangement, für das Sie sich entschieden haben, um dieses Buch zu lesen. Haben Sie sich für die von Umberto Eco bevorzugte Variante der ungestörten Lektüre entschieden (»In allem habe ich Ruhe gesucht und habe sie nirgends gefunden, außer in einer Ecke mit einem Buch«), dann gehören Sie zu den »monochronen« Zeittypen. Haben Sie hingegen dafür gesorgt, dass neben der Lektüre noch andere Dinge gleichzeitig Ihre Aufmerksamkeit in Anspruch nehmen, beispielsweise Musik, eine Tasse Kaffee mit Gebäck oder ein empfangsbereites Mobiltelefon, dann ordnet die Wissenschaft Sie jener Personengruppe zu, die »polychrones« Zeithandeln bevorzugen. Im ersten Fall sieht man in Ihnen einen modernen, im zweiten einen postmodernen Menschen, den ich, mit Blick auf dessen Leidenschaft zur Zeitverdichtung durch Parallelaktivitäten, als »Simultanten« bezeichnet habe. Es ist derjenige Sozialtypus, der die modernen Zeiten, und somit auch die modernen Menschen, immer älter aussehen lässt. Um ihn und seine Zeiten geht es im nun folgenden Kapitel.

Der Simultant

Avanti Simultanti

Es sind nicht nur Kleider, wie Gottfried Keller behauptet, die Leute machen, auch Zeiten machen Leute. Fahndet man nach einem Sozialtypus, der das Zeithandeln der Gesellschaft des beginnenden 21. Jahrhunderts prototypisch abbildet und charakterisiert, dann ist das der Simultant. Wie nicht anders zu erwarten, kommt er auch in der weiblichen Ausprägung vor, als Simultantin. Simultanten und Simultantinnen sind die heimlichen Herrscher und Herrscherinnen unserer Zeit. Sie sind die zeittypischen Figuren des beginnenden 21. Jahrhunderts. Sie regieren und dominieren den Zeitgeist und erziehen uns mal mehr, mal weniger diskret zu einem anderen, einem neuen Umgang mit Zeit. Ausgehend von ihrem Zeithandeln lässt sich ein instruktiver Blick auf jene Gegenwartsgesellschaft werfen, die von den einen »nachmodern«, von anderen »postmodern« und dritten »spätmodern« genannt wird. Simultanten trifft man in annähernd allen Bereichen unserer Lebenswelt an. Sie vagabundieren durch die gesamte Gesellschaft. Sie tauchen in der Arbeitswelt wie auch im Medien- und im Unterhaltungssektor auf, man begegnet ihnen aber auch im Privatbereich, sogar im Kindergarten oder in der Schule, auf der Straße sowieso, selbstverständlich ebenso im Straßenverkehr, im Zugabteil, im Supermarkt und in der Lobby von Tausenden Hotels. Waren es im Märchen noch die Igel, die dem rennenden Hasen, dem die Verabredung zum Wettlauf bekanntlich nicht allzu gut bekam, »ich bin schon da« zuriefen, so sind es heute Simultanten, die uns an jeder Ecke wissen lassen: »wir sind schon weiter«.

Grund genug, sich diese Simultanten einmal genauer anzusehen. Letztlich kommt man gar nicht umhin es zu tun, da man, vorausgesetzt man ist nicht bereits selbst einer von ihnen, in naher

Zukunft von ihnen umzingelt sein wird. Und in einer solchen Situation ist es immer nützlich zu wissen, woran man die sanften Belagerer eigentlich erkennt.

Die Antwort kurz gefasst: an ihrer unstillbaren Leidenschaft für Hochgeschwindigkeiten und Mehrfachaktivitäten. Ihr Faible für das hohe Tempo betreffend, unterscheiden sie sich nicht auffällig von ihren modernen Vorläufern. Zu Simultanten erst macht sie ihre neue, andere Strategie, Gas zu geben, die darin besteht, den Zug von morgen bereits heute zu nehmen. Aufs Gas jedoch drücken sie nicht, wie die Tempobolzer der Moderne das gemacht haben, indem sie von mal zu mal schneller werden und für eine kontinuierliche Steigerung der Höchstgeschwindigkeit sorgen, sondern indem sie alles dransetzen, die Verdichtung der Sensationen pro Zeiteinheit voranzutreiben. Ihre zeitkomprimierenden Anstrengungen zielen darauf ab, die zeitliche Bündelung der Handlungsoptionen und die Parallelisierung einer möglichst großen Anzahl von Erlebnismöglichkeiten zu forcieren. Simultanten erkennt man an ihrer prinzipiell unstillbaren, also maßlosen Leidenschaft zur Handlungsverdichtung, zur Vergleichzeitigung und zur Aktionsbündelung. Und genau dieser Begeisterung verdanken sie auch ihren Namen, der ja zugleich auch ihr Programm ist.

Simultanten beschleunigen die Beschleunigung. Sie tun das zum Beispiel ganz konkret, indem sie Termine und Tätigkeiten, die ehemals, einer To-do-Liste folgend, hintereinander abgearbeitet wurden, übereinanderschieben und so mehrere Arbeitsschritte zugleich erledigen. Die jeweils anfallenden Angelegenheiten werden von ihnen nicht mehr länger in der Schrittfolge des »Eins-nach-dem-anderen« erledigt, sondern miteinander und nebeneinander. Keine Tat, so ihre stille Handlungsmaxime, ohne Zutat, keine Tätigkeit, so ihr Leitbild, ohne Nebentätigkeit, keine Beschäftigung ohne zusätzliche Beschäftigung. Wo immer es geht, und es geht häufiger als man denkt und sich vorstellen kann, müssen zwei und mehr Bälle gleichzeitig im Spiel sein. Man glaubt es kaum, aber auch für Simultanten ist – wie für alle anderen Menschen – jeder Tag gleich lang, doch für sie ist er, je nach Verdichtungsgrad, unterschiedlich breit. Einen unverzeihlichen Fehler aber hat er immer: Er kostet

Zeit. Und aus diesem Grund gilt es, mit dem Vergleichzeitigen so früh wie möglich zu beginnen:

Sogleich nach dem Weckerklingeln und einem sportlichen Sprung aus dem warmen Bett lässt sich der Simultant unter dem anregenden Strahl der Dusche von den Radionachrichten übers aktuelle Weltgeschehen informieren. Das, was sich in der Nacht an den ostasiatischen Finanzplätzen getan, oder auch nicht getan hat, nimmt er während der Rasur zur Kenntnis. Auf dem Weg zum Frühstück schaut er kurz – alles, was geschieht, geschieht »kurz«, »schnell« oder es geschieht gar nicht – nach nächtens eingegangenen Faxnachrichten und checkt »schnell« vor dem Frühstück noch die während der Dunkelheit angekommenen Mails. Den Genuss des extra starken Morgenkaffees begleiten das flüchtige Durchblättern der Tageszeitung und zeitgleich der wirtschaftspolitische Morgenkommentar im Radio. Und schon geht's zur Garderobe. Rasch in den Mantel und dann in die Garage. Immer um Zeitverdichtung bemüht, gibt er, sich mit schnellen Schritten dem Auto nähernd, das ferngesteuerte Kommando zum Öffnen des Garagentors. Jetzt schnell Richtung Büro. Bereits vor der ersten Ampel ist der telefonische Kontakt mit diesem hergestellt, um die wichtigsten Vormittagstermine schon mal abzuklären. Anschließend, immer noch am Steuer sitzend, die ersten Kundengespräche, diejenigen, die sich fernmündlich erledigen lassen. Am Firmensitz, einem gläsernen Bürohaus angekommen, gilt der erste Ärger des Tages dem Lift, der, wie so oft, auch diesmal wieder nicht dort ist, wo man ihn braucht. Warten aber, das wäre »verlorene« Zeit und zum Glück gibt's ja das Mobiltelefon. Das aber, und das ist bereits das zweite Ärgernis des Tages, versagt den Dienst in der Aufzugskabine während der hydraulischen »Himmelfahrt« ins Büro. Ungewollt Zeit für einen Blick auf den an die Kabinenwand gesprayten Satz: »Morgen ist Sonntag. Nehmen Sie sich den Tag frei!«

So, oder so ähnlich, aber immerzu zeitverdichtet, geht es tagsüber weiter. Alles muss so fix wie nur möglich geschehen, vieles gleichzeitig, rasch und ohne Pause zwischen den vielen, unterschiedlichen Aktivitäten. Zeit hat man keine, dafür mehr und mehr Stress. *Am späten Abend dann, es ist kurz vor Mitternacht, nickt der Simultant, von der Hektik des Tages erschöpft, schließlich vor laufendem Fernseher ein. Neben sich zwei Fernbedienungen und eine dritte in der schlaff herab hängenden Hand. Und wieder mal hat die innere Natur die Stopptaste schneller gedrückt als das elektronische Zepter des überarbeiteten »homo zappensis«.*

(Un-)Kultur des Sofort

Der Zeitgeist ist mobil. Man ist ständig unterwegs im Netz, auf der Straße und in der Luft. Simultanten sind Verehrer, Bewunderer, Anhänger und Gläubige der Zeitverdichtungsreligion. Darüber hinaus sind sie Virtuosen des Immateriellen und fanatische Anhänger der Optionsvielfalt. Ihre Kultur ist die des Sofort, des Augenblicks, die der US-amerikanische Computerwissenschaftler David Gelernter eine »Kultur der Jetzigkeit« nennt. Die unterschiedlichen Welten, in denen sie sich in surfender Art und Weise fortbewegen, sind nur in Ausschnitten sichtbar und einsehbar. Es sind Welten, die kein erkennbares Steuerungszentrum besitzen, die wenig transparent sind und sich der Überschaubarkeit weitestgehend entziehen. Sie verlangen eine breite und hohe Flexibilität, erfordern ein permanentes Jonglieren mit ganz unterschiedlichen, nicht selten inkompatiblen Anforderungen. Sie drängen zu raschen Reaktionen und verlangen die Bereitschaft, pausen- und bedenkenlos von einer Welt zur anderen zu wechseln, oder, wie Simultanten mit Vorliebe sagen, zu »switchen«. Ebenso wie in ihrer Freizeit auf dem Surfbrett, warten die leidenschaftlichen Zeitverdichter auch im Internet immerzu auf die ideale Welle, ohne jedoch vorausschauend einschätzen zu können, ob diese winzig sein wird oder ein Tsunami. Sie lassen sich von all dem, was auf sie zukommt, tragen und passen sich den Gegebenheiten elastisch und flexibel an. Probleme sind für sie in erster Linie existent, so ihre Auffassung, um sie möglichst rasch zu lösen. Dort, wo das nicht gelingt oder schwierig ist, werden sie zum Projekt gemacht und, bei Bedarf, in modifizierter Form immer wieder neu aufgelegt. »Freude«, so ihr Glaubensbekenntnis, das sie sich von der Autofirma BMW abgeschaut haben, »ist ein Leben voller Möglichkeiten«.

Ideal der Simultanten ist ein Leben ohne Zeitverlust. Dem bemühen sie sich mit einer nicht mehr zu überblickenden Anzahl stationärer und transportabler Geräte, allesamt Multifunktionsinstrumente, anzunähern. Die vielen Kleingeräte, die Simultanten mit sich herumtragen, sind für sie weit mehr als nur hilfreiche Werkzeuge. Wie sonst ließe es sich erklären, dass sie ihnen zärtlich-liebevolle Namen geben, als handle es sich bei ihnen um argloses, unschuldiges Kuschelspielzeug für Kleinkinder. Wie Fünfjährige von ihrem ersten Fahrrad, schwärmen fünfzigjährige Zeitverdichter von ihrem neuen Handy, ihrem tollen Blackberry, der neuesten Navi-Generation, dem iPod, iPhone und iPad und der Skibrille von Recon mit eingebautem GPS, Geschwindigkeits-, Höhen-, Temperatur- und Zeitmesser. Das tun sie vor allem, weil sie die Schmusegeräte überallhin mitnehmen können, aber sie verehren sie auch, weil diese, wie einst ihre Mütter, rund um die Uhr für sie zu Diensten sind. Die transportablen Alleskönner in den Hand-, Hosen- und Jackentaschen kennen keine Pausen, machen keinen Urlaub und richten sich weder nach geregelten Arbeits- und schon gar nicht nach festen Ladenschlusszeiten. All das ist ihnen so unbekannt wie auch der Unterschied von Werk- und Feiertag. Sie sind fürs stete Unterwegssein gemacht und halten ihre Nutzer ständig in Bewegung. Ihre Zeiten heißen »stand by« und »on demand«. Zeitformen, die ebenso für das alltägliche Zeithandeln der Simultanten Orientierungs- und Vorbildcharakter haben.

Das zumindest lässt eine Anzeige der Firma »intel online services« in einer viel gelesenen Frankfurter Tageszeitung vermuten: »web hosting ist nichts für leute, die an normalen bürozeiten hängen. Die mitarbeiter von intel online services sind genau so exakt wie die technik, mit der sie arbeiten. Das internet ist völlig unbarmherzig, absolut unnachsichtig und durch nichts zu ermüden. Um die kontrolle zu bewahren, verhalten sich unsere mitarbeiter ebenso [...] in der new economy gibt es keine kaffeepausen.«

Simultanten und selbstverständlich auch Simultantinnen sind, was ihr Zeithandeln betrifft, in ihrem Tun und ihrem viel zu wenig vorkommenden Lassen von den Hochgeschwindigkeitstechnologien, die sie kritiklos bewundern, geprägt. »Zu Hause« (eine eigentlich antiquierte Vorstellung im Zeitalter des Simultaneismus) fühlen sie sich auf den fliegenden Teppichen der digitalen Welten, mit deren Hilfe sie in Sekundenbruchteilen annähernd jeden Punkt auf diesem Globus erreichen. Was sie wiederum zur Illusion verleitet, eine von Ort und Zeit unabhängige Existenz führen zu können.

Fasziniert von den Möglichkeiten zu raschem Richtungswechsel und der Konstruktion artifizieller Welten, wechseln und switchen sie von einem Datenfluss zum nächsten. Mit dem Joystick oder der Maus in der Hand sind sie, und das von Kindesbeinen an, auf flimmernden Oberflächen unterwegs und surfen auf ihnen, wie sie das in ihrer Freizeit auch mit dem Brett auf dem Wasser tun, ziellos vor und zurück, hin und her, auf und ab. Ihr nautischer Blick sieht kein festes Land, kennt nur eine unendlich große Anzahl liquider, verwirbelter, labyrinthischer Möglichkeitsräume. Alles fließt, nichts ruht, nichts ist fest verankert, nur selten mehr etwas stabil. Es ist die chamäleonhafte Hyperflexibilität, die sie bewundern und anstreben.

Simultanten entscheiden sich, wenn's um ihre Berufsausbildung geht, nicht wie das Generationen vor ihnen getan haben, für eine Ausbildung, wie sie das offizielle Verzeichnis der staatlich anerkannten Berufe auflistet. Sie navigieren »irgendwie«, aber immer flexibel und stets auf dem Sprung, durch ihr abwechslungsreiches Arbeits- und Privatleben. Sie surfen auf der Welle kurzfristiger Angebote und Aufträge von einem Job zum anderen, stolpern, springen, hüpfen, von einer Tätigkeit zur nächsten, selbstverständlich online und immerzu am Rande der Reizüberflutung. Der Ball muss rollen, muss, wie die Spieler auch, ununterbrochen in Bewegung sein, treu dem Wahlspruch von Jules Vernes' Kapitän Nemo: »Mobilis in mobili« (Beweglichkeit im Beweglichen). Mit dem nicht ganz belanglosen Unterschied zu Kapitän Nemo, dass, wo immer sie sich auch aufhalten, sie sich von ihrem Navigationsgerät Richtung und Standpunkt sagen lassen. Das geht auch nicht anders, da ihnen alle Sterne, an denen sich ihre Vorfahren einstmals orientierten, längst erloschen sind.

Selten nur verlassen Simultanten ihre Wohnung oder ihre Arbeitsstelle ohne empfangsbereites Mobiltelefon. Alle sind sie Repräsentanten des »homo telefonensis« und spekulieren in dieser selbst gewählten Rolle fortwährend mit der Möglichkeit, dass ihnen jeder-

158 **III** Alles zu jeder Zeit – Die Zeit der Postmoderne

zeit etwas Wichtiges »dazwischenkommen« könnte. Die ständige Erreichbarkeit durchdringt ihre Simultantenexistenz wie die Tinte das Löschblatt. Das wiederum erklärt – entschuldigt aber nicht – den Sachverhalt, dass einstmals stille, abgelegene Bergseen, ruhige Meeresbuchten und romantische Almwiesen neuerdings immer häufiger von belanglosem Telefongequatsche kontaminiert werden. Dass dabei zuweilen die Grenzen zwischen »wichtig« und »wichtigtun« überschritten werden, schmeichelt ihrem Narzissmus des »Immerzugebrauchtwerdens«. Simultanten legen Wert darauf, ihrem Ruf als »Legionäre des Augenblicks« (Nietzsche) stets gerecht zu werden. So ist es denn auch kein Wunder, dass sich der Simultant für seinen Blackberry, sein Notebook, sein iPhone und sein iPad mehr Zeit nimmt als für seine Freunde und Freundinnen, Ehefrau und Kinder zusammengenommen. Im Hinblick auf ihr symbiotisches Verhältnis zu ihren Kleingeräten folgen Simultanten dem Befehl unzähliger Fernsehmoderatoren an ihre Zuschauer: »Bleiben Sie dran!« Eine Anweisung, die nicht nur zum kategorischen Imperativ ihres Zeithandelns geworden ist, sondern zugleich auch zum Konzentrat ihrer Philosophie des permanenten Dabeiseins. Noch in der Zeit, als es keinen Computer gab, hat der Dichter Gottfried Benn bereits eine dahingehend passende Empfehlung gegeben: »Steigern Sie Ihre Augenblicke, das Ganze ist nicht mehr zu retten.«

Goodbye Limits

Simultanten sind »always online«. Vor einem Terminal sitzend, bewegen sie sich auf elektronischem Wege durchs endlose Universum der Kommunikation. Der größte Teil ihres Alltags findet im Netz statt. In dieses kommen sie erheblich leichter und auch viel rascher hinein als wieder heraus. In den grenzenlosen und dunklen Weiten, den Tiefen und Untiefen des Internets kennen sie sich besser aus als an ihrem Wohnort; hier sind sie mehr zu Hause als in den sozialen Milieus ihrer Nahwelt, der Realität und ihrer natürlichen Umgebung. Es ist für sie weder ein Problem noch ein Anlass nachdenklich zu werden, wenn sie mal wieder das Gezwitschere einer Mönchsgrasmücke mit den Signaltönen ihres Mobiltelefons verwechseln. Ihre Leidenschaft gilt nun mal der Zeitverdichtung, und da ist das Handy wichtiger und irgendwie auch praktischer als ein Singvogel. Pausen, Wartezeiten, Unterbrechungen, alles Zeitqualitäten des »Dazwischen«, sind ihrer Meinung nach nichts anderes als möglichst rasch mit irgendwelchen Aktivitäten aus- und aufzufüllende ärgerliche Störungen. In ihren Augen sind ungenutzte Zeiten verlorene Zeiten, denn nur Verlierer, so ihre Unterstellung, haben Zeit. Gewinner, und dazu zählen sie sich, bekommen ständig irgendwelche Textbotschaften, Anfragen und Anrufe und alle zwei Minuten floatet eine Brandmail rein. Ihren Tag orchestrieren sie von zwei Bildschirmen gleichzeitig aus, um ohne Unterbrechung am »sausenden Webstuhl der Zeit« aktiv sein zu können. Pausen und Wartezeiten akzeptieren sie weder als fruchtbare Zeiträume, die zum Nachdenken, Abstand- und Überblickgewinnen auffordern und anregen, noch sehen sie in ihnen eine Chance, mal für einen Moment auszuspannen und »Fünfe gerade sein zu lassen«. Für sie sind Pausen, falls diesen überhaupt ein Sinn zugestanden wird, günstige Gelegenheiten, die Mails zu checken und die Mailbox abzuhören. Ein Grund, weshalb sie immer so verhetzt aussehen und einem Verbrecher auf der Flucht gleichend ihre Wohnung, weil's schneller geht, nicht durch die Türe, sondern durch ein soeben offenes Zeitfenster verlassen. Zeiten, die sich nicht beschleunigen lassen, die sich der Verdichtung von Erlebnissen verweigern, gelten ihnen als »Zeitkiller«, denen man mit allen zur Verfügung stehenden technologischen Mitteln den Krieg erklären muss. Haben es Simultanten zu politischem Einfluss gebracht, bringen sie, wie das in U-Bahnhöfen Hongkongs der Fall ist, Hinweise an, die das Warten und Herumstehen zu einer strafwürdigen Handlung erklären.

Leben heißt für Simultanten Unterwegssein. Die sich selbst verordnete Dauermobilität unterbrechen sie nur hin und wieder zu fixen Kurzstopps an den Tankstellen der Schnellversorgung: an Tiefkühltruhen, in Schnellrestaurants und rastlosen Raststätten. Immer haben sie zu wenig Zeit und das legt den Verdacht nahe, dass ihre Zeitknappheit möglicherweise der Angst geschuldet ist, irgendwann einmal zu viel Zeit haben zu können. Zu wenig Zeit haben Simultanten auch deshalb, weil sie – Vorbilder, Vorgaben, Traditionen und Gewohnheiten sind ihnen suspekt – ständig damit beschäftigt sind,

160　III　Alles zu jeder Zeit – Die Zeit der Postmoderne

sich selbst zu managen und neu zu erfinden. Kurzum, Simultanten fehlt es nicht an Arbeit, an Zeit hingegen fehlt es ihnen immer. Die vielen Freiheiten wollen ja genutzt werden und die zahlreichen Optionen aus dem Magazin der Möglichkeiten ebenso. Überall, wo etwas geschieht, geschieht ja auch noch etwas anderes – das macht Zeitdruck. Das befristete Leben wird »zur letzten Gelegenheit« (Marianne Gronemeyer). Reden Simultanten von Freiheit, dann sprechen sie meist von Wahlfreiheiten. Sie fühlen sich dort am wohlsten, wo ihre Handlungsspielräume am größten sind und wo ihnen der Jahrmarkt der Optionen die Entscheidung zwischen möglichst vielen Alternativen eröffnet. Entscheiden aber tun sie sich auf den Rummelplätzen der Wahlmöglichkeiten nicht allzu gerne, denn dann müssten sie sich festlegen und andere Möglichkeiten ausschließen. So entscheiden sie sich für alle Möglichkeiten – also gar nicht.

Sozial gesehen sind Simultanten Nestflüchter. Verbindliche Beziehungen und langfristige Bindungen gehen sie nur dann ein, wenn es sich nicht vermeiden lässt. Um den Erhalt der Optionsvielfalt bemüht, pflegen sie nur lockere Freundschaften, leben lieber in partnerschaftlichen Verhältnissen als in fester Bindung. Die Entscheidung für eigene Kinder fällt ihnen schwer, denn sie sehen in ihnen zuallererst Verdichtungs- und Beschleunigungsbremsen. Kinder beharren bekanntlich auf ihrem eigenen Tempo, fordern langfristige Beziehungen und Bindungen und brauchen Erfahrungen, die über einen langen Zeitraum konstant bleiben und über dauerhafte Verbindlichkeit verfügen. Kurzum, sie benötigen, was das Internet nicht nur nicht bietet, sondern auch verhindert. In einer Familie geht es nun mal anders zu als auf dem Börsenparkett und analoger als in den Weiten des Cyberspace. Im familiären Mikrokosmos geht es um die richtige, die stabile und die möglichst langfristig gültige Balance zwischen Kurzfristigkeit und Langfristigkeit, zwischen zeitstabilen Regeln, Verbindlichkeiten und vertrauensvollem Festhalten einerseits und flexibler Reaktion und raschem Wechsel andererseits.

Das aber ist nicht die Welt, in der sich Simultanten wohlfühlen. Mehr als Kinder liebt der »homo simultans« daher die Unabhängigkeit beziehungsweise das, was er darunter versteht. Unabhängigkeit versprechen sich Simultanten so beispielsweise von jenen vielen Errungenschaften der digitalen Revolution, die sich vor allem durch die Vorsilbe »multi« profilieren: Multimedia, Multitasking, Multiprojecting, Multiplex, Multiplayer, Multioptionalität, Multifunktionalität. Sie begeistern sich für die jeweils neueste Technologie und statten sich mit einer Armada an technischen Prothesen aus, deren Namen so wichtigtuerisch sind, wie manch ihrer Besitzer tut. Simultanten kennen sich in den ständig wachsenden Hochstapelregallagern der neuen Technologien hervorragend aus. Es gehört zu ihrem Selbstverständnis, dass sie sich, was die Ausstattung mit Technologien betrifft, stets an vorderster Front aufhalten. Und so werden sie auch dann auf der Poleposition zu finden sein, wenn das Internet, wie für die nahe Zukunft angekündigt, demnächst durch ein besseres und umfangreicheres Angebot – »Evernet« ist das aufblasbare Plastikwort dafür – übertrumpft werden wird.

Simultanten leiden unter chronischem Zeitmangel, nicht zuletzt, weil sie, um den Anschluss nicht zu verpassen, nicht umhinkommen sich Gedanken zu machen, ob sie sich nicht demnächst eine Outdoor-Funktionsjacke mit integriertem Multifunktionshandy und einen Kühlschrank mit Internetanschluss zulegen sollten. Das Simultantendasein ist nun mal eine selbst konstruierte Existenz im Zwiespalt der Erwartung eines nicht enden wollenden Mehr und der Angst vor dem Weniger. So etwas macht Stress, steigert Zeitnot, Atemlosigkeit und pseudoaktives »Rumgewusel«.

Alle Fragen, die mit »Sinn« zu tun haben, spielen bei Simultanten, wenn überhaupt, nur eine randständige Rolle. »Sinn« ist für sie keine relevante Kategorie. Sie sind der Überzeugung, Sinnfindungsprozesse würden die gewünschte Zeitverdichtungsdynamik nur bremsen oder eventuell sogar stören. Falls trotzdem Fragen nach dem Sinn ihres Tuns auftauchen sollten, so sei den Simultanten Robert Musils *Mann ohne Eigenschaften* empfohlen. Der war überzeugt, »es ginge besser ohne Sinn«. So können sie – von der Sinnfrage kurzerhand literarisch befreit – fröhlich den Rechner hochfahren und wieder beruhigt ins Internet gehen oder den Fernseher einschalten. Dort sagt ihnen dann ihr Zeitgenosse Homer Simpson,

Was nützt
Geschwindigkeit,
wenn der
Verstand
Verstand unterwegs
Verstand ausläuft?

Karl Kraus

nicht frei von Ironie, was sie bereits wussten und täglich erleben:
»Dem Fernsehen verdanke ich es, dass ich nicht mehr weiß, was vor
acht Minuten war.«

Simultanten verstehen Leben und Biografie als eine Art Projekt,
das sich jenseits der Festanstellung vollzieht. Sie surfen, switchen
und stolpern von einer Tätigkeit zur nächsten, arbeiten an drei und
mehr Dingen zugleich, tun das für drei und mehr Auftraggeber an
unterschiedlichen Orten. Skeptisch beäugen sie alles Stabile,
vermeiden dauerhafte Festlegungen und langfristig geltende Verbindlichkeiten. Spontaneität, Kurzfristigkeit und rasche Veränderungen stehen auf ihrer Werteskala ganz weit oben. Belange, die es
zu regeln gilt, arrangiert der Simultant vorzugsweise durch individuelle Vertragsbeziehungen. Er scheut kollektive, insbesondere
aber tarifvertragliche Abmachungen und rechtsverbindliche Festlegungen. Er fühlt sich als Unternehmer seiner selbst und nennt
sich auch gerne so, und ist doch bei näherem Hinsehen häufig nicht
viel mehr als ein digitaler Wanderarbeiter. Erkundigt man sich bei
Simultanten nach dem, was sie so tun, was sie arbeiten, erhält man
nicht selten den Hinweis: »Schau dir doch im Internet mein Pro-
jektfolio an.« Zeitlichen Vereinbarungen verweigern sie sich mit der
tröstenden Formel: »Ich ruf Dich an!« Weltanschauliche Festlegungen lehnen sie genauso ab wie parteipolitische Bindungen, und
doch tragen sie diese stolz auf ihren T-Shirts. »*Goodbye Limits*«
kann man dort lesen.

Die Welt als Buffet

Wie vieles, das wie neu anmutet, so hat auch die auf Zeitverdichtung
zielende Multitaskingleidenschaft der Simultanten Vorläufer, die
aber zu ihrer Zeit ohne gesellschaftlich und zeitpolitisch wirkmächtige Effekte waren. Parallelarbeit ist, historisch betrachtet, nichts
Neues. Als hin und wieder praktiziertes Einzelphänomen kennt
man Multitasking bereits aus der Antike. Alle, die in ihrer Schulzeit
am Lateinunterricht teilgenommen haben, erinnern sich vielleicht
noch an den etwas selbstgefälligen Satz aus dem *Gallischen Krieg*:
»Caesari omnia uno tempore erant agenda« (»Cäsar musste alles
gleichzeitig tun«). Cäsar, der Stammvater aller Simultanten. Diese

Rolle hätte ihm sicherlich gefallen. Er konkurriert dabei mit dem großen Dichter der Frührenaissance, mit Francesco Petrarca. Gleich mehrmals erwähnt dieser in seinen Schriften, dass er im Sattel sitzend die oberitalienischen Lande auf dem Pferderücken durchquerte und dabei gleichzeitig geschrieben, gedichtet und die Zügel in der Hand gehabt hat. Bekanntlich wurden inzwischen Pferde von Pferdestärken verdrängt, und seitdem ist das, was zu Petrarcas Lebzeiten ungewöhnlich war, viel zu wenig an Parallelaktivität, um damit Eingang in die Literaturgeschichte zu finden. Mit großer Wahrscheinlichkeit war Petrarca auch das erste Multifunktionsgerät der Geschichte bekannt, das Astrolabium. Es diente der Positionsbestimmung von Himmelskörpern, zugleich auch der Zeitmessung und der Ermittlung der geografischen Breite. Nicht bekannt hingegen war Petrarca die »Mehrzweckhalle«, ein überdachtes, für unterschiedliche Veranstaltungsarten geeignetes Bauwerk. Es handelte sich dabei um einen in den Sechzigerjahren des vergangenen Jahrhunderts zum Lieblingsprojekt der sozialdemokratischen Kommunalpolitik erkorenen Multitaskingvorläufer.

Auf eine relativ lange Vergangenheit kann auch die Simultaneität von Essen und Arbeiten zurückblicken. Beachtlich und auffällig ist deren Formenvielfalt. Sie reicht von der Stulle am Schreibtisch bis zum üppigen Sechs-Gänge-Menü mit Topkunden und Arbeitskollegen. Bereits zu Beginn des 20. Jahrhunderts konzipierte der exaltierte italienische Futurist Marinetti ein Simultanessen, das es erlaubte, »die verschiedenen Aktivitäten (schreiben, gehen, reden) fortzusetzen und gleichzeitig Nahrung zu sich zu nehmen«. Das kommt einem heute irgendwie bekannt, aber nicht ungewöhnlich vor. Es ähnelt auffällig jener Form der Nahrungszubereitung und des Nahrungsverzehrs, die unter dem Namen Fast Food in den letzten Jahrzehnten Karriere gemacht hat. Auch das Nahrungsangebot in Gestalt des Buffets, das heutzutage in annähernd jedem Hotel zum Standardangebot gehört, erinnert stark an Marinettis Simultanessen.

Was ist eigentlich ein Buffet und was ist das Besondere an ihm? Das Buffet löst die Reihenfolge der Gänge beim Essen auf. Es setzt die Abfolge der Essensgänge nach dem Prinzip des »Eins-nach-dem-anderen« zugunsten der Vergleichzeitigung außer Kraft. Ein Buffet ist ein Speiseangebot, das dem Handlungsprinzip des »Alles-gleich-zeitig-jederzeit-und-sofort« huldigt. Zusätzlich entlastet es auch noch von den zeitaufwendigen Ansprüchen des traditionellen Regelsystems bürgerlicher Esskultur. Das Buffet verlangt nur mehr Schrumpfformen von Etikette und erklärt die Verbindlichkeiten gemeinsamer Essenszeiten für unwirksam. Man muss nicht essen, was einem serviert wird, kann den Käse vor der Suppe verspeisen, den Braten zusammen mit der Nachspeise verzehren und entscheiden, wann man wovon zu sich nimmt. Worauf man hingegen bei dieser Form der essbaren Vergleichzeitigung verzichten muss, sind ein gutes Risotto und eine von Hand geschlagene Zabaione. Auch das Buffet hat seinen Preis, wie so vieles von dem, was wir euphorisch als Neuerung begrüßen.

Für Frauen, das trifft in erster Linie auf Mütter zu, ist Multitasking ein alter Hut. Immer schon haben diese während der Hausarbeit (und bis vor nicht allzu langer Zeit auch während der Feldarbeit) ihre Kinder gestillt, die etwas älteren kontrollierend im Blick gehabt, sich mit ihnen unterhalten und zugleich in der Küche herumgewerkelt. Heute hören sie, während sie die Soße umrühren, den Familienfunk, führen mehr oder weniger lange Telefongespräche, checken zwischendurch schnell mal ihre Mails und skypen mit der in der Ferne weilenden Verwandtschaft. Für Frauen gehörte Multitasking immer schon zum Alltag. Karriere jedoch konnten sie damit nicht machen, und das hat sich bis heute kaum geändert.

Es ist noch nicht allzu lange her, einige wenige Jahrzehnte, seitdem die zeitverdichtende Aktivitätsvielfalt die häuslichen vier Wände verlassen und einen nicht mehr zu übersehenden breiten Öffentlichkeitscharakter angenommen hat. Begleitet wurde und wird sie von einer Jahr für Jahr größer und bunter gewordenen Armee unterschiedlichster Multitasinggeräte. Inzwischen hat die Bewegung des Simultaneismus' annähernd sämtliche Bereiche des Daseins erobert, ergattert und durchdrungen. In allererster Linie trifft das auf die Arbeitswelt zu, von der die Zeitstrategie der Beschleunigung durch Leistungsverdichtung ja auch ausging. Sie schlägt sich vor allem in der Verkürzung von Intervallen, der Vermeidung von Wartezeiten, der Abschaffung und Verkürzung von Pausen, der Eliminierung von Übergängen und der Parallelisierung von Arbeitsschritten nieder. Ziel ist es, in jeder Zeiteinheit so viele geldwerte Handlungs- und Erlebnisepisoden unterzubringen wie möglich.

Die prominentesten Parameter der Strategie der Beschleunigung durch Leistungsverdichtung sind: ehrgeizige Renditeziele, Kostenreduktion, enge Ziel- und Zeitvorgaben, so wenig fest angestellte Arbeitskräfte wie möglich. Auf dem Weg dorthin begegnet man immer häufiger gestressten Mitarbeitern, den Telefonhörer an einem Ohr, das Headset am anderen, die zugleich die Tastatur ihres Computers bearbeiten und im gleichen Augenblick auch noch das Geschehen auf drei verschiedenen Bildschirmen verfolgen. Fragt man diese nach ihren Wünschen, also nach dem, wonach sie sich so sehnen, antworten sie:»Etwas Reales wäre mal wieder ganz schön.« Das jedoch setzte voraus, dass sie von ihrem Kalkül, mittels immer mehr Zeitverdichtung und Vergleichzeitigung zu immer mehr Geld- und Güterwohlstand und Ereignisreichtum zu kommen, Abschied nehmen müssen, um dadurch wieder zu mehr Leben zu gelangen.

Zeit- und Leistungsverdichtung macht sich, neben der Arbeitswelt, auch im Freizeitbereich breit. Selbst im Bildungs- und Beratungssektor schreitet sie voran, und mehr und mehr erobert sie auch die Sport-, die Kunst- und die Kulturszene. Was die Zeiterfahrungen, das Zeitempfinden und die Zeitwahrnehmungen der Subjekte betrifft, so gehen mit der Ausbreitung des Simultaneismus Veränderungen einher, die das Zeiterleben und das Zeitleben nicht unberührt lassen. Auch ändert sich der soziale Umgang der Menschen untereinander, die Geschwindigkeit der Kommunikation wächst, Beziehungen werden kurzfristiger und fragiler, das Mitmenschliche und das politische Handeln nicht weniger. Die Nah- und die Fernwelten werden, obgleich erheblich mehr und schneller miteinander kommuniziert wird als je zuvor in der Geschichte, undurchsichtiger, verwirrender und widersprüchlicher.

Paradoxer wird auch der Alltag: Gleichzeitig ist man an- und abwesend, gleichzeitig ist man hier und dort, nah und fern, alleine und in Gesellschaft. Das Ferne ist zwar nicht mehr fern, aber deshalb nicht näher. Ist man einsam, dann meist gemeinsam. Einsam aber braucht

Der Simultant 167

man nicht zu werden, hat doch die katholische Kirche die Vergleich-
zeitigungskünste von Padre Pio, dem die Gabe der Bilokalität an
mehreren Orten gleichzeitig predigen zu können nachgesagt wurde,
durch dessen Seligsprechung gewürdigt. Er steht bei Bedarf in jeder
italienischen Eckkneipe, die etwas auf sich hält, in Form eines Fotos
an der Wand als unaufdringlicher Gesprächspartner zur Verfügung.

Neumöblierung der Lebenswelt

Das Rekordtempo, mit der sich derzeit die Neumöblierung der verschiedenen Lebenswelten mit Computern, Kommunikations- und
Fernsteuerungssystemen vollzieht, hat die Welt in eine freigeschal-
tete, drahtlose, schnelle und verdichtete Welt verwandelt. Das wirklich Neue der neuen Geräte und Instrumente ist deren Allzeitpräsenz.
Gelang es Kaiser Karl V. mit der Bemerkung, in seinem Reich ginge
die Sonne niemals unter, in die Geschichte und die Bücher über diese
einzugehen, so ist das für die heutigen Global Player selbstverständlich. Der Lichtschalter und die neuen Technologien stehen ihnen
vierundzwanzig Stunden am Tag, sieben Tage die Woche zur Verfügung. Es sind die Multifunktionsapparate mit ihren diversen Ab-
kömmlingen und Paladinen, die für einen Zeitverdichtungsschub von
bisher unbekannter Intensität und Breitenwirkung gesorgt haben.

Der von den Nutzern dafür zu zahlende Tribut heißt »Zeitnot«.
Die gewonnenen neuen Zeitfreiheiten und Handlungsmöglichkeiten machen die Individuen reicher und ärmer zugleich. Reicher
werden sie an Geld-, Güter- und Ereigniswohlstand, ärmer hingegen an Geduld, Beharrungsvermögen, Besinnung, Ruhe und
gemeinschaftlich verbrachter Zeit. Zeitdiagnostiker sprechen von
einer Jederzeit-Gesellschaft, der »24/7-Gesellschaft« und bringen
damit zum Ausdruck, dass die Menschen heute 24 Stunden am Tag
und sieben Tage die Woche in Bereitschaft sind. Zur Erinnerung:
Im Wörterbuch der Brüder Grimm taucht das Wort »Nachtleben«
erst 1889 auf und da nur im Zusammenhang mit Tieren und Pflanzen. Hundert Jahre später kann man sich bei Bedarf zur Geister-
stunde eine Schrankwand kaufen und sich das ganze Jahr über in
Käthe Wohlfahrts Weihnachtsladenkette »Süßer die Glocken nie
klingen« ins Ohr säuseln lassen.

Multitasking – ein dem Fachjargon der Informatiker entnommener Begriff, der die Vervielfachung der Handlungsmöglichkeiten durch einen Mehrprozessbetrieb beschreibt – ist auf dem besten Wege, zum herausragenden Signum des 21. Jahrhunderts zu werden. Das belegt auch die Meldung eines führenden deutschen Wirtschaftsmagazins, in dem zu lesen ist, dass sich 97 Prozent der 14- bis 29-Jährigen ein Leben ohne Mobiltelefon, dem beliebtesten und am meisten verbreiteten aller Multifunktionsgeräte, überhaupt nicht mehr vorstellen können. Im Jahr 2006 überschritt in Deutschland die Zahl der Mobilfunkanschlüsse die der Einwohner. Andere Länder hatten das schon eher geschafft. Eine texanische Hausfrau, so berichtet eine amerikanische Studie, verbringt mehr Zeit mit Telefonieren als mit ihren Kindern und der Zubereitung der Mahlzeiten zusammen. Bei Männern hat man auf eine diesbezügliche Erhebung verzichtet, man war sich wahrscheinlich sicher, was dabei herauskommen würde.

Zur Veranschaulichung dessen, was Multitasking ist und wie man sich Multifunktionalität vorzustellen hat, wird gerne das Schweizer Armeemesser als Muster herangezogen. Bekanntermaßen handelt sich dabei um ein rotes Taschenmesser mit einem Schweizerkreuz, in das neben mehreren Messern unterschiedlicher Größe noch eine Vielzahl kleinerer Werkzeuge, vom Korkenzieher bis zum Zahnstocher, integriert ist. Die Attraktivität dieses Vielzweckgegenstandes geht weit über die militärische Verwendung hinaus. In erster Linie beruht sie auf der potenziellen multifunktionalen Einsetzbarkeit des Messers. Die ist jedoch auf handwerkliche Aktivitäten begrenzt. Erheblich breiter hingegen sind die Attraktionen der elektronisch gesteuerten Multitaskinggeräte. In der Los Angeles Times schildert ein siebzehnjähriger »digital native« (also einer jener Eingeborenen der digitalen Welt, die mit den allerneuesten Errungenschaften wie Facebook, YouTube, MySpace, Wikipedia und Twitter aufgewachsen sind und bereits mit zwei Jahren telefonieren konnten), was ihn am Multitasking so fasziniert: »You can open five or six programs simultaneously: work on a project, type a report, watch YouTube, check e-mail and watch a movie.«

Der Simultant 169

Simultanten lieben ihre Geräte und die Geräte lieben sie. Die religiös-erotische Energie, die das Geld für die Unternehmer hat, haben die transportablen Kleingeräte für die Simultanten. Das in erster Linie auch, weil sie als universell einsetzbare Tempomaschinen vieles können und vieles zugleich können. Den Computer kann man als Spielgerät, aber auch als Informationsmaschine nutzen, er lässt sich zum Fotoarchiv machen, bei Bedarf auch als Fernsehapparat einsetzen, als Videorekorder, Rechner, Schreibmaschine, und häufiger als man sich selbst eingesteht wird er hochgefahren, um die Langweile zu vertreiben und dabei umgehend für neue zu sorgen. Darüber hinaus, und das macht den Rechner zum Vorbild, quasi zur Mutter aller Multitaskinggeräte, kann er noch für vieles andere verwendet werden, selbst für Funktionen, die derzeit noch gar nicht abzusehen sind und von denen wir heute noch nicht wissen, dass wir demnächst nicht mehr auf sie verzichten werden können. So sorgt der Computer, tragbar oder nicht, für einen Verdichtungsschub von unvorstellbarer Intensität und Breitenwirkung. Er beschleunigt annähernd alles, das Rechnen, das Lesen, das Schreiben. Er speichert, filtert, ordnet, sucht und findet in Sekundenbruchteilen alles Mögliche und Unmögliche – Vorgänge, die vor gar nicht langer Zeit noch ganz viel Zeit in Anspruch nahmen.

Besonders großer Beliebtheit erfreut sich Multitasking im Straßenverkehr. Man begegnet dort Jongleuren der Simultaneität, die ihr Fahrzeug mit mehr als 150 Stundenkilometer steuern, dabei endlos lange Telefongespräche führen, die glühende Zigarette im Mundwinkel, den Verkehrsfunk auf Dauerempfang, die höfliche Frauenstimme aus dem satellitengestützten Ortungssystem, zärtlich »Navi« genannt, im Ohr und zwei sich streitende iPod-verstöpselte Kinder auf dem Rücksitz. Fortgeschrittenen Simultanten gelingt es sogar, sich bei hohem Tempo den Dreitagebart abzurasieren, während es Simultantinnen vorziehen, ebenso ohne ihren Fuß vom Gaspedal zu nehmen, ihr Outfit mit Puder und Lippenstift aufzupeppen, denn, so eine Stilberaterin in der Brigitte: »Es lohnt sich immer, in die Oberfläche zu investieren.« So, oder so ähnlich, stellt sich die verdichtete Welt hinter der Windschutzscheibe heutzutage dar. Doch nicht nur im Auto wird alles Mögliche getan, um das Alltagsgeschehen umfassend zu verdichten und auszuoptimieren. Man trifft die Verehrer des Multitasking im Supermarkt, im Zugabteil, am Badestrand, in der Kantine und schon gar nicht mehr entkommt man ihnen in Stehkaffees und Espressobars. Ins Internet geht man inzwischen auch unterwegs, in der Tram, im Bus schaut man schnell mal in die E-Mails, schickt während des Einkaufsbummels eine elektronische Nachricht an den Steuerberater und surft beim Picknick im Park nach dem geeigneten »Italiener« fürs Abendessen.

Auch die einst Schutz gebende Fluchtburg des Zuhauses ist inzwischen technologisch so weit hochgerüstet, dass man nicht mehr in die Verlegenheit kommt, sich und seiner lebendigen Nahwelt eingestehen zu müssen, man habe derzeit eigentlich nichts zu tun. Kurzum, der multitaskende Simultant fällt nicht mehr auf. Er gehört ebenso zur Normalität wie die den Verstand lähmenden Klangsoßen in jedem Kaufhauslift, und die jedes zweite Gespräch unterbrechenden Handysignale.

Dem Trend zur Zeitverdichtung und der Dynamik zur Vergleichzeitigung hat auch das Hörbuch seine Blitzkarriere zu verdanken. Alles spricht dafür, dass es in naher Zukunft einen prominenten Platz in der noch in Planung befindlichen Ruhmeshalle der Helden und Heldinnen der Vergleichzeitigung einnehmen wird. Die Lektüre eines Buches zwingt den Leser dazu, sich nach einem halbwegs bequemen Sitzplatz umzusehen und sie verlangt von ihm darüber hinaus auch noch einen konzentrierten Blick auf den Text. Das nun engt den Handlungsspielraum doch entscheidend ein, in einem Umfang, der die Toleranzgrenze eines jeden abgeklärten Multimedianutzers unserer Tage eindeutig überschreitet. Bücherfreunde, fast könnte man von einer »Tragik« sprechen, können ihre Hände zu nichts anderem verwenden als zum Festhalten ihres Lesestoffs und zum Umblättern der Seiten. Das nun ist für den »homo simultans« eine unerträgliche Einschränkung seiner Bewegungsfreiheit, nah an der Nötigung zur Freiheitsberaubung.

Hörbücher lösen diese Probleme. Sie entlasten, ja befreien von solch antiquierten Zumutungen und eröffnen Spielräume für multiple Handlungsoptionen. Literaturinteressierte »Blitzkrieger der Erfüllung« (Manfred Osten) können, dem Hörbuch sei Dank, intel-

Der Simultant 171

lektuellen Genuss mit Hausarbeiten aller Art, dem Zusammenschrauben von Möbeln, der Zubereitung des Abendessens, dem Ein- und Ausräumen der Spülmaschine et cetera problemlos kombinieren. Besonders geschätzt werden Hörbücher als unterhaltsame Bügelbegleiter und als kulturelle Updates bei der Jogging- oder Skitour. Für die Generation der Jüngeren ist das längst eine Selbstverständlichkeit. So selbstverständlich, dass ihnen dabei völlig entgangen ist, dass ihre vermeintliche Freiheit von Raum und Zeit durch die Abhängigkeit von Akku, Batterie und Stromnetz erkauft wurde. Über achtzig Prozent der US-amerikanischen Jugendlichen, so eine Zeitungsmeldung aus den Vereinigten Staaten, sind nicht in der Lage – vielleicht sollte man zutreffender sagen: wollen nicht in der Lage sein – einen Text ohne begleitende Ablenkung zu lesen. Sie brauchen zur Lektüre mehr oder weniger laute Hintergrundmusik. Von dem wenig beneidenswerten Schicksal, das der Literatur in diesem zeitverdichteten Kontext widerfährt, kann die klassische Musik schon länger ein nicht allzu fröhliches Lied singen. Stellte man sich früher unter die Dusche, bevor man in ein Konzert ging, hört man heute, dem Imperativ »double your time!« folgend, ein Klavierkonzert, während man unter der Dusche steht.

Auch die Karriere der vielen kleinen Klebezettel, die Einrichtungsgegenstände nicht unbedingt schöner, doch bunter und abwechslungsreicher machen und unzählige Kühlschränke von ihrem penetranten Cremeweiß befreien, verdanken wir der sich breitmachenden Simultankultur. Seit ihrer Einwanderung nach Europa im Jahr 1981 sind die vielfarbigen papierenen Verlängerungen unseres Gedächtnisses leuchtende Symbole unseres Scheiterns an der Komplexität der Vergleichzeitigkeit. Sie sind beredte Zeichen des letztlich gar nicht so bedauerlichen Sachverhalts, dass der Mensch nicht alles gleichzeitig denken und sich auch nicht alles merken kann. Inzwischen sind die Post-its, wie sie in den USA heißen, aus keinem Büro und keinem häuslichen Arbeitszimmer mehr wegzudenken. Sie übersäen Bildschirmrahmen, kleben auf Telefonen oder in deren Nähe, »zieren« Schreibtischlampen, Bücherregale und Türstöcke. Ihre Botschaft ist stets die gleiche: Der Mensch ist trotz seiner bewundernswerten Fähigkeit zur Anpassung anscheinend nicht mehr in der Lage, die Fülle der vielen Informationen, die zeitverdichtet in jedem Augenblick auf ihn einstürmen, ohne klebrige Assistenten vernünftig auf die Reihe zu bringen.

Leben auf Knopfdruck

Auch der ferngesteuerte Medienkonsum überrascht jeden Tag neu mit einer unerwarteten Vielfalt von Mehrfachaktivitäten. Dank einer einzigen Fernbedienung lassen sich vier und mehr Fernsehprogramme mit nur zwei Augen gleichzeitig verfolgen. Es ist die mit 25 Knöpfen ausgestattete Fernsteuerung, die dem von der Sofortmentalität befallenen »homo zappensis« die lang ersehnte Freiheit verspricht, sich spätabends entscheiden zu dürfen, bei welchem Programm er einzuschlafen gedenkt. Diejenigen, die wach bleiben – und die vielen, die wach bleiben müssen – können bei den meisten Nachrichtensendern ein Nonstop-Trainingsprogramm zur Förderung ihrer Multitaskingfähigkeiten absolvieren, zugleich die Reste ihrer Tiefkühlpizza vom Vortag in der Mikrowelle aufwärmen, gleichzeitig zwei bis drei, immer viel zu schnell laufende Infobänder am unteren Bildrand verfolgen und der Nachrichtensprecherin ein zumindest halbes Ohr leihen. Die dafür erforderlichen Fähigkeiten zur Aufmerksamkeitsverteilung gehören inzwischen zum unverzichtbaren Verhaltensrepertoire jedes durchschnittlichen Medienkonsumenten.

Die zeitlich komprimierten Bilder und die beweglichen Textzeilen, ebenso wie die Parallelpräsentationen auf unterteilten Bildschirmen, verleihen der Verdichtung von Zeit und Raum zunehmend den Schein der Normalität. Die heute 14- bis 29-Jährigen surfen in 90 Sekunden um die Welt, telefonieren in allen Lebenslagen, zappen wie durch die Fernsehprogramme auch durch's Leben, stehen ständig unter Strom. Mit Zahlen belegt: 40 Prozent der amerikanischen Babys sehen im Alter von drei Monaten bereits fern. Sind sie zwei Jahre alt, tun es bereits 90 Prozent ihres Altersjahrganges. Die vielknöpfige Fernbedienung ist ihr Lieblingsgerät, und das bleibt sie aller Voraussicht dann auch bis ins hohe Alter.

Die Fernsteuerung fungiert dabei als eine Art Zauberstab der »Versofortigung«. Die sich ausbreitende »Immer-auf-dem-Sprung«-

Mentalität und das grassierende nervöse »Zapp-und-Hopp«-Verhalten beweisen den Erfolg. Mittlerweile hat sich die Fernsteuerung vom Medium Fernsehen, mit dem sie zuerst in die Wohnzimmer der Nation Einzug gehalten hat, emanzipiert. Sie hat ihr Einsatzgebiet erheblich ausgeweitet. Eine einflussreiche Rolle spielt sie neuerdings beim Einsatz von Haushaltsgeräten, beim Öffnen und Schließen von Türen, Toren und Jalousien und bei der Steuerung von Heizungsanlagen. Das willige Zepter »Fernsteuerung« ist für Simultanten ein höchst willkommenes Freiheitsversprechen. Es erlaubt ihnen eigenmächtig, einfach und fix über Zeit und Raum zu entscheiden. Die Zeit schrumpft, die Fernsteuerung macht's möglich, zum Knopfdruck, die Welt wird – nach fünfhundert Jahren des Zweifels – erneut zu einer Scheibe: einer Mattscheibe. All das erfreut sich dieser Tage steigender Attraktivität. Deren Dynamik wird auch nicht durch die Erfahrung geschmälert, dass sich wirkliche Freiheit nicht einfach mal schnell herbeizappen lässt, indem man sich mit der Fernsteuerung vors eigene Leben platziert. Das musste bereits Mr. Chance einsehen, der in Hal Ashbys Komödie *Being here* nach einsam verbrachten Jahren vor dem TV-Gerät erstmals wieder sein Haus verließ und sich bei seinem Ausflug in die Realität wunderte, dass die Welt da draußen nicht auf seine Fernbedienung reagierte.

Ein Großteil dieser Errungenschaften existierte gar nicht, oder wäre zumindest nicht so verbreitet wie es der Fall ist, wenn Simultanten nicht davon überzeugt wären, dass es ihnen damit spielend gelingen würde, mehrere Leben in einem zu leben. Die Gefahr, dass sie dabei Quantität mit Lebensqualität, Fülle mit Erfüllung und Erlöse mit erhoffter Erlösung verwechseln – diese Gefahr halten sie für nicht allzu bedrohlich. Viel bedrohlicher hingegen sind die quietschenden Bremsgeräusche, die sie hin und wieder aus ihren virtuellen Träumen reißen, wenn sie mal wieder beim Überqueren der Straße, abgelenkt vom Klingeln ihres Mobiltelefons und einem heißen Coffee to go in der Hand, den Kontakt zu ihrer Umwelt verloren haben. In solchen Momenten eröffnet sich die Chance für sie, vorausgesetzt sie kommen noch dazu, wieder mal festzustellen, dass die entscheidenden Dinge des Lebens immer noch analog passieren.

Heute hier, morgen dort

Die politischen und organisatorischen Rahmenbedingungen für den rasanten Erfolg dieser Beschleunigungs- und Zeitverdichtungsprozesse wurden vonseiten der führenden Wirtschaftsnationen in den beiden letzten Jahrzehnten des vergangenen Jahrtausends durch zahlreiche Maßnahmen auf den Weg gebracht. Durchgesetzt und realisiert wurden sie vor allem durch Schritte und Initiativen, denen das Etikett der »Liberalisierung« angeheftet wurde. Gas gegeben wurde durch Maßnahmen und Gesetze, die – so die regierungsamtliche Sprachregelung – der »Anpassung an die neuen Erfordernisse« dienten. Dazu gehörte unter anderem die Öffnung annähernd aller Tages- und Wochenzeiten für den unbegrenzten Zugriff der »Zeit-ist-Geld«-Imperative. Mit dieser Absicht hat der Gesetzgeber die Korridore für die Ladenöffnungszeiten erweitert, er hat die Geschäftszeiten in den Nachtstunden liberalisiert und die grundgesetzlich garantierte Sonntagsruhe durch eine großzügige Vergabepraxis von Ausnahmeregelungen durchlöchert. Spürbar wurde der Eroberungsfeldzug des neuen Geschäftsmodells »Vergleichzeitigung« auch bei Reforminitiativen im Rahmen des Arbeitsrechts und ganz besonders durch liberale Regelungen und Richtlinien für grenzüberschreitende Finanzgeschäfte.

Seit dreißig Jahren ist es, dank großflächiger Versorgung mit automatisierten Bankangestellten, sogenannten »Bankomaten«, allen Bürgern mit einem Bankkonto möglich, rund um die Uhr ans Geld zu kommen. Und es sieht so aus, als könnten, spätestens nach Abschaffung aller staatlicher Ladenschlussregelungen, auch alle Nachtaktiven ihr Geld ohne zeitliche Einschränkungen im Dunkeln wieder ausgeben, nicht nur in den sich epidemisch ausbreitenden »Langen Nächten« der Musik, des Einkaufs, der Museen usw., die ja, auf der anderen Seite des Tresens, immer auch lange Nächte der Arbeit sind. Was fehlt und auch nicht geplant ist, ist eine »Lange Nacht des Schlafs«. Die aber hätten die Menschen nötig. Ähnliches trifft auch auf die Inanspruchnahme von Dienstleistungs- und Konsumofferten an grundgesetzlich »geschützten« Feiertagen zu. So dürfen beispielsweise neuerdings Autowaschanlagen, einer Eingebung der bayerischen Staatsregierung folgend, jetzt auch an

Sonn- und Feiertagen ihre »lebensnotwendigen« Dienste (so die Wertschätzung der Autopflege durch die Staatsregierung im Wortlaut) anbieten.

Mit politischem Rückenwind ist es auch seit mehr als zwei Jahrzehnten möglich, und sei es in tiefster Nacht, durch einen schlichten Tastendruck vom heimischen PC aus Theaterkarten zu reservieren, Börsengeschäfte zu betreiben, Last-Minute-Angebote zu buchen und per Mausklick all das beim Versandhandel zu bestellen, was man sich einreden lässt, umgehend haben zu müssen. Es ist weder das Wetter noch die Tageszeit, auch nicht mehr die Uhr und deren Zeitansage, und immer seltener sind es auch Brauchtum, Traditionen und Gewohnheiten, die die Allzeit- und Überallpräsenz der Vergleichzeitiger einschränken. Die Zerstreuungsangebote im Internet, dem Erstwohnsitz aller Zeitverdichter, kennen keine Jahreszeiten, keine geregelten Arbeitszeiten, weder Feiertage noch Urlaub und auch kein Wochenende. Der »Ozean der freien Optionen« (Hans Ulrich Gumbrecht) überschreitet und ignoriert zugleich alle natürlichen und sozialen Zeitgrenzen. Die auf den Oberflächen ihrer tragbaren Geräte umhersurfenden Simultanten kennen keinen Mittelpunkt mehr, auch deshalb, weil ihnen Anfänge und Abschlüsse weitestgehend fremd sind. Ebenso fremd ist ihnen Meister Eckharts Hinweis, dass nur diejenigen, die um ihre Mitte wissen, weite Kreise ziehen können. Tag für Tag beweisen sie das Gegenteil, immer aber nur oberflächlich. Sie beginnen und beenden nichts mehr, sie schalten ein, schalten aus und brechen ab. Auch Übergänge kennen sie kaum, ebenso wenig wie Intervalle und andere zeitliche Dehnungsfugen. Eine rhythmische gestaltete Existenz ist ihnen so unbekannt wie die Süße des Nichtstuns. Immer sind sie auf Tour, immerzu mobil, gleichen der aus der Physik bekannten ziellosen und endlosen Brownschen Bewegung. »Heute hier, morgen dort / Bin kaum da, muss ich fort ...« – Etliche Jahre, bevor sie das Licht unserer zeitverdichtenden Welt erblickt haben, hatte Hannes Wader, ein Bänkelsänger aus den computerlosen Siebzigerjahren, allen Pfadfindern der Ortlosigkeit diese Hymne gewidmet.

Globaler Wühltisch

Doch nicht alles, was so leicht und locker aussieht, ist auch so problemlos, wie es sich gibt. Glaubt man Medienexperten, dann wächst die Anzahl derer, die dem Sog des nach allen Seiten offenen und potenziell unendlichen Mediums Internet, das die Ort- und die Zeitlosigkeit zur Realität gemacht hat, in suchtähnlicher Art und Weise verfallen sind. Die Allzeit-Rufbereitschaft macht so abhängig wie Kokain und Alkohol. Untrügliches Indiz: Schaltet man das Mobiltelefon mal aus, fragt man sich spätestens nach einer Stunde, ob nicht doch vielleicht jemand Wichtiger angerufen hat – und schon hat man's wieder eingeschaltet. Wer den Entzug will, darf nicht ausschalten, sondern darf das Handy gar nicht erst mitnehmen. Die Dauerpräsenz im Netz, der Ehrgeiz, nichts zu verpassen, stets auf dem Laufenden sein zu wollen, das alles treibt viele Simultanten immer häufiger ins geheimnisvolle Dickicht der undurchschaubaren und undurchdringbaren Informationsfülle. Dies vor allem in jenen Momenten, in denen die überbordende Informationsfülle des World Wide Web nicht zu Erkenntnissen, und die Menge der erlebten Ereignisse nicht zu Erfahrungen transformiert und kondensiert werden. In solchen Augenblicken wächst die Gefahr, an der Wirklichkeit vorbeizuleben.

Immer und überall dort, wo mit dem Ereignisreichtum eine mehr oder weniger große Erfahrungsarmut korrespondiert, entsteht der Eindruck, man habe zwar viel getan, sei aber zu nichts gekommen und habe wenig, zu wenig dabei erreicht. Der bevorzugte Aufenthaltsort der Simultanten, das Netz, funktioniert wie ein globaler Wühltisch, der die sich drängelnden und stupsenden Schnäppchenjäger immerzu auffordert, weiter und weiter zu wühlen, denn es könnte sich ja noch etwas Günstigeres, etwas Besseres und Attraktiveres finden lassen. Wie der Wühltisch im Kaufhaus, so macht auch das Internet ununterbrochen Appetit. Sättigung ist in beiden Fällen weder vorgesehen noch erwünscht. Das Internet stillt den Erlebnis- und den Informationshunger so wenig wie das Meerwasser den Durst. Im Netz geschieht immer etwas, »und wenn unaufhörlich etwas geschieht, dann hat man leicht den Eindruck«, so lässt es sich in Musils inzwischen hundert Jahre altem *Mann ohne Eigenschaften* nachlesen,»dass man etwas Reales bewirkt«.

Wie jeder Wandel, so verlangt auch die neue Wachstumsstrategie der Zeitverdichtung von den beteiligten Individuen neue Fähigkeiten und Fertigkeiten und veränderte Qualifikationen. So etwa fordert der Geist des postfordistischen Kapitalismus von seinem zeitverdichtenden Personal eine eher oberflächliche Form der Aufmerksamkeitsverteilung, die sich auf mehrere Objekte gleichzeitig ausrichtet. Wer in diesen Tagen Karriere machen will, muss aus einer Art Lauerstellung heraus jederzeit und überall fähig und bereit sein, am Bedarf orientiert, kurzfristig zu reagieren. Man muss in der Lage sein, vieles gleichzeitig zu sehen und zugleich auch vieles zu übersehen. Dafür benötigt man Fähigkeiten, die man – ältere Personen haben darunter gelitten – in der Schule aberzogen bekam. Dazu gehören in erster Linie Zerstreuungskompetenz, aber auch Fähigkeiten zu kreativer Ignoranz, zum Verzicht, zum Wegschauen, Ausblenden und zum Vermeiden.

Die alltäglichen Ausflüge ins zeitkomprimierende Nirwana des World Wide Web erzwingen von den Simultanten, dass sie ihre Wahrnehmungen gleichzeitig auf Unterschiedliches ausrichten und aufteilen, und dass sie ihre Aufmerksamkeit möglichst oft und anhaltend zwischen mehreren Sensationen oszillieren lassen. Die US-amerikanische Wissenschaftlerin Katherine Hayles spricht in diesem Zusammenhang von einem fluktuierenden Aufmerksamkeitsverhalten, von»hyper attention«. Sie zielt mit diesem Begriff auf das flackernde Bewusstsein, die zerstreute und vagabundierende Aufmerksamkeit und die nicht minder zerrissene Wahrnehmung, mit der Simultanten gerne zwischen vielschichtigen und vielgestaltigen Informationsflüssen und multifunktionaler Aufgabenbewältigung hin- und herpendeln, dabei Schwierigkeiten haben, den Überblick zu behalten, um zwischen Wichtigem und Eiligem unterscheiden zu können.

Der im anfangs- und endlosen zeitlichen Nirwana surfende Simultant ist ein bodenloser Bewegungstramp, der sich in jenem Augenblick aufs Trockene geworfen sieht, wenn er keine Wahlalternativen mehr hat, wo der Computer, oder einer seiner Lakaien, den

Geist aufgibt, der Akku leer ist oder das Netz zusammenbricht. Die auf diese Weise erzwungene Erdung erlebt der Zeitverdichter als Katastrophe, nicht als einen Moment der Befreiung. Da ähneln Simultanten ihrem großen Vorbild, dem rast- und ruhelosen Doktor Faustus. Auch sie neigen, wie Faust, in solchen Augenblicken zu dem Vergnügen, sich ab und zu mal etwas vorzulügen. Dazu zählt dann auch ihre unerschütterbare Überzeugung, das gute Leben bestünde aus einer endlos großen Zahl von Optionen. In ihnen erkennt der Simultant den »Fortschritt« (ein inzwischen rettungslos veralteter Begriff), der an die Stelle dessen getreten sind, was ehemals »Schicksal« hieß. Doch eben dies stellt sich spätestens dann als eine Illusion heraus, wenn der Simultant mit dem unbarmherzigen Fortgang seiner Lebenszeit konfrontiert wird und dabei auf schmerzliche Art und Weise erfahren muss, dass er nicht nur Täter der Zeit, sondern auch deren Opfer ist.

Ein kurzes Zwischenfazit: Was also ist ein Simultant?

– Simultanten bemühen sich immerzu und überall, mehrere Aufgaben gleichzeitig zu erledigen. Ihre Maxime heißt:»Fixer, dichter, mehr!«Ihr Motto:»Alles, gleichzeitig und sofort«.

– Erreichbar sind sie – in den allermeisten Fällen elektronisch – jederzeit und an jedem Ort. Sie bevorzugen für sich und ihre Geräte den Zeitmodus des Stand-by und den des On-demand.

– Zu Hause sind Simultanten im Unterwegs des ort- und zeitlosen Netzes. Dort kennen sie sich besser aus als in ihrem Stadtteil.

– Sie vermeiden verbindliche und langfristige Festlegungen, wo immer es möglich ist. Sie kennen weder feste noch regelmäßige Arbeitszeiten. Flexibilität ist ihr ein und alles.

Der moderne Sisyphus

Do it yourself

Es war der Philosoph Hans Blumenberg, der vor allzu großen Erwartungen und Hoffnungen im Hinblick auf das, was der modernisierte Mensch »Fortschritt« nennt, gewarnt hat. Es ist, so Blumenberg, »eine der mehr oder weniger unerwarteten, quälenden bis leidvollen Erfahrungen unserer modernen Welt, dass deren schönste Errungenschaften eine Schleppe von allerlei Missliebigkeiten mitziehen, die wir ›Nebenfolgen‹ zu benennen gelernt haben. Die einen halten das für Untertreibungen, die anderen für lästige Fußnoten des Haupttextes.« Blumenbergs realistischer Hinweis gilt wohl auch für die Fortschritte und Errungenschaften, die wir der Karriere des Simultaneismus zu verdanken haben. Ohne lästige »Nebenfolgen« sind auch dessen Erfolge nicht zu haben. Ähnlich wie bei den Multifunktionsgeräten, die sich in den Hochglanzprospekten stets begehrenswert und perfekt präsentieren, verlieren auch die Errungenschaften des Simultaneismus unter dem wolkenverhangenen Himmel der grauen Werktage einen Teil ihrer Attraktivität.

Kein Fortschritt ohne Rückschritt, keine Freiheit ohne Zwang, keine Entlastungen ohne neue Belastungen. Skepsis, Zurückhaltung und auch etwas Misstrauen sind daher angesagt, wenn Internetanschluss, Mobiltelefon, Navigationsgerät und andere neue Geräte und Technologien mit bisher unbekannten Freiheits-, Glücks- und Zeitsparversprechen auftrumpfen. Von der versprochenen Arbeitserleichterung meist keine Spur.

Da gilt es vor dem Kauf zunächst im Internet die Preise zu vergleichen, auch sollte man sich beizeiten gewisse Grundkenntnisse der Elektronik angeeignet haben, um die Werbung und später dann die wirren und immer zu langen, durch schlechte Grafiken angereicherten Betriebsanleitungen in Serbokroatisch, Neugriechisch und

Deutsch zu verstehen. Wird das Gerät dann per Internetversand zugestellt und ist man gerade außer Haus, holt man das Postpaket am besten gleich selbst am Stadtrand ab und outet sich so als Postbote in eigener Sache. Bezahlt wird selbstverständlich online, was einen, ob man will oder nicht, zum Gebühren zahlenden Bankangestellten seiner selbst macht. Mit dem neu erworbenen Schreibcomputer unterstützt man am Ende die Verlage bei der »Verschlankung« ihrer Mitarbeiterzahl, indem man seine Texte selber korrigiert und formatiert, um sie, wie es verlangt wird, druckfertig abzuliefern. Das alles und vieles andere mehr wird von einem heutzutage erwartet, ohne dass man zuvor eine Zusatzausbildung als Elektrofachmann, Kurierfahrer, Buchhalter oder Lektor erfolgreich abgeschlossen hat.

»Sei dein eigener Dienstmann«, heißt das geschönte Serviceangebot an den inzwischen rundum »vernutzten« Kunden des 21. Jahrhunderts. Die Verfahren, mit denen die Unternehmen den Leistungstransfer auf die zu Koproduzenten mutierten Kunden betreiben, heißen Direct Banking, Internet-Einkauf, Selbstbuchung, Selbstabholung. Signum der Zumutung ist das große »E«: E-Service, E-Government, E-Shopping, E-Learning und andere »E's« mehr. Die Einwohner des E-Landes werden verpflichtet, sich regelmäßig upzudaten und stets eine hohe Innovationsbereitschaft zu zeigen – unterstützt durch E-Learning. Der Sisyphus unserer Tage muss sich immerzu Sorgen machen, ob er auch überall erreicht werden kann, ob er sich genügend gegen den Datenklau im Netz abgesichert hat, ob er die Mails auch regelmäßig zu lesen bekommt, ob die Fernbedienung auch nicht hinters Sofa gerutscht ist, der Abfall auch umweltgerecht getrennt und die Kinder genügend gefördert wurden. Allein, heute ist es nicht mehr ein Stein, den der postmoderne Sisyphus da ohne Unterbrechung bergauf bewegt und der anschließend wieder herab rollt: Es ist ein Sack voller elektronischer Geräte.

Heutzutage beansprucht die Ware den Konsumenten, und nicht, wie's ursprünglich mal gedacht war, der Konsument die Ware. Es ist, als verspreche man uns einen elektronischen Ochsen vor den Karren zu spannen, um dann erstaunt festzustellen, dass man den Karren vor den Ochsen gespannt hat. Hätte man vorausgesehen, dass das Prinzip »Selbstbedienung« ein Angebot an die Kunden darstellt, zu zahlenden Dienstleistern, zu kostenlosen Werbeträgern und zu unbezahlten Marketingassistenten zu werden, dann hätte man sich vielleicht doch überlegt, dieses Angebot nicht so freudig zu begrüßen, wie man's getan hat. Es geht nun mal im Kapitalismus nicht in erster und manchmal auch nicht in letzter Linie um mehr Freiheit und Souveränität. Es geht um die Senkung von Kosten, um Gewinnmaximierung und profitable Markenbindung. Alles Absichten und Ziele, die jede Hoffnung auf zeitliche Entlastung, auf Zeitwohlstand, Zeitfreiheiten und Zeitsouveränität zunichtemachen.

Pathologie der Gleichzeitigkeit

Begleitet werden die von der postmodernen Zeitstrategie der Erlebnisverdichtung erschlossenen neuen Möglichkeiten, Perspektiven und Entlastungen von unberechenbaren und unabsehbaren Risiken, Gefahren, Wagnissen und Bedrohungen. Menschen mit Neigungen zu pessimistischen Sichtweisen befürchten in diesem Zusammenhang eine Zunahme geistiger Vereinseitigung, einige von ihnen sprechen sogar von einer »wachsenden geistigen Verarmung«. Andere zeigen sich besorgt über steigende Beziehungs- und Kontaktarmut, über Tendenzen zur Vereinsamung und zur sozialen Isolation, da alle Aktivitäten und Erfahrungsqualitäten, die ihre Existenz einer dauerhaften Konstanz zu verdanken haben (Liebe, Geselligkeit, Freundschaft gehören dazu), mit zunehmender Flexibilisierung unter Druck geraten.

Stimmen aus der Wissenschaft warnen vor einer Reduktion sprachlicher Ausdrucksfähigkeiten, vor einer nicht ungefährlichen Vermischung und Verwechslung von Simulation und Realität. Was das Lernen betrifft, befürchten manche eine zunehmende Angleichung des Erwachsenenverhaltens an das von Kindern, speziell was die Betreuungserwartungen und das Versorgungsverhalten angeht. Die Medien wollen verwöhnen, sie buhlen mit Verwöhnangeboten um die Aufmerksamkeit ihrer Nutzer. In erster Linie ist es das Fernsehen, das Konsummentalitäten fördert. US-amerikanische Experten kamen in breit angelegten Untersuchungen zu dem Ergebnis, dass der exzessive Einsatz von Internet, Mobilfunkgeräten und anderen Hochgeschwindigkeitstechnologien ihre Nutzer ungeduldiger, sprunghafter, vergesslicher und unsozialer machen. Die Umgebung, die diese sich schaffen und in der sie sich wohlfühlen, gleicht der von Chatrooms. Übertrieben und tendenziös ist es jedoch, alles Multitasking, wie Frank Schirrmacher es in seinem Bestseller *Payback* macht, zu einer postmodernen Form der Körperverletzung zu erklären. Das traditionelle Verhältnis zwischen Kindern und Erwachsenden verändert sich auch noch aus einem anderen, nicht allzu bedrohlichen Grund. Kinder und Jugendliche müssen sich mit ihren Eltern nicht mehr auseinandersetzen, um diesen zu zeigen, dass sie auch etwas wissen und auch etwas können. Sie können sicher sein, dass sie ihre Eltern, was die Bedienung des Arbeitsmittels der »konzentrierten Zerstreuung« (Christoph Türcke), Computer genannt, angeht, längst überflügelt haben und ihnen, zumindest in dieser Hinsicht, mehr beibringen können als diese ihren Kindern.

Wie immer bei gravierenden gesellschaftlichen Umbrüchen, so stellt sich auch im Hinblick auf eine wachsende lebensweltliche Zeitverdichtung die Frage, ob der Mensch für die Welt, die er sich geschaffen hat, überhaupt geschaffen ist? Anders formuliert: Könnte es, in Anbetracht der Tatsache, dass sich Acht- bis 18-Jährige in den USA im Schnitt zehn Stunden und 45 Minuten täglich mit Medien beschäftigen, so weit kommen, dass das Zeitalter des Multitasking seine Kinder frisst? Besitzt der Mensch eigentlich die geistige, die physische und die psychische Ausstattung, um die Anforderungen des »Parallel Processing« und der Zeitverdichtung meistern zu können? Falls das nicht der Fall ist, kann er sie dann entwickeln und wie könnte er dies? Wie kann man, speziell dann, wenn man nicht in diese Gleichzeitigungsgesellschaft hineingeboren wurde, also kein »digital native« ist, zu einem jener kompetenten Chamäleons werden, die der hochflexible Zeitgeist verlangt? Wo eigentlich liegen, vorausgesetzt es gibt sie, die psychischen und die kognitiven Grenzen für ein weiteres Wachstum der Sensationen pro Zeiteinheit? Sollte man, kann man diese Grenzen austesten? Und wie hoch ist dabei das Wagnis des Scheiterns? Müssen die neuerdings immer häufiger diagnostizierten multifaktoriell bedingten Störungsbilder, wie die Aufmerksamkeitsdefizitstörung (ADHS) bei Kindern und Jugendlichen und das ebenso wenig scharf abgrenzbare Krankheitsbild der Informationsüberflutung (»cognitive overflow syndrome« – COS) bei Erwachsenen zu den unvermeidlichen Nebenwirkungen des Multitasking gezählt werden? Führt die Zeitverdichtung zwangsläufig zu mehr Leiden an der Zeit, zu häufigeren Erschöpfungszuständen, mehr depressiven Verstimmungen und öfter auftretendem Burn-out? Ist das sich ausbreitende Gefühl, mit der Zeit und ihren Verläufen nicht mehr synchron zu sein, sich zeitlich gesehen nicht mehr zu Hause fühlen zu können, eventuell eine Überlastungsreaktion auf die Dauererregung und die zeitliche Hyperakzeleration unserer technisch übergewichtigen Umwelt? Könnte es sein, dass der Aufenthalt in den virtuellen Welten immer häufiger ein Ersatz für die zunehmende Unfähigkeit wird, überhaupt noch verlässliche, langfristige Beziehungen eingehen zu können? Verlieren Simultanten im Umfeld der sich ausbreitenden »Aufmerksamkeitsdefizitkultur« mehr und mehr die Fähigkeit, die entscheidenden qualitativen Voraussetzungen für tiefer gehende und langfristig stabile zwischenmenschliche Beziehungen wie Vertrauen, Selbstlosigkeit und Verlässlichkeit entwickeln und pflegen zu können? Ein Wasserfall von Fragen, die sich in einer einzigen verdichten lassen: Ist die Hoffnung, durch das Wachstum der Zeitverdichtung immer mehr Leben ins Leben bringen zu können, eventuell der größte der an Irrtümern nicht armen heutigen Zeit?

Da so viele Fragen unbeantwortet sind und bisher auch gar nicht beantwortet werden können, raten Neurowissenschaftler, Psychologen und selbst einige Unternehmensberater zu vorsichtiger Zurückhaltung beim Einsatz von Zeitverdichtungsstrategien. Sie empfehlen den reflektierten, dosierten und kontrollierten Einsatz von Multitaskinggeräten und raten in diesem Zusammenhang zu zeitlicher und situativer Begrenzung. Einige Experten sprechen sich auch für das dosierte Zurückfahren des bereits erreichten Umfangs von Aktivitäten der Vergleichzeitigung aus. Ein nicht geringer Anteil der Parallelhandlungen, so argumentieren sie, schränkt die Konzentrations- und die Leistungsfähigkeit der multitaskenden Menschen ein. Sie warnen vor einem naiven, unreflektierten und unkontrollierten Einsatz des Internets, nicht zuletzt, weil es latenten Suchtcharakter besitzt. Kognitionsexperten geben zu Bedenken, dass die Fehlerhäufigkeit durch Multitasking wächst, und dass sich die Bedingungen der Informationsverarbeitung hierdurch verschlechtern. Das ist in erster Linie dann und dort der Fall, wo versucht wird, zu viel auf einmal zu tun. Wenn zum Beispiel Computer, Handy und die eigenen Kinder gleichzeitig um die Aufmerksamkeit der Eltern kämpfen. Telefonierende Autofahrer, das belegt gleich eine ganze Anzahl wissenschaftlicher Studien, setzen selbst beim Gebrauch einer Freisprechanlage nicht nur sich selbst erhöhten Gefahren aus, sondern auch die übrigen Autoinsassen und die Verkehrsteilnehmer in nächster Nähe. Das Unfallrisiko vervierfacht sich und die Reaktionsfähigkeit der am Steuer sitzenden Telefonierer reduziert sich auf die eines Angetrunkenen mit einem Blutalkoholgehalt von 0,8 Promille. Statistiken von US-Autoversicherern lassen uns wissen, dass in den Staaten überproportional viele Autounfälle am frühen Morgen passieren, wenn halb Amerika fröhlich multitaskend, mit Telefon, Donuts und Kaffeebecher am Steuer, zur Arbeit unterwegs ist.

Unternehmensberater, konkret die New Yorker Beratungsfirma »Basex«, berichten uns, dass durch Unterbrechungen und Multitasking jedes Jahr etwa 28 Milliarden Arbeitsstunden verloren gehen. Andere Studien aus Unternehmen kommen zu der bedenkenswerten Erkenntnis, dass mehr als die Hälfte der in Unternehmen aufgelegten Projekte an zu knapper Zeitökonomie, zu viel Ablenkung sowie mangelnder Gründlichkeit scheitern. Verdichtete und immer enger geplante Zeitpfade, der einseitig auf die Steigerung des Tempos ausgerichtete Blick auf Höchstleistungen und ein rascher Wechsel der Wahrnehmungsinputs rauben der Arbeit und den Arbeitenden die für den Erfolg eines Projektes notwendige Erfahrung von Kontinuität und Stetigkeit. Unter diesen Bedingungen wächst die Flucht in Pseudo-Aktivitäten und flüchtige Agilität, und die Neigung steigt, dies dann mit substanzieller Arbeit zu verwechseln. Mit einer selten anzutreffenden Offenheit deutet der Abteilungsleiter eines großen deutschen Elektronikkonzerns einige jener Modernisierungsschäden an, die die Vergleichzeitigung im Rucksack mit sich führt. Anlässlich eines Rundfunkgespräches bestätigt er die Vermutung Einsteins, dass der Fortschritt in wenig mehr als dem Austausch neuer gegen alte Sorgen und Probleme besteht: »Sie können heute nicht mehr nur noch Aufgaben sequenziell abarbeiten, sondern müssen parallelisieren. Aber diese Parallelisierung in Meetings sollte nicht dazu führen, dass man parallel einem Meeting beiwohnt und womöglich auch noch Referent und Speaker oder sogar Moderator in einem Meeting ist. Parallel SMS annimmt, schreibt, E-Mails beantwortet, bzw. mit der Sekretärin den nächsten Termin verabredet. Dinge, die in Unternehmen wie dem unsrigen noch passieren. Aber, das denke ich, ist eine Unart, bei der wir auch jetzt langsam merken, dass wir dadurch in der Summe nicht schneller werden.«

In immer kürzeren Zyklen drängen neue Gebrauchsgeräte mit immer noch mehr Funktionen auf den Markt. Das Bedienungstempo, das sie von ihren Nutzern verlangen, steigt unaufhörlich. So paradox wie es auch ist, erhöhen selbst jene Techniken, Instrumente und Ratschläge den Zeitdruck und die Entscheidungsnot, die mit dem Versprechen werben, sie dienten der Zeitentlastung und der Vereinfachung des Alltagshandelns (»simplify your life«).

So überrascht es auch nicht, wenn Medizinpsychologen und Hirnforscher darauf aufmerksam machen, dass das Gehirn in mancherlei Hinsicht Grenzen der Geschwindigkeit und der Verarbeitungskapazität kennt. Es ist nur bedingt in der Lage, mehrere Aufgaben gleichzeitig zu bewältigen. Es ist grundsätzlich nicht dafür ausgestattet, zwei oder mehr Abläufe gleichzeitig zu verarbeiten. Die im Gehirn ablaufenden Prozesse können, was ihre Dauer und ihre Geschwindigkeit betrifft, überhaupt nicht, oder nur um den Preis großer Qualitätsverluste verdichtet werden, zumal die kognitiven Verarbeitungsfähigkeiten, die Arbeitsgedächtnisleistung und die Fähigkeiten zu raschem Aufgabenwechsel mit dem Alter abnehmen. Die verfügbare Aufmerksamkeit ist organisch begrenzt. Bereits aus diesem Grund sind einer maßlosen Steigerung der Sensationen pro Zeiteinheit enge Grenzen gesetzt.

All das müssen auch Simultanten, nicht selten zu ihrem großen Bedauern, zur Kenntnis nehmen, mal auf dem eher leichten Weg der Erkenntnis, ein andermal auf dem nicht selten schmerzhaften der Erfahrung. Es ist nun mal so: Die Aneignung der Welt und das, was in ihr geschieht, erfolgt nicht auf Datenautobahnen, und sie gelingt auch nicht, indem man ihr mit rasch wechselnder, flacher Aufmerksamkeit begegnet. Zur geistig-psychischen Inbesitznahme jener Welt, in die man hineingeboren wurde, benötigt man, egal wie zeitverdichtet die Welt auch immer ist, Zeit, Geduld und konzentrierte Aufmerksamkeit und Achtsamkeit. Und so ist es weiterhin angebracht und darüber hinaus auch zu empfehlen, ob beim Trinken eines guten Weines oder dem Verzehr eines wohlschmeckenden Menüs, seine Aufmerksamkeit auf die Sinnesfreuden zu fokussieren, die man bei deren Genuss angeboten bekommt. Das gilt auch für andere Genüsse des Lebens, vor allem aber gilt das für die Liebe.

Simultanten neigen, wie die allermeisten leidenschaftlichen Menschen, zu Illusionen. Besonders häufig verwechseln sie ihre von räumlichen und zeitlichen Bindungen vermeintlich losgelösten Zeitpraktiken mit eigenverantwortlichem, selbstbestimmtem und souveränem Handeln. Darüber hinaus haben sie eine Neigung, das Ausmaß ihrer Wahl- und Entscheidungsspielräume mit dem substanzieller Freiheiten zu vertauschen. Wahl- und Entscheidungsspielräume machen jedoch nur dort wirklich frei, wo das, worüber entschieden wird, auch mehr Freiheit schafft. Das nur zahlenmäßige Wachstum von Alternativen, die rein formale Optionsvermehrung, führt nur dann zu größerer Zufriedenheit und zu mehr Lebensqualität, wenn das, wofür man sich entscheidet, auch zufriedener macht. Das einem Häftling generös offerierte Angebot, sich seine Zelle in der Strafanstalt selbst wählen zu dürfen, macht den Verurteilten weder freier noch zufriedener.

Die Uhr hat ihre Schuldigkeit getan, die Uhr kann gehen

Die einen gewinnen durch Veränderungen, die anderen verlieren dabei. Die einen haben Erfolg, machen Karriere, den anderen droht der soziale und der gesellschaftliche Abstieg. Die einen finden ihr Glück, die anderen ihr Unglück. So oder ähnlich sieht das Ergebnis aller von den Buchhaltern des Fortschritts erstellten Bilanzen aus. Das gilt auch für die Zwischenbilanz jener Jahrzehnte, die wir die »postmodernen Zeiten« nennen. Karriere haben die Zeitverdichter, die Jongleure des Multitasking, die flexiblen und mobilen Grenzüberscheiter gemacht, die »Simultanten«. An Status, Einfluss und

Der moderne Sisyphus 187

Steigern Sie Ihre

Augenblicke,
 Augenblicke,
  Augenblicke,
   Augenblicke,
    Augenblicke,

das Ganze ist
 nicht mehr zu retten. Gottfried Benn

Gestaltungsmacht verloren hingegen haben diejenigen, die sich weiterhin an der Uhr und deren Zeit orientieren und sie auch gegenwärtig noch als Zeitgöttin treu verehren. Vieles gleichzeitig tun und tun zu können, zählt zu Beginn des neuen Jahrhunderts zu den Voraussetzungen für Erfolg und Karriere. Ob wir wollen oder nicht, alle sind wir zu den Freiheiten, die uns die Zeitverdichtung, die Vergleichzeitigung und das Multitasking bescheren, verdammt. Simultanten werden wir wohl alle werden müssen. Das ist unser Schicksal, auch dann, wenn dieses in der Postmoderne vom »Trend« abgelöst wurde. Doch weder das Schicksal noch der Trend entscheiden, ob wir als Simultanten erfolgreich oder nicht erfolgreich sein werden. Das wird auch nicht allein von unseren Anpassungs-, Lern- und Wandlungsfähigkeiten abhängen, sondern ebenso von den wirkmächtigen sozialen und politischen Verhältnissen und deren Dynamiken.

Zur Erinnerung: Seit mehr als einem halben Jahrtausend haben die mechanische Uhr, ihr Zeitmuster Takt und deren Ordnungsprinzip des »Eins-nach-dem-anderen« in bisweilen aggressiver Art und Weise aus einer ehemals vormodernen eine moderne Welt gemacht. Es war die Uhr, die dem Zeitalter der Industrie die Zeit, die Richtung und die Geschwindigkeit vorgegeben hat. Sie war das Maß aller Dinge und Entwicklungen, und sie war es auch, die dafür gesorgt hat, dass im Leben, ganz besonders intensiv aber in der Welt der Arbeit, mehr und mehr Gas gegeben wurde. Auch heute, im Zeitalter der Zeitverdichtung, geht's um mehr Tempo, aber nicht mehr nach dem Handlungsmuster des »Eins-nach-dem-anderen«, sondern nach dem des »Alles-gleichzeitig-und-zwar-sofort«. Die Postmoderne bricht mit dem Nacheinander der linearen Folge von Ereignissen. Geht's heute schneller, dann nicht mehr auf der Autobahn, sondern im Netz. Auf das neue Auto freut man sich nicht mehr, wie noch bis vor Kurzem, weil das gerade auf den Markt gekommene Modell eine um zehn Stundenkilometer höhere Spitzengeschwindigkeit hat, sondern weil es mit einem Internetanschluss ausgerüstet ist, der es einem erlaubt, unterwegs, selbst im Stau, durch Zeitverdichtung vieles von dem zu erledigen, was man glaubt tun zu müssen.

Am Ende des zweiten nachchristlichen Jahrtausends sind wir am Ende der »Veruhrzeitlichungsepoche« angelangt. Das Siechtum der Uhr ist jedoch nicht das Ende der Zeit, aber es ist das Ende jener Zeit, auf die hin man die Menschen hierzulande bis vor Kurzem erzogen hat. Kurzum, wir sind am Ende jener Zeiten, an die wir uns gewöhnt haben. Bis weit in die zweite Hälfte des 20. Jahrhunderts hinein besaß die Uhr das allgewaltige Monopol im Rahmen der Zeitorganisation. Auf den von der Uhr vorgegebenen und vorgeschriebenen Zeitordnungsprinzipien und der bedingungslosen Folgebereitschaft der allermeisten Individuen ihnen gegenüber gründet die Überlegenheit der europäischen und der nordamerikanischer Formen des Arbeitens und des Wirtschaftens. Nicht zuletzt ist es der darauf zurückzuführende wachsende materielle Reichtum, der die Menschen hat vergessen lassen, dass die Zeit der Uhr und Uhrzeit-Ordnung nichts »Natürliches« sind, sondern »nur« eine real gewordene menschliche Vorstellung. Mit der Uhr messen wir lediglich, was wir unter Zeit verstehen. In Fällen, in denen das nicht mit unseren Erwartungen übereinstimmt, ändern wir nicht etwa unser Zeitverständnis und unsere Zeitmessgeräte, sondern behaupten, die Uhr ginge falsch. Wir könnten aber auch unser Zeitverständnis ändern, und es sieht so aus, als wären wir gerade dabei. Mit wenigen Ausnahmen – man findet sie in erster Linie bei Schriftstellern und Künstlern – hat man sich in dieser Hinsicht bisher wenig Gedanken gemacht. Mehrheitlich hatte man vergessen, dass die Zeit, die man sich stets von der Uhr hat vorgeben lassen, in diese auch irgendwie hineingekommen sein musste.

Vergessen aber sollte man nicht, dass der mehrere Jahrhunderte andauernde »Leerlauf in höchster Präzision« (Alexander Demandt) neben all den vielen Vorteilen, die er den Menschen brachte, auch eine Menge Opfer gekostet und manchen Schaden angerichtet hat. Heute wissen wir – auch wenn wir's zuweilen nicht wissen wollen –, dass die Uhr niemanden vom Zeitlichen und von der Zeitlichkeit erlöst, im Gegenteil, dass sie die Individuen tiefer in sie hineinführt. Offenbar geworden ist inzwischen auch die Tatsache, dass die chronometrische Zeit und deren Ordnung dem Geist des Zentralismus und der Bürokratie in einem Ausmaße verpflichtet sind, die, weit häufiger als es sinnvoll und notwendig gewesen wäre, den Menschen die Verfügung über den lebendigen Augenblick raubt. Längst ist die Uhr nicht mehr nur Diener der Menschen, sondern auch eine ihrer Fesseln. Die Zeiten des Lebens, selbst die des Wirtschaftens, sind bei Weitem nicht so ordentlich wie die von der Uhr hergestellte Zeit. Versucht man dem Leben aber die Ordnung des Zeigerverlaufs zu verpassen, dann nimmt man dem Leben seine Lebendigkeit, und der Wirtschaft, wie sich heute herausstellt, einen Teil ihrer dynamischen Produktivität.

Flexibilität als Fortschritt – Das Ende der Uhr?

Nach dem Ende des Zweiten Weltkriegs, insbesondere aber nach der hektischen Wiederaufbauphase, als der Beginn eines neuen Jahrtausends in Sichtweite rückte, sahen sich die Ökonomie und die Politik immer häufiger mit dem Sachverhalt konfrontiert, dass die Zeit der Uhr, wenn's um die Steigerungen des Umsatzes und des Wirtschaftswachstums ging, zu spät dran war. Die Uhr sah auf einmal alt aus. Ihr unbelehrbarer, sturer Zeigerverlauf und ihr nicht minder starrsinniger Takt waren immer weniger in der Lage, für die von den Unternehmen erwarteten Produktionszuwächse zu sorgen. Der »Uhrzeit-Kapitalismus« funktioniert aber nur, wenn er unbegrenzt wächst, wenn die Produktion, der Handel, der Transport, der Geldtransfer immer mehr Tempo aufnehmen. Die Kräfte der Beschleunigung hatten sich im späten 20. Jahrhundert so weit entfesselt, dass sie von jenem starren taktförmigen Zeitregime, das sie einstmals auf die Schiene gesetzt und gefördert hatte, nun gebremst und eingeschränkt wurden.

Das mechanistische Weltbild des Uhrwerkes, das die Dreieinigkeit von Berechenbarkeit, Kontrolle und Linearität zum modernen Glaubensbekenntnis hat werden lassen, zeigte sich in seiner Produktivkraft erschöpft. Die neuen schöpferischen Kräfte und Energien (der Jargon der Ökonomie spricht von »Innovation«) sucht und findet man auch heute eher im Nichtlinearen, beim Verzweigten, Vernetzten und auch beim Widersprüchlichen. Für komplexe, weiträumige und lokalzeitübergreifende Zusammenhänge, die mehrheitlich nicht linear aufeinander wirken, ist das Muster der Uhrzeit, wenn überhaupt, nur noch begrenzt brauchbar. Es ist schlichtweg zu einfach, zu anspruchslos und zu wenig komplex. Es reduziert nämlich Ungewissheiten, Unschärfen und Unterschiede in einem Umfang, der auf Kosten der Produktivität geht.

Die Unternehmen reagierten darauf und verlagerten die dem Uhrentakt folgende Produktion, speziell die Fließbandfertigung, in weniger entwickelte Billiglohnländer. Man suchte und fand schließlich eine neue Ökonomie der Zeit, die dem Bedeutungszuwachs der Dienstleistungsbranche und der verschärften Dynamik des Marktes Rechnung zu tragen in der Lage war. In der Uhr und deren Zeitansage hingegen sah man auf einmal Flexibilitäts- und Beschleunigungsbremsen, da die an ihr ausgerichteten langfristig festgeschriebenen Zeitvorgaben weder auf die Auftragslage noch auf die Marktdynamiken in elastischer Art und Weise Rücksicht nahmen. Die mechanisch hergestellte Zeit verlor ihren bis dahin unumstrittenen Status als zentrale Betriebsgröße der Zeitorganisation und mit ihr auch das industrielle Zeitarrangement. Mit dem Einzug der Mikroelektronik in die Arbeitswelt gab die Uhrzeit ihre Zeitgeberrolle an eine jüngere, erheblich attraktivere Rivalin ab. Ihr Name ist »Flexibilität«. Und schon kommt einem Wilhelm Busch in den Sinn: »Ist die Uhr erst ruiniert, treibt es sich ganz ungeniert.« Und das hat man dann auch getan. Ganz besonders hervorgetan hat sich dabei die Welt der Finanzwirtschaft.

Für die Sicherung des unternehmerischen Mehrwertes und dessen Steigerung brauchte es eine neue Strategie der Beschleunigung. Rettung fand man einerseits in Bemühungen um eine marktsensiblere Flexibilisierung, andererseits in einer Verdichtung des Zeithandelns. Nicht zuletzt, da der Industriesektor unübersehbar Symptome von Altersschwäche zeigte, richten sich die Erwartungen auf ein weiterhin steigendes Wirtschaftswachstum in erster Linie auf den Dienstleistungsbereich und auf den durch die Digitalisierung stark expandierenden Informationssektor. Dass dieser Wandel, für den auch gerne das Wort »Revolution« bemüht wird, heute in vollem Gange ist, kann nur mehr von hartnäckigen Ignoranten geleugnet werden. Gigabite, Pixel, Glasfaser, Highspeed-Internet lauten die Schlüsselwörter, die von ökonomischen Wachstumshoffnungen begleitet werden. Sie übernehmen die Plätze von Fließbändern, Schrauben, Hebeln und großen Maschinenparks. Der Ingenieur, wie wir ihn seit Langem kennen, wird vom Softwareexperten ersetzt. Er ist es, der für die Installation und die Funktionsfähigkeit all jener Geräte, Instrumente, Arbeitsmittel und Unterhaltungsmedien sorgt, die dem bereits hohen Alltagstempo noch mehr Tempo verleihen und die den Menschen noch mehr Entscheidungsprobleme aufhalsen, als sie bereits hatten. Heute sind es keine großen Fabrikgebäude mit hohen Schornsteinen mehr, auch keine von Sirenentönen gerahmten festen Arbeitszeiten und auch keine starren Hierarchien mehr, die die Arbeitswelt kennzeichnen, es sind Informationen, vernetztes Denken und Prozesswissen.

Auf dem von dem amerikanischen Soziologen Daniel Bell 1973 in seinem Buch *Die postindustrielle Gesellschaft* beschriebenen Weg von einer produzierenden zu einer Informations- und Dienstleistungsgesellschaft gewinnen atypische Beschäftigungsverhältnisse (gemeint sind elastische Honorar- und Zeitverträge) an Bedeutung und an Beliebtheit. Leiharbeit, Teilzeit- und Projektarbeit führen zu einer umfassenden Flexibilisierung des Personaleinsatzes. Nur noch ein Drittel der Erwerbstätigen in Deutschland, meldet die Arbeitsagentur, ist derzeit noch in klassischen Produktionsbetrieben tätig. Der von der Uhrzeit dominierte und organisatorisch an ihr orientierte industrielle Kern der Arbeitswelt schrumpft von Tag zu Tag. Eindeutiger Gewinner ist der auf Flexibilität und Zeitverdichtung setzende Dienstleistungsbereich. Große Wachstumspotenziale sehen die Wirtschaftsinstitute in erster Linie bei den sozialen Dienstleistungen (Erziehung, Pflege, Beratung), den Tätigkeiten im Freizeitsektor und in der führenden Expansionsbranche unserer Zeit, dem Gesundheits- und Wellnessbereich.

Inzwischen ist die Bundesrepublik Deutschland auf dem Weg von der industriellen zur nachindustriellen Dienstleistungsgesellschaft ein großes Stück vorangekommen. Die Beschleunigung, die nicht erst mit der Tiefkühlkost auch in unsere Küchen Einzug gehalten hat, kann unsere Ansprüche, immerzu auf der Höhe der Zeit und der Beschleunigung zu sein, nicht mehr befriedigen; zumindest kann sie es nicht alleine. Heute macht man sich erst gar nicht mehr die Arbeit, die Tiefkühlpizza aufzutauen, sondern ruft, um Zeit zu sparen, beim Tele-Pizza-Sofortdienst an oder lässt sich als Alternative gleich das Essen regelmäßig von einem Cateringunternehmen ins Haus bringen. Was in solchen und vielen ähnlich gelagerten Fällen praktiziert wird, heißt im Bürokratendeutsch: Beschleunigung durch die Verlagerung von Tätigkeiten auf externe Dienstleister. Das Verfahren ist inzwischen sehr beliebt. Es ist auch dafür verantwortlich, dass mittlerweile weit mehr als die Hälfte der Beschäftigten – es sind inzwischen 70 Prozent – in diesem zeitflexiblen Segment tätig sind. Kein Wunder, dass das in die Jahre gekommene Ehepaar »Industriegesellschaft/Uhr« auf der Suche nach einem Platz im Seniorenheim ist. Das der Uhrenmechanik hinterherlaufende Zeithandeln ist nun mal, selbst im Haushalt, für die Flexibilitätsansprüche unserer Zeit zum Hindernis geworden. Das heißt jedoch nicht, dass wir mit dem Rückgang industrieller Produktionsformen auch am Ende der Uhrzeit angelangt wären. Angelangt jedoch sind wir am Ende ihrer absoluten Herrschaft.

So geht die Uhr schließlich, wie wir dies aus der Biologie ja auch kennen, den Weg ihres Wirtskörpers, der da heißt: »Industriegesellschaft«. Die soziale Evolution gleicht, in dieser Hinsicht zumindest, der biologischen. Ortega y Gasset schildert diesen Vorgang: »Wenn eine menschliche Wirklichkeit ihre Geschichte erfüllt hat, gescheitert und ertrunken ist, spülen die Wellen sie an die Küste der Rhetorik, wo sie als Leichnam noch lange weiterexistiert. Die Rhetorik ist der Friedhof der menschlichen Wirklichkeiten, bestenfalls ihr Altersasyl. Länger als die Wirklichkeit lebt ihr Name, der, wenn auch nur Wort, am Ende eben doch Wort ist und immer etwas von seiner magischen Kraft bewahrt.« Diese magische Kraft ist es denn auch, die den Uhren trotz alledem ihre zweifelsohne immer noch große Prominenz verleiht. Je stärker Uhren als Gebrauchsgegenstand an Zuspruch und Anziehungskraft verlieren, umso mehr gewinnen sie als wertbeständiges Schmuckstück und als Geldanlage an Attraktivität. Zunehmend seltener sagen Uhren heute etwas über die Zeit, immer häufiger aber über ihre Besitzer aus – und sei es über deren Sentimentalität, sich als Mittäter der Uhrengeschichte präsentieren zu können. Schließlich sind sie für Männer der einzige Schmuck, den sie problemlos in der Öffentlichkeit tragen können, ganz abgesehen von dem Sachverhalt, dass sie auch ein prestigeträchtiges Spielzeug für sie sind, quasi die Fortsetzung der Modelleisenbahn. Karl Valentin, der kluge Münchner Kleine-Leute-Philosoph, hat das bereits geahnt, als er jener Taschenuhr einen unersetzbaren Wert attestierte, die ihre Zeiger verloren hatte.

Heute verlieren die Uhren nicht ihre Zeiger, sondern ihren Einfluss, ihr Zeitordnungspotenzial. Nicht zuletzt, wie oben bereits erwähnt, weil die quantifizierende Vernunft, die von den Menschen einst in die Uhr hineingesteckt wurde, hohl wurde und ihre befreienden Potenziale weitestgehend verloren hat. Die Zeitvorgaben der Uhr sind kein erfolgversprechendes Leitbild mehr für die Fortschrittsanstrengungen. Wer heute in Gefahr kommt, vom Dach der Zeit zu stürzen, kann nicht mehr länger hoffen, wie es Harold Lloyd in Stummfilmzeiten noch gelang, den lebensrettenden Halt an den Zeigern einer Uhr zu finden. Und auch der Fortschritt ist nicht mehr das, was er einmal war. Für die orientierungslos im Meer der Möglichkeiten Treibenden sendet er kein Licht mehr, um erkennen zu können, wohin es gefahrlos weitergeht.

Kurzes Zwischenfazit: Dass die Menschen für die Industriegesellschaft funktionierten, hat die Uhr besorgt, dass sie für die Zeitverdichtungsgesellschaft funktionieren, dafür sorgen Mobiltelefon und Internet. Ob wir wollen oder nicht, ob es schwer- oder leichtfällt, heute müssen wir einsehen, dass der Uhrzeitzentrismus, entgegen allen ihm aufgeladenen Erlösungsversprechen und Glückserwartungen, ein unzulänglicher Versuch war, die Zeit auf mechanische Art und Weise in den Griff zu bekommen. Zu Beginn des 21. Jahrhunderts sind wir Zeugen und zugleich Förderer einer Dynamik, bei der das Mobiltelefon die Rolle des Leitinstruments der Zeitkoordination übernimmt. Im Hinblick auf die zeitliche Koordination von Parallelhandlungen ist es der Uhr weit überlegen. Denn erheblich besser, als die auf Regelmäßigkeit angelegte lineare Ordnung des Zeigerfortschritts wird die Unregelmäßigkeit tolerierende Logik des Netzwerkes den Anforderungen an flexibles Zeithandeln gerecht. Das Netz bewahrt und fördert – ganz im Unterschied zum Modell »Uhr« –

die Komplexität des Denkens und Handelns. Es standardisiert und linearisiert das Zeithandeln nicht, lässt ihm vielmehr Spielräume, bewahrt die Vielfalt und kann mit Widersprüchlichem und Abweichendem produktiv umgehen. Das Ordnungsprinzip der Zeiger kennt wie die Wäscheleine nur eine einzige Richtung, kennt nur ein unnachgiebiges, trotziges Voranschreiten. Ganz anders das ortlose Netz. Es kennt ein Vor und Zurück, ein Langsamer und Schneller, bewahrt zeitliche Vielfalt und lässt die Verknüpfung unterschiedlicher Zeiten zu. Es besitzt weder Zentrum noch Peripherie, ist dezentral und besteht aus einer Vielzahl von Kontakten und Kreuzungspunkten, die den Anschluss mehr oder weniger flexibel festlegen. Galt Pünktlichkeit als die wichtigste »Tugend« des Uhrzeitalters, dann ist Anschlussfähigkeit die wichtigste des Netzwerkalters.

Und wie geht es den Uhren dabei? Sie verschwinden, in erster Linie aus dem öffentlichen Raum. »Die Domuhr – reif fürs Museum.« Mit diesen Worten überschreibt die Süddeutsche Zeitung im Oktober 2006 in ihrem Lokalteil einen Bericht über den Abbau der großen Uhr am Nordturm der Münchner Frauenkirche. »Kaputt«, informiert die Berichterstatterin die Leser, »ist sie nicht.« Und doch ereilt sie das gleiche Schicksal wie die Schallplatte oder die Dampflok vor ihr. Der Artikel schließt mit dem Hinweis, dass das aus dem Jahr 1842 stammende Uhrwerk, nachdem es restauriert ist, ins Deutsche Museum umziehen soll. Auch an anderer Stelle gibt es keine Chronometer mehr. So etwa in Schulen. Speziell in neu errichteten oder renovierten Bildungsgebäuden verzichtet man neuerdings auf die ehemals in jedem Klassenzimmer über der Ausgangstür montierte Uhr. Gleiches gilt für die Wände von Verwaltungsgebäuden, Büros und Werkstätten. Immer häufiger berichten Personen, sie hätten den Entschluss gefasst, sich und ihr Handgelenk dauerhaft von den tickenden Handschellen zu befreien.

Die Uhr hat ihre Zukunft hinter sich. Das aber bedeutet nicht, dass man sich demnächst eine Eintrittskarte fürs Museum kaufen muss, um ihr zu begegnen. Auch weiterhin wird es Bereiche in unserer Gesellschaft geben, die den postmodernen Zeitverdichtungsstrategien widerstehen, belebte Räume, in denen nicht das Mobiltelefon, sondern die altehrwürdige Uhr Richtung und Zeit angibt.

Noch ist die Uhrzeitparty nicht ganz vorbei, noch werden die Zeiger nicht flächendeckend abmontiert, noch werden die Uhren nicht überall entsorgt. Es könnte aber so kommen. Für Uhrenliebhaber und Uhrensammler aber ist das kein Anlass, sich aufzuregen oder Ängste zu entwickeln, sie müssten demnächst auf ihre Leidenschaft verzichten. Im Gegenteil, sie können sich ganz entspannt zurücklehnen. Es wird weiterhin Uhren geben, alte und neue. Auch müssen Uhrenbesitzer nicht damit rechnen, gemeinsam mit ihren Chronometern für rückständig gehalten zu werden. Die Uhr wird weiterleben, zuallererst als Schmuckstück, Geldanlage und Statussymbol. Es spricht sogar sehr viel dafür, dass man die aus der Uhrenwerbung bekannten gut gekleideten, eleganten Herren, flankiert von nicht minder herausgeputzten Damen, die sich stets auffällig darum bemühen, die bewundernden Blicke der Umgebung auf ihre Handgelenke mit den teuren Uhren zu lenken, noch häufiger in den Prospekten zu sehen bekommen.

Der Uhr als *Zeitmesser* hingegen droht ein ähnliches Schicksal, wie es Pferde und Segelschiffe bereits hinter sich haben. Pferde waren bekanntermaßen über viele Jahrtausende das wichtigste Transportmittel der Menschheit. Das ist seit Längerem vorbei und trotzdem sind Pferde bekanntermaßen nicht ausgestorben. Selbst außerhalb von Zoo und Zirkus haben sie überlebt, als lebendige Sportgeräte und als bewegliche Begleiter bei diversen Freizeitvergnügungen. Das Pferd aber ist heute kein »Gebrauchsgegenstand« mehr, sondern ein nicht wenig verbreiteter und sehr beliebter »Luxusgegenstand«. Dieses Schicksal steht auch der Uhr in ähnlicher Art und Weise bevor. Sie kann also mit einer durchaus ansehnlichen Restlaufzeitverlängerung rechnen.

Grenzenlose Zeiten und andere Paradiese des Konsums

Italo Svevo, ein über lange Zeit verkannter Triester Schriftsteller, schildert in einem seiner meist im Kaufmannsmilieu des untergehenden Österreich-Ungarischen Reiches spielenden Romane eine Szene, deren Symbolik erst heute ihre volle Ausdruckskraft erlangt: Anlässlich der Modernisierung einiger Geschäftsräume taucht in einem Handelsbüro ein Schild mit der Aufschrift »Privat« auf, von dem niemand sagen kann, wo es eigentlich hingehört. Das Private, so der Hinweis Svevos, hat seinen Ort und seine Zeit verloren, es ist nicht mehr lokalisierbar. Die Unschlüssigkeit, die Ratlosigkeit, nicht mehr zu wissen, wo was hingehört, wo etwas beginnt, wo etwas endet, und wo sich die Mitte befindet, die sind es, vor der die Büroangestellten in Svevos Roman bereits vor hundert Jahren standen. Heute zählt solche Orientierungslosigkeit zur Normalität. Die Zeiten haben ihren Ort und der Ort hat seine Zeiten verloren. Annähernd allen neuen Technologien ist gemeinsam, dass sie ihre Orts- und ihre Zeitbindung lockern, in vielen Fällen sogar aufheben. Die Zeiten ändern sich schneller denn je und mit ihnen die Gewohnheiten, die Erwartungen und die Regeln des Zusammenlebens. Teilhabe ist ohne Anwesenheit möglich, Konferenzteilnehmer müssen sich heutzutage ebenso wenig aus der gleichen Keksschachtel bedienen, wie Beraterin und Klient bei ihrem Dialog im gleichen Zimmer sitzen müssen.

Flexible Orte, flexible Zeiten, bei der Beratung und anderswo. Die einstmals starren Regime von Ort und Zeit sind ins Wanken geraten. Sie stehen zur Disposition. Der Arbeitsplatz verliert seine klare Grenzziehung zum Wohnort, die Grauzone zwischen Arbeitszeit und Freizeit wird breiter und mit ihr die von Abhängigkeit und Selbstbestimmung. Nachdem überall und jederzeit telefoniert werden kann, alle überall erreichbar sind, und in den elektronischen Adressbüchern keine Anschriften mehr stehen, nur noch Telefonnummern und Mail-Adressen, lautet die meistgestellte Frage heutzutage: »Wo bist du?« Auch Beratung kann heute an jedem Ort stattfinden, nicht nur in den dafür vorgesehenen Räumlichkeiten und auch nicht nur zu Zeiten, die zuvor vereinbart wurden. In einer entgrenzten Welt, in der man in Frankfurt zu Mittag isst und in London über Verdauungsprobleme klagt, gehört es beinahe zur Normalität, dass man sein Beratungsproblem in Düsseldorf hat, den Beratungsanlass in Berlin, das Beratungsbedürfnis einen in einem sterilen Bielefelder Hotel überfällt, während die Beraterin in München sitzt. Ähnliches gilt für tausend andere Aktivitäten. Die Soziologen haben sich, um diesen Vorgang in einem Wort zu charakterisieren, das Etikett der »Entgrenzung« einfallen lassen. Glaubt man ihren Analysen, dann ist es die Entgrenzung von Raum und Zeit, die den Wandel der Lebensverhältnisse und die gesellschaftliche Dynamik zu Beginn des 21. Jahrhunderts beherrscht. Der Zeitgeist zeigt sich heutzutage entgrenzt – auch im ursprünglichen Sinn des Wortes. Ohne den Fuß vom Gaspedal nehmen zu müssen, passiert man in der EU die Grenzen souveräner Staaten. Erkennbar sind sie nur noch an den funktionslosen Schlagbäumen, die am Wegesrand still und ergeben auf ihre Verschrottung warten.

Die sich mehr und mehr ausbreitenden und verstärkenden Tendenzen der Entgrenzung bringen schließlich auch die traditionellen Formen der Arbeitsteilung ins Wanken und lösen sie teilweise auf. Das betrifft die geschlechtliche Arbeitsteilung ebenso wie die familiäre, die sich an traditionellen Berufsbildern orientierende genauso wie die innerbetriebliche Arbeitsorganisation. Tankstellen beispielsweise, ehemals begrenzt auf den Verkauf von Kraftstoffen und Dienstleistungen der Autopflege, verdanken einen Großteil ihres Umsatzes inzwischen dem Verkauf von Gebrauchs- und Verbrauchsgütern des täglichen Bedarfs. Mit der Folge, dass Tankwarte, die schon lange keine ausgebildeten Tankwarte mehr sind, heutzutage mehr Brötchen backen als professionelle Bäcker. In Einzelhandelsgeschäften kann man neuerdings Kraftfahrzeuge, Autozubehör und hin und wieder sogar Immobilien erwerben, im Stehcafé Versicherungspolicen, Goldschmuck und Gartenmöbel. Ferienreisen beschränken sich nur noch in Ausnahmefällen auf die Befriedigung eines einzigen Bedürfnisses. Reisebüros lassen uns wissen, dass ihre Kunden in letzter Zeit vor allem das Rundum-Service-Sorglos-Paket bevorzugen, das aus einer flexiblen Mischung aus Kultur, Erholung, Abenteuer, Bildung und Unterhaltung besteht. Diese Form der Vergleichzeitigung, der »Unordnung«, ist es, von der man sich heute ein stärkeres Umsatzwachstum verspricht.

Vorreiter der Entgrenzung sind ohne Zweifel die Verkehrsknotenpunkte dieser Welt, die Bahnhöfe, die Airports und die Raststätten an den Schnellstraßen. Hier stößt man auf die großen Einkaufs-, Unterhaltungs-, Vergnügungs- und Begegnungszentren, die grell, laut und heftig um die Aufmerksamkeit und das Geld der Kundenströme konkurrieren. Mit einem ausgeprägten Hang zur

Begriffspiraterie und zu aufblasbaren Plastikworten sprechen ihre Marketingabteilungen gerne von »Paradiesen«, von Einkaufs-, Ferien-, Erlebnis-, Frühstücks-, Wellness- und Bettenparadiesen. Unter allen Paradiesversprechungen gehören sie zweifelsohne zu den ödesten und langweiligsten. Vom wirklichen Paradies unterscheiden sie sich wie ein selbst erlebter wunderschöner Sonnenuntergang am Südseestrand von einem, den man auf einer Ansichtskarte von weit gereisten Freunden zugesendet bekommt. Annähernd überall auf der Welt die gleich einfältige Paradies-Vielfalt. Nicht nur am Frankfurter Flughafen hat man als Hungriger die Wahl zwischen Noodle-Bar, Sushi-Tresen, Thai-Food-Buffet, Burger King und entgrenztem Hofbräuhaus, man hat die gleiche Auswahl auch in Tokio, Zürich, Singapur oder Los Angeles. Egal wo man landet, stets stößt man auf eine annähernd identische Ansammlung von Imbissbuden der gehobenen Klasse und der überzogenen Preise. Ebensolche »Paradiese« trifft man an Bahnhöfen an, die allesamt, das versprach der ehemalige Vorstandsvorsitzende der Bahn AG, Hartmut Mehdorn bei der Eröffnung des umgestalteten Kölner Hauptbahnhofes, eine »Symbiose von Shopping und Bahnfahren, Mobilitätszentrale und Dienstleistungszentrum« werden sollen.

Was ist das nur für eine seltsame Vorstellung vom Garten Eden? Das Paradies, ein Dienstleistungszentrum! In den von den postmodernen Paradiesen des Kaufrausches – in keiner der vielen Paradiesvorstellungen der Menschheit taucht etwas Vergleichbares auf – wird gerannt, gehetzt, wird Zeit in Geld verrechnet, Zeit gespart, gewonnen und verloren. In keiner versuchen die einen die anderen zu überholen, und die Angst, etwas zu versäumen, hatte bisher auch noch kein Paradiesbewohner.

Die Tore zur Welt sind selbst zur Welt geworden, einer Welt, die keinen festen Boden mehr unter sich hat. Die Unordnung des Möglichen bestimmt die Richtung der Bewegung. Weit und breit kein Schiff mit Namen »Zukunft«, das uns in den sicheren Hafen des verlorenen Paradieses bringt, immer nur Versprechungen, die sich über kurz oder lang als falsch herausstellen. Auch das hatte Goethe bereits erahnt: »Wohin es geht, wer weiß es? Erinnert er sich doch kaum, woher er kam!«

Freiheit als Zumutung

»Entbettung« und Entgrenzung von Raum und Zeit

»Flexibilisierung«, »Vergleichzeitigung«, »Entgrenzung« – ganz gleich, auf welche postmoderne Dynamik man den Scheinwerfer auch immer ausrichtet, Triebfeder war und ist für sie die Wirtschaft. Annähernd alle technischen Geräte, deren Funktionsweisen die räumlichen und häufig auch die zeitlichen Distanzen aufheben, werden zuvörderst eingesetzt, um die Zeit intensiver zu bewirtschaften und mehr Zeiten zu bewirtschaften. Das gilt auch für jene Dynamik, die der englische Soziologe Anthony Giddens ausgemacht und der er den Namen »Entbettung« (»disembedding«) verliehen hat. Die der Entgrenzungsdynamik ähnelnde Entbettung richtet den Blick in erster Linie auf die postmodernen Tendenzen der Auflösung lokaler Eingebundenheiten. Giddens beschreibt und charakterisiert, so seine eigene Erklärung, mit diesem Phänomen das »Herausheben sozialer Beziehungen aus ortsgebundenen Interaktionszusammenhängen und ihre unbegrenzte Raum-Zeit-Spannungen übergreifende Umstrukturierung«.

Geht es um die Entbettung von Marktverhältnissen aus ihrer Einbindung in ihre orts- und zeitgebundenen Nahwelten, sprechen wir von »Globalisierung«. Wir tun dies dann, wenn der lebensweltliche Bezug dessen, was geschieht und was man tut, mehr und mehr verloren geht, wenn also die Ferne nicht mehr weit, aber deshalb nicht unbedingt nah ist. Der globalisierte Mensch ist im Netz beheimatet. Das Gefühl des Fernwehs ist ihm verloren gegangen. Die Globalisierung, gestützt und forciert durch »Entbettungs«-Instrumente wie Telefon, Fernsehen und Internet, stellt sich laut Giddens als die »Intensivierung weltweiter sozialer Beziehungen dar, durch die entfernte Orte in solcher Weise miteinander verbunden werden, dass Ereignisse an einem Ort durch Vorgänge geprägt werden, die sich an einem viele Kilometer entfernten Ort abspielen, und umgekehrt«. Die israelische Post hat dahingehend das konsequenteste Produktangebot entwickelt. Ihr entbettetes Dienstleistungsangebot sieht so aus, dass per E-Mail nach Jerusalem versendete Gebete ausgedruckt werden, um anschließend von angestellten Boten zwischen die Steine der Klagemauer gesteckt zu werden. Möglicherweise überbietet der Vatikan das ja demnächst und liefert die Letzte Ölung per SMS.

In erster Linie sind es die neueren Medien- und Informationstechnologien, die in den letzten Jahren die traditionellen Grenzen, Barrieren, Trennungs- und Demarkationslinien durchlöchert haben. Dies gilt vor allem für die Grenzen zwischen Privatem und Öffentlichem und von Privatem und Beruflichem. Zur Verdeutlichung ein Beispiel: Es ist noch nicht allzu lange her, da fanden Telefongespräche in abgeschlossenen Räumen und im öffentlichen Raum installierten Zellen statt. Beide boten sie Schutz und Raum für das Private, das fernmündlich kommuniziert wurde. Die passive Teilnahme an der telefonischen Unterhaltung galt bis vor Kurzem noch als eine grobe Verletzung der Intimsphäre.

Das hat sich seit der flächendeckenden Versorgung der Bevölkerung mit Mobiltelefonen gründlich geändert. Intimste Details aus Privat- und Geschäftsleben werden heutzutage ohne große Zurückhaltung und in Anwesenheit völlig fremder Menschen problemlos preisgegeben und mitgehört. Telefoniert wird überall und grenzenlos. Das veranlasste den niederländischen Philips-Konzern zu der distanzlos-aggressiven Feststellung: »Das Wohnzimmer gehört uns!« Und wie es aussieht, wird es dabei nicht bleiben. Der Kampf um die stillen Orte und die stillen Örtchen hat bereits begonnen. »Das Internet ist so sehr zum Bestandteil des Alltagslebens geworden, dass das Surfen auf dem Klo der nächste natürliche Schritt ist. Die Menschen haben bislang nach einem Buch oder einer Zeitschrift gegriffen, wenn sie auf dem Klo waren, jetzt werden sie sich einloggen.« So also sieht, glaubt man der Internetzeitschrift *telepolis*, unsere nahe Zukunft aus.

Längst hat sich die »Privat«-Wohnung zu einem konflikt- und entscheidungsreichen Spannungsfeld zwischen globalem Raum und konkretem Ort des sozialen Lebens gewandelt. Geschäfte werden, nicht immer zur Freude anwesender Familienmitglieder, zu allen möglichen, aber auch immer häufiger zu allen unmöglichen Zeiten von zu Hause aus getätigt. Die Arbeit schwappt ins Familienleben, in den Urlaub und die sogenannte Freizeit. Man schleppt sie mit ins traute Heim oder lässt sie sich auf elektronischem Weg aus dem Büro direkt ins Wohnzimmer und ins Wochenende liefern. Die soziale Lebenswelt und ihre Zeiten werden von den Zeittakten und den »Zeit-ist-Geld«-Imperativen der Arbeitswelt infiziert und erobert und tragen damit zur Entwertung jener Zeiten bei, die nicht in Geldwerte transferierbar sind. Ein Trend, der sich inzwischen auch mit Zahlen belegen lässt. Nur noch 29 Prozent der IT-Experten, das stellten Arbeitswissenschaftler fest, können laut eigener Aussage nach der Arbeit problemlos abschalten.

Die Auflösung der scharfen Grenzziehung zwischen Arbeit und Familienleben, ursprünglich ein Ideal (selbst der Arbeiterbewegung), erweist sich als zweischneidig. Sie reduziert nicht nur die Entfremdung, sondern sie steigert diese auch. Gut 70 Prozent der Arbeitskräfte begleiten die Gedanken an die Arbeit und die Sorge, etwas Entscheidendes übersehen oder vergessen zu haben, mit nach Hause. Immer mehr Karreristen nehmen ihren Laptop oder ihr iPhone mit ins Schlafzimmer und gehen vor dem Einschlafen und nach dem Aufwachen erst mal online. Auf diese Art und Weise erobern die Zeitbedarfe externer und entgrenzter Kommunikationspartner in immer größerem Umfang die Privatheit der eigenen vier Wände. Mobiles Telefon und Laptop üben dabei eine extensivere Form der Zeitherrschaft aus, als man es von der Uhr gewohnt war. Das Telefon ist, so der Hinweis des Vaters der Medientheorie, Marshall McLuhan, ein »unwiderstehlicher Eindringling«. Es geht von ihm die selbstversklavende Aufforderung aus, sich stets bereitzuhalten und jederzeit umgehend auf sein akustisches Kommando zu reagieren. Der Zauberlehrling lässt grüßen.

Ihren Hang und ihren Drang zur Vergleichzeitigung von Tätigkeiten können viele auch nicht dort und dann ablegen, wo und wann sie überhaupt nicht gefragt und angesagt ist. Daran hindern auch die vielen Geräte fürs Unterwegssein, die heutzutage überall-

Freiheit als Zumutung   203

hin mitgeschleppt werden. Postmoderne Zeiten sind Zeiten, in denen den Menschen immer seltener die Gelegenheit zum Abschalten gegeben wird. Ist alles immer und überall verfügbar, wird das Dasein zum end- und pausenlosen Management komplexer Gleichzeitigkeiten. Dass diesen »Fortschritt« nicht alle Menschen begrüßen, liegt auf der Hand.

Entbettung aber heißt auch, dass von den Highspeed-Umgebungen, die unseren Alltag rahmen, nur mehr wenige Angebote zur zeitlichen Strukturierung der Lebensführung ausgehen. Und zwar erheblich weniger als zu jenen Zeiten, in denen Kirchturmuhr, Fabriksirene und Schulglocke entschieden, was die Stunde geschlagen hat und was, wenn die Stunde geschlagen hat, zu tun und zu lassen war. Das Internet hält sich in dieser Hinsicht ganz entschieden zurück. Es gibt weder einen Takt vor, wie Uhren und Maschinen, noch folgt es den Zeitmustern biologischer und kosmischer Rhythmen und ebenso nicht denen von Gewohnheiten und Traditionen sozialer Gemeinschaften. Es ignoriert jegliche Zeitordnung und präsentiert sich den Nutzern als ein anfangs- und endloses, als ein »zeitloses« Nirwana. Diejenigen, die sich für das komplette Büro in der Jacken- oder Handtasche entscheiden, kennen keinen Feierabend und kein Wochenende mehr, und die Unterscheidung zwischen Werk- und Sonntag gibt für sie keinen Sinn mehr her. Als Folge permanenter Grenzverletzungen löst sich dann auch die traditionelle, langjährig praktizierte und über lange Zeit akzeptierte alltagskulturelle Verankerung der Trennung von Arbeit und Freizeit auf.

Arbeit als Leben

Täglich entscheiden sich mehr Arbeitskräfte, viele davon nicht freiwillig, für den grenzenlosen Arbeitstag. Schon gilt die Grenzziehung zwischen geregelten Arbeitsstunden und ungeregelten Überstunden als antiquiert. Temporäre Entgrenzung auch hier, obgleich Arbeitsmediziner immer wieder deutlich warnen, dass man dafür nicht nur mit der vagen Aussicht auf eine mögliche Karriere belohnt wird, sondern auch mit Schlafstörungen, Rückenproblemen und Herzbeschwerden. Zahlen lassen keinen Zweifel, dass die Entgrenzung, speziell in den Führungsetagen, längst zur Normalität gehört: US-amerikanische Statistiken sagen, dass 62 Prozent der Manager ihre beruflichen E-Mails im Jahr 2009 abends und in der Freizeit abgefragt haben, 50 Prozent beantworteten sie sofort, 20 Prozent unterbrachen dafür sogar ihr Essen. Deutsche Statistiken sagen nicht viel anderes. Hierzulande sind es drei Viertel aller Führungskräfte, die am Wochenende arbeiten, 25 Prozent von ihnen mehr als zehn Stunden.

Das ist eine Realität, die von den Hochglanzprospekten, die allmorgendlich aus unseren Tageszeitungen purzeln, unterschlagen wird. In den bunten und aufwendigen Werbeanzeigen vermitteln Marketingspezialisten und Werbedesigner immer nur Bilder von telefonierenden und im Internet surfenden, stets lächelnden und gut aussehenden Personen, mit einer verführerischen Nähe zum attraktiven Sinnbild des unter einem schattigen Baum in Ruhe genossenen Glücks. Immer ist es eine schöne neue Welt, die all jene Wünsche erfüllt, die man ohne diese Hochglanzwerbebilder gar nicht hätte. Was der zuweilen zynische Kundenfang jedoch nicht zeigt, sind die Belastungen, die Probleme und die Komplikationen, die ein dermaßen verdichtetes Leben, bei allen flexiblen Möglichkeiten, immer zugleich auch mitliefert und aufzwingt.

Die Auflösung der institutionellen Grenzziehungen zwischen arbeits- und lebensweltlichen Zeitstrukturen und Zeitregeln führen zur Intensivierung von Belastungen, zu erhöhtem Entscheidungsbedarf, mehr Entscheidungsdruck und zu wachsenden Zeitnöten durch die Verdichtung von Handlungsepisoden. Solche Auf- und Zudringlichkeiten sind dem Sachverhalt geschuldet, dass die raumzeitliche Entgrenzung die private Lebenswelt in immer größerem Umfang ökonomischen Imperativen aussetzt. Ganz besonders gilt das für Familien, denen eine aufwendigere und kompliziertere Balance zwischen den unterschiedlichen Zeitansprüchen ihrer Mitglieder und denen externer Personen und Institutionen aufgebürdet werden. Die Koordination von Beruf, Privatleben und Sozialem erfordert eine hohe Virtuosität beim Jonglieren mit sich widersprechenden und unvereinbaren Anforderungen. Ein Zustand, der schon lange keine Ausnahme mehr ist, sondern längst zum alltäglichen Ausnahmezustand wurde. Das Potenzial an Beharrung, an

Freiheit als Zumutung   205

Orientierung und Übersicht, das einstmals mit der Regelmäßigkeit und der Berechenbarkeit von sozialer und aufgabenorientierter Zeitorganisation eng verbunden war, geht so mehr und mehr verloren. Im Gegenzug wächst der Druck, langfristige Festlegungen zu vermeiden und sie durch rasch änder- und korrigierbare Kurzfristentscheidungen zu ersetzen. Dies wiederum führt zu einem kurzfristigen und kurzatmigen Zeitmanagement. Was andererseits die Folge hat, dass langfristig gültig und dauerhaft wirksame Stabilisatoren, ohne die Kultur, Gemeinschaft und gesellschaftlicher Zusammenhalt nicht denkbar sind, einen immer größer werdenden Aufwand an Stabilisierungsbemühungen, an Koordinationsanstrengungen und komplexer Balancearbeit verlangen.

Die privaten Räume werden jedoch nicht nur zur Arbeitsstätte, sie werden auch zum Depot für Informationen und Nachrichten. Mittels Fernabfrage sind die eigenen vier Wände zu allen Zeiten auch von außerhalb zugänglich. Die in Deutschland vom Grundgesetz als privat geschützte Wohnung öffnet sich zur Welt.»Stärken Sie Ihren Internetbrowser und schon stehen Sie mit der ganzen Welt in Verbindung.« Eine Offerte, die Microsoft uns als eine frohe Botschaft verkauft. Sie wird bei jenen auch als frohe Botschaft wahrgenommen, die ihr Zeitleben in erster Linie an den Zeitvorgaben ihrer Leitmedien Computer und Handy ausrichten.

Dass sich diese beiden rasch vermehren, offenbart ein neugieriger Blick hinter die Türen der heutigen Arbeitswelt. Betritt man in diesen Tagen ein Bürogebäude, eine Bank, eine Versicherungsagentur, ein Reisebüro oder schaut man mal in einem Verwaltungsgebäude einer Automobilfabrik vorbei oder auch im Labor einer Pharmafirma, setzt seinen Fuß in eine Arztpraxis, ein Universitätsinstitut oder besucht einen Schriftsteller bei ihm zu Hause, der gerade über einem Buch zum Thema»Zeit« brütet, stets trifft man auf die gleiche Situation: Man begegnet Menschen, die vor Bildschirmen sitzen, Tastaturen bearbeiten, mit der Maus hantieren und ihren Blick mehr oder weniger konzentriert auf flimmernde Oberflächen richten. Was in der Moderne der Fabrikschlot war, ist in der Postmoderne die Universalmaschine Computer. Sie herrscht über den Alltag, sorgt dafür, dass man die meiste Lebenszeit auf der

Oberfläche verbringt. Erkannte man ehemals Berufstätige an ihrer Haltung, ihren Gesten (man erinnere sich nur an das beliebte »heitere Beruferaten«) und ihrer Kleidung, so hat sich der Computer heute überall eingenistet und hat alle gleich gemacht. Er verdichtet die Handlungssequenzen annähernd aller Tätigkeiten, an welchem Ort sie auch immer stattfinden, ob in der Firma, ob zu Hause oder unterwegs. Er beschleunigt den Kapitaltransfer, die anfallenden Abstimmungsprozesse, den Transport und den Austausch von Zeichen der unterschiedlichsten Art auf Bruchteile von Sekunden. Der Computer ist das Multifunktionsgerät par excellence. Er dreht die Spirale der Beschleunigung weiter, fungiert als ein die Zeitnöte verschärfendes Optionsvermehrungsinstrument und sorgt für weitere Zeitverdichtung. Er ist es vor allem, der für den Zustand verantwortlich zeichnet, dass immer mehr Menschen mit dem Gefühl ins Bett gehen, heute mal wieder nicht zu dem gekommen zu sein, was ihnen wirklich wichtig ist, und am folgenden Morgen mit der Befürchtung aufstehen, sie könnten auch an dem vor ihnen liegenden Tag wieder mal viel zu viel verpassen.

Time Shifting – Immer was los

Trendsetter der Entgrenzung sind vor allem die Medien. Auf soziale Zeiten und Rhythmen nehmen sie – und immer häufiger auch deren Nutzer – keine Rücksicht. So kommt es schließlich zur paradoxen Situation, dass die Menschen, je vernetzter sie sind, immer isolierter, einsamer und kontaktlos werden. Und was das ihnen von den Medien aufgezwungene Tempo betrifft, so geht das allmähliche Verschwinden der Wirklichkeit mit einem wirklichen Verschwinden der Allmählichkeit einher.

Die Sendeanstalten haben einige Jahre vor der Jahrtausendwende ihre ehemals tagesrhythmische Zeitstruktur aufgegeben. Seit der Abschaffung des Sendeschlusses senden sie durchgängig, pausenlos 24 Stunden lang.

In diesem Zusammenhang ein Hinweis an jüngere Menschen, die, weil sie zu dieser Zeit die Zeit der Welt noch nicht erblickt hatten, sich die ehemaligen Zustände vielleicht gar nicht vorstellen können: Als es den Sendeschluss noch gab, an dem üblicherweise die Nationalhymne gespielt und das Programm vom folgenden Tag eingeblendet wurde, gab es noch Sendungen, die zum Beispiel »Letzte Meldungen« und »Nachtgedanken« hießen. Heutzutage kennt das Fernsehen keine zeitlichen Ränder mehr. Wie auch jene Programmmedien, für die sein Beispiel ansteckend war, kennt es weder Auszeiten noch Pausen noch irgendwelche Zeiten des Dazwischen. Um bei der sich abzeichnenden neuen Welle der Zeitverdichtung und Zeitflexibilisierung mithalten zu können, stellte man auf den Rund-um-die-Uhr-Betrieb um. Heute geht man noch einen Schritt weiter und flexibilisiert das Programm auch in seinen Einzelteilen. Von einem »Programm« sprechen wir ja beim Fernsehen und beim Funk, wenn wir einen an der Zeigerlogik festgemachten Ausstrahlungsablauf meinen. Der Nutzer wird durch eine Programmvorgabe gezwungen, einem fremdbestimmten Zeittakt und den daran gekoppelten inhaltlichen Angeboten Folge leisten zu müssen. Programme widersprechen insofern den postmodernen Ansprüchen an Flexibilität und Wahlfreiheit. Das ist auch der Grund, warum man sich derzeit seitens der Sendeanstalten bemüht, die Starrheit und die zeitliche Gradlinigkeit der Programme zu verflüssigen, sie zu flexibilisieren und durch allzeit abrufbare Angebote zu ergänzen oder zu ersetzen. In naher Zukunft dann kann sich jeder Nutzer sein Programm selbst zusammenstellen und seine bereits eng verbauten Privatstrände der Zeit noch weiter verdichten.

Dabei hilft eine elektronische Wundertüte, deren Name »Time Shift« zugleich ihr Programm ist. So lassen sich, Time Shifting macht's möglich, Sendungen jederzeit anhalten, zurückspulen oder, je nach Bedarf, an einem späteren Zeitpunkt fortsetzen. »Ich schaue mir« so ein begeisterter Nutzer, »die Sendungen jetzt, wann und wo ich will an.« Endlich ist es so weit: Immer ist was los, und wenn mal nichts los ist, kann man umgehend dafür sorgen, dass was los ist. Sogar Tages- und Wochenzeitungen machen bei diesem »Fortschritt« mit. Man kann auch sie, die Werbung verspricht es zumindest, »jetzt täglich als Audio-Datei, als MP3-Datei laden und beim Joggen, Rasenmähen oder Unkrautjäten hören«.

Die neue Qual der Wahl

Der Fortschritt schreitet voran. Es bleibt ihm ja auch nichts anderes übrig. Eine andere Richtung kennt er ja auch nicht. Doch er tut es nicht umsonst. Er kostet uns was, und meist mehr als wir uns eingestehen und auf den ersten Blick vermuten. Der Fortschritt hat uns in Zeitlandschaften geführt und entführt, in denen wir keine Briefe mehr schreiben müssen. Nachrichten, die wir auf den elektronischen Weg bringen, entlasten uns davon. Um an Theater-, Kino- und Konzertkarten zu kommen, brauchen wir uns in keiner Schlange mehr anstellen, ein Klick, und schon haben wir die gewünschte Zahl von Plätzen reserviert. Wir müssen nicht mehr jeden Werktag und auch dann nicht immer pünktlich im Büro sein, und wir können und dürfen auch selbst entscheiden, wann wir uns von dort wieder auf den Weg nach Hause machen. Doch »there is no free lunch«, wie die Amerikaner sagen, wenn sie auf den Sachverhalt hinweisen, dass alles seinen Preis hat. Das trifft auch auf jene Freiheiten zu, von denen wir glauben, sie uns durch unseren großen Aufwand und unsere Anstrengungen, schneller zu werden und verdichteter zu leben, verdient zu haben.

Und in der Tat, wir können heute über sehr viel mehr entscheiden als jemals zuvor in der Menschheitsgeschichte. Und doch haben wir uns nicht immer freiwillig für unsere vielen neuen Freiheiten entschieden. Einen Teil unserer Freiheiten haben wir aufgezwungen bekommen, zu einem anderen hat uns der Phrasenvorhang der Werbung verführt, einige wurden uns – höchst selten ohne Hintergedanken – geschenkt, andere aber haben wir uns erarbeitet und die schönsten und wichtigsten erkämpft. Doch die allermeisten Ungebundenheiten, denen wir das überstrapazierte Etikett der Freiheit aufkleben, sind »nur« Wahlfreiheiten, sind also bei Weitem nicht so groß, wie sie präsentiert werden. Zuweilen sind sie erdrückend, überwältigend und überfordernd. Je stärker und umfassender die Multifunktionsgeräte mit ihren Auswahltechnologien unseren Alltag dominieren, umso weniger frei können wir entscheiden, wie schnell, wie intensiv und wie vernetzt wir sein und handeln wollen, was wir wann und wie lange tun und in welcher Art und Weise wir mit den Geräten und unseren Mitmenschen umgehen möchten. So

Freiheit als Zumutung 209

etwa reicht es an den Tatbestand der Fahrlässigkeit heran, wenn man das im Werbefernsehen offerierte Angebot der Telekom ignoriert und nicht umgehend die angepriesene schnellere Internetverbindung installiert. Gründe für eine solche Weigerung gibt es genug, zumal viele einschlägige Erfahrungen belegen, dass annähernd alle Maßnahmen der Beschleunigung dahingehend Bedürfnisse und Erwartungen wecken, das Tempo noch weiterzusteigern. Unversehens befindet man sich in einer Steigerungsspirale, in der man vom Akteur zum Opfer wird. Zum Opfer einer einschnürenden Dynamik, die man einst voller Hoffnung in Gang setzte, um freier und unabhängiger zu werden. Wie schnell aus der Freiheit eine Zumutung werden kann, zeigt der Einkauf in einem Supermarkt, der all jene Kunden rettungslos überfordert, die die dort offerierte Wahlfreiheit ernsthaft auszuüben gedenken. Das alltägliche Scheitern an der Optionsvielfalt nimmt den Wahlfreiheiten einen Großteil ihres Glanzes und ihrer Versprechen. Freiheiten, die sich in einer Steigerungsspirale verheddern, schlagen unversehens in Zwänge um. Sie erzeugen einen immensen Entscheidungs- und Zeitdruck und rauben dem Dasein die dauerhafte Aufenthaltsattraktivität.

Bis vor nicht langer Zeit war man noch der Meinung, dass die Zunahme der Entscheidungsmöglichkeiten und Wahlalternativen die Menschen freier und glücklicher machen würde. Doch in jüngster Zeit melden Sozialwissenschaftler Zweifel daran an. Mit der Menge der Entscheidungsfreiheiten und der Zahl der Entscheidungsmöglichkeiten wachsen der Entscheidungsaufwand, der Entscheidungsdruck und die Zeitnöte. Nicht nur dann, wenn man auf der Suche nach einem neuen Stromlieferanten ist oder sich für einen günstigeren Stromtarif interessiert, kann man in dieser Hinsicht einschlägige Erfahrungen machen. US-amerikanische Studien kommen zu dem Ergebnis, dass der Zuwachs von Wahlmöglichkeiten und die Steigerung des Einkommens nicht unbedingt und auch nicht automatisch glücklicher und zufriedener machen. Ist ein gewisses Grundniveau der Absicherung überschritten, wächst eher die Unzufriedenheit. Man kennt das von sich selbst, vor allem beim Einkauf in einem Supermarkt. Übersteigen die Möglichkeiten der Auswahl eines gewünschten Produktes die Zahl sechs, wird der Wahlakt zu einer stressigen Entscheidung. Ganz ähnlich verhält es sich beim Einkommen. Weit überdurchschnittliche Einkommen und Vermögen entlasten nicht nur, sondern machen auch Sorgen, zuweilen große. Das wiederum legt den Schluss nahe, dass die Handlungsstrategien von »immer mehr« und von »alles gleichzeitig« keinen Ausgang kennen, der die Menschen zufriedenstellt und zufrieden macht.

Darauf weist auch Sigmund Freud in seiner bekannten Abhandlung *Das Unbehagen in der Kultur* hin: »Der Mensch ist sozusagen eine Art Prothesengott geworden, recht großartig, wenn er alle seine Hilfsorgane anlegt, aber sie sind nicht mit ihm verwachsen und machen ihm gelegentlich viel zu schaffen.« Man braucht, um das konkret in Erfahrung zu bringen, nur mal im Alltag genau hinhören – und wird feststellen, dass mit wachsender Zeitfreiheit auch die Muss-Rhetorik, also der sprachliche Ausdruck für eine Selbstverpflichtung, in auffälliger Art und Weise zugenommen hat: »Ich *muss* schnell noch mal in meine Mails schauen.« »Dann aber *muss* ich mich beeilen, um Emily vom Kindergarten abzuholen.« »Ach ja, bei der Oma *muss* ich dann auch unbedingt schnell noch mal in der Seniorenresidenz vorbeischaun und anschließend *muss* ich noch in den Baumarkt, um mir den Schlagbohrer zu besorgen, der nur diese Woche im Angebot ist.«

»Und dann *muss* ich noch und *muss* noch und *muss* und *muss* …« Sich immer mehr verpflichtet, genötigt, gezwungen fühlen – das ist der Preis jener neuen Freiheiten, die wir uns gewünscht haben und auf die wir auch nicht mehr verzichten möchten. Befreit von Zeitzwängen landen wir schließlich bei neuen und anderen Zeitzwängen. Das war bereits Goethe aufgefallen: In seinen *Maximen und Reflexionen* mahnt er: »Mit Ungeduld bestraft sich zehnfach Ungeduld; man will das Ziel heranzieh'n und entfernt es nur.« Auch Max Weber hatte das vorausgesehen: »Freiheit erzeugt Pflichten«. Konkret: Vieles von dem, was den tristen, nebligen und stressigen Alltag aufzuhellen, zu bereichern und angenehmer zu machen verspricht, zeigt bei Sonnenschein den ernüchternden Effekt, dass es zu mehr Zeitstress, mehr Zeitkonflikten und größerer Zeitnot führt.

In dem Maße, wie gesetzliche, traditionelle, konventionell und sozial vereinbarte Zeitvorgaben abnehmen und andererseits individuelle und spontan-situative Zeitentscheidungen zunehmen, braucht man mehr Zeit für die Zeit und umso häufiger wird man zum Opfer der Zeitfreiheit. Man ist verpflichtet und man verpflichtet sich selbst, stets auf dem Laufenden zu sein, und das ohne Aussicht jemals wirklich auf dem Laufenden sein zu können. Viele Zeitgenossen und Zeitgenossinnen können davon ein mehr oder weniger garstig Lied singen. Das trifft besonders auf diejenigen zu, die sich abmühen (nicht immer ganz freiwillig), ihren Lebensunterhalt durch die typisch postmoderne Errungenschaft des »Jobsurfens« zu bestreiten. Ihre, wohlgemerkt unbezahlte Hauptarbeit besteht in der Koordination komplizierter und zeitaufwendiger Entscheidungen über Zeit. Und so sieht das dann aus: morgens Textverarbeitung, mittags Bedienung am Tresen eines Schnellimbissrestaurants, nachmittags zwei Stunden Kellnern in einem Szenecafé, abends noch fix einen Artikel für die Stadtzeitung fertig machen und nachts hin und wieder Taxifahren.

So etwas lässt sich nicht so einfach unter einen Hut bringen, das »kostet« Zeit, sehr viel Zeit, die für flexible Zeitkoordination und häufig anfallende, kurzfristige Umdispositionen aufgebracht werden muss. Es ist jene Zeit, die sich die überbezahlten Job-Hopper der gehobenen Art nicht nehmen, diejenigen, die am frühen Morgen einen Hedgefonds auflegen, am Vormittag ein milliardenschweres Aktienpaket abstoßen und die nach dem aus Zeitspargründen ausgefallenen Mittagessen den Euro mal etwas durch den unangekündigten Verkauf von Staatsanleihen unter Druck setzen. Wohin das führen kann und dass so etwas, da Kurzfristigkeit ja gewöhnlich meist mit Kurzsichtigkeit einhergeht, nicht immer funktioniert, haben wir inzwischen lernen müssen – nicht zuletzt weil diejenigen, die uns zum Lernen zwangen, nichts gelernt haben. Doch auch wir haben zu wenig aus unserer wiederholten Erfahrung gelernt, dass die Geräte und Instrumente, die wir aus Zeitspargründen gekauft haben, uns entgegen ihren Versprechen, sehr viel Zeit kosten.

Als Unternehmer der eigenen Lebenszeit ist man dazu verurteilt, seine Existenz ohne Unterlass zu organisieren, zu optimieren und zu kontrollieren. Das ist anstrengend und aufwendig, kostet

Karl Valentin

War
es

Stock?
vierten
im
war's

gestern,

oder

Zeit und bringt kein Geld. Eine reichhaltige Güterausstattung benötigt nun mal Zeit. Zeit für ihren fachgerechten Einsatz und Gebrauch, für die Ausschöpfung ihrer Potenziale, für Wartung und Pflege und schließlich auch für die Entsorgung. So erfährt man, wie anstrengend und zeitraubend der heutige Zeitkoordinationsaufwand, der von wichtigtuerischen und schönrednerischen Wortneuschöpfungen wie »Zeitschiene«, »Zeitkorridor«, »Zeitfenster« (ehemals: »Frist«) und »zeitnah« (ehemals: »bald«) begleitet wird, ist. Familien mit halbwüchsigen Kindern und einem einzigen Fernsehapparat mit zweistelliger Programmauswahl stellen die geeigneten Studienobjekte für Belastungsanalysen postmoderner Zeitkoordination dar. Ihre Mitglieder erleben den Widerspruch zwischen dem Glück, das ihnen durch die vielen Möglichkeiten offeriert wird, und ihrem eigenen Unglücklichsein, wenn sie diese Möglichkeiten nutzen wollen, hautnah und nervenzehrend.

Zu den großen Irrtümern unserer Zeit zählt die verbreitete Auffassung, durch Beschleunigung Zeit sparen, Zeit gewinnen und damit mehr von der Zeit haben zu können. Annähernd täglich müssen wir zur Kenntnis nehmen: Je schneller wir werden, umso häufiger kommen wir zu spät, je flexibler wir sind, umso inflexibler werden wir, je mehr Entscheidungsfreiheit wir besitzen, umso weniger frei sind wir, je mehr Zeit wir sparen, umso mehr Zeit müssen wir noch sparen. Selbst ans Nichtstun werden inzwischen hohe Anforderungen gestellt. Hat man früher einfach mal »Fünfe gerade sein lassen«, sieht man sich heute gezwungen, ganz viel tun zu müssen, um nichts zu tun. Man muss das Nichtstun organisieren, planen und begründen und dann muss man auch noch lernen, was man tut und besser nicht tut, wenn man nichts tut. Besser leben, heißt nicht schneller leben, und es heißt auch nicht flexibler werden. Simultanten geht's beim Zeitsparen wie Schnäppchenjägern, die ihr Geld, vom verbilligten Sonderangebot verführt, für Dinge ausgeben, die sie gar nicht benötigen. Beide werden durch ihre Leidenschaften arm, die Schnäppchenjäger arm an Geld, die Simultanten arm an Zeit. Eine gute Gelegenheit mal wieder daran zu erinnern: Zeit verlieren zu können und zu dürfen zählt zu den schönsten Dingen des Daseins. Es ist die Voraussetzung aller Freiheit.

Illusionen der Zeitsouveränität

Individuelle Zeitsouveränität ist eine Illusion; zweifelsohne eine hartnäckige. Der Mensch wird in die Zeit gesetzt, er wird geboren, und das, ohne selbst entschieden zu haben, ob er das eigentlich gewollt hat. So auch dann, wenn er der Zeit wieder verloren geht, wenn er stirbt. Auch dies ohne es zu wollen und ohne entscheiden zu können, wann das sein wird. Täglich wird der Mensch müde, täglich wacht er wieder auf, und wiederum ist er nicht allzu souverän, wenn es um die Zeitpunkte des Einschlafens und des Aufwachens geht. Ein jeder Mensch wird älter, bekommt Falten, verliert Haare und wird langsamer und vergesslicher, auch dies, ohne es gewollt und zeitsouverän entschieden zu haben. Nicht einmal, wann man Großvater oder Großmutter wird, entscheidet man selbst. Weit und breit keine Spur von Zeitsouveränität. Das gilt auch dort, wo man nicht alleine auf der Welt ist, und wer ist das schon.»Keiner«, so Hölderlin,»trägt das Leben allein.« Entscheidungen über Zeit sind immer auch Entscheidungen mit sozialen Wirkungen und Folgen. Zeitentscheidungen betreffen also niemals nur die Person, die über Zeit entscheidet, sondern immer auch andere Menschen. Abhängig von den Vernetzungen mit der sozialen Mitwelt betreffen sie Familienmitglieder, Arbeitskollegen, Freunde und Freundinnen und deren Zeitdispositionen. Um die Zeitkonflikte, Zeitkollisionen und Zeitprobleme mit der sozialen Mitwelt möglichst gering zu halten, benötigt man nicht nur viel Zeit, sondern auch eine hohe Bereitschaft, Zeitentscheidungen mit anderen Zeitgenossen abzustimmen.

In der Postmoderne angekommen, dürfen sich all die mit Fug und Recht sehen und fühlen, die von der Hoffnung Abschied genommen haben, all das, was tagein, tagaus mit ihnen, durch sie und um sie herum geschieht, auch nur im Ansatz auf die Reihe bringen zu können. Um etwas auf die Reihe zu bringen, müsste man die Dinge nach dem der Uhrenmechanik entstammenden»Eins-nach-dem-anderen«-Muster ordnen und hinter sich bringen können. So aber tickt die Welt und das, was in ihr geschieht, heutzutage nicht. Und so haben weder die Welt noch die Menschen jemals funktioniert, obgleich man sich eine zeit lang bemüht hat (in der Zeit der Moderne), beiden die Ordnung der Wäscheleine aufzuzwingen.

Diese Zeiten sind jetzt vorbei. Die landläufige Vorstellung, dass Subjekte ihr Leben entlang einer Ordnung organisieren und realisieren, die sich am Leitbild der aufsteigenden Linie ausrichtet, diese Vorstellung verblasst heute zusehends und verliert spürbar an Anerkennung. Es sind nicht wenige, die in diesem Sachverhalt eine Art »kulturellen Rückschritt« sehen. Andere hingegen bejubeln neue Zeitfreiheiten, die es zweifelsohne auch gibt.

Ziellose Zeitpilger

Niemals zuvor in der Menschheitsgeschichte waren die Individuen in ähnlich großem Umfang auf sich selbst verwiesen und »zukunftsoffen«, wie das heute der Fall ist. Der englisch-polnische Sozialwissenschaftler Zygmut Baumann spricht in diesem Zusammenhang von dem postmodernen Menschen als einem »Pilger ohne Ziel«. Sich dem ortlosen Internet anpassend, treibt dieser, so Baumann, als »Nomade ohne Route« (man könnte es auch »zeitliche Obdachlosigkeit« nennen) durch Zeit und Raum. Zu Hause fühlt er sich immer nur dort, wo er an seine E-Mails kommt, und das ist, vorausgesetzt die technischen Voraussetzungen sind vorhanden, überall und jederzeit der Fall. Niemals zuvor aber auch waren die äußere Welt und die innere Welt der Subjekte so widersprüchlich, so unbestimmt, so ungewiss und so flexibel wie zu Beginn des 21. Jahrhunderts. Zu keiner Zeit konnten und durften die Individuen ihr Leben in ähnlich breitem Umfang selbst gestalten und aktiv beeinflussen wie heute, aber niemals zuvor waren sie auch in gleich großem Maße dazu gezwungen. Das Leben ist trotz großer Erfolge bei der Risikovorsorge risikoreicher geworden. Alle sind aufgefordert und gezwungen, das zu tun, was sich der Wanderer in Schuberts *Winterreise* eingesteht: »Muss selbst den Weg mir weisen in dieser Dunkelheit.«

Die Tatsache, dass sich die Menschen von den festen Fundamenten ihrer Traditionen, ihres kulturellen Umfeldes und ihrer sozialen Gewohnheiten lösen und entfernen, ist nicht die Folge einer freien, souveränen Entscheidung der Betroffenen. Es sind die sich wandelnden Verhältnisse und deren Dynamiken, die das verlangen. Von den Zeiten lässt der Mensch sich leiten. Der Zeitgeist der Beschleunigung und der Zeitverdichtung hat zur Entwertung von Traditionen geführt. Den Beruf, wie auch die gesamte Berufelandschaft, Nietzsche spricht in diesem Zusammenhang vom »Rückgrat des Lebens«, hat das nicht unberührt gelassen. Wer heutzutage einen Beruf erlernt, kann daran orientiert keine langfristig gültige Lebensplanung mit Familie und beruflicher Karriere mehr ausrichten. Geändert haben sich eben nicht nur die Zeiten, verändert haben sich auch die Berufsrealität und auch das Berufsverständnis. Die Zeiten sind vorbei, als Berufe noch Lebensberufe waren und wichtigstes Identitätsmerkmal. Auf Grabsteinen und in Todesanzeigen findet man sie heute nur noch in Ausnahmefällen. Seit einigen Jahrzehnten sind sie auch aus dem Personalausweis verschwunden.

Löst sich, wie heute der Fall, die richtungsweisende Ordnung der Uhrzeit auf, bröckeln die kollektiv geregelten, sozial geteilten Zeiten. Sie werden porös und verlieren an Verbindlichkeit. Mit der Folge, dass die Individuen immer mehr Zeitentscheidungen treffen dürfen, können, aber auch müssen. Die Lebensverhältnisse werden flexibler und mit ihnen auch das, was man als »Identität« verstand.

Sozialwissenschaftler sprechen daher von der Erosion des in der Moderne entstandenen Identitätskonzeptes und dessen Ablösung durch das Konzept der sogenannten »Patchworkidentität«. In einer Netzwelt, so wird von ihnen argumentiert, kann sich Identität nur über eine Vielfalt von Projekten, also über lose Verknüpfungen und die Erfahrungen fragmentierter Bindungslosigkeit herausbilden. Der flexible Mensch passt sich den sich ständig verändernden Anforderungen der Welt offensiv an. Seine Identität setzt sich aus rasch wechselnden Teilidentitäten zusammen, die nicht widerspruchsfrei harmonieren und die es deshalb immer wieder neu auszubalancieren gilt. Identitätsarbeit in diesem Sinne fordert von den Subjekten die Fähigkeit, die eigene Identität in immer neuen Veränderungen und Umbauten herzustellen; sie verlangt fortwährende Aufmerksamkeit, permanente Arbeit an ihr und ein stetiges Update.

Glücklicherweise ist es so, dass das Schicksal der Menschen heute nicht mehr von Sklaventreibern und autoritären Herrschaftsdynastien bestimmt wird, und seit Kurzem auch immer weniger von den Uhrzeigern in deren ehernen Gehäusen, sondern von den relativ orientierungslosen Individuen und ihren Entscheidungen. Kurzum, ein jeder Mann und jede Frau bereiten sich ihr Schicksal heutzutage selbst.

Patchworkidentitäten kennen keinen vorab bestimmbaren und stabilen Idealzustand, der als Langfristperspektive für eine Karriere-, Familien- und Lebensplanung dienen könnte. Planvolles, zukunftsorientiertes Handeln wird abgelöst und ersetzt von episodischem, der jeweiligen Situation angemessenem Agieren und Reagieren, wofür man im Süden Deutschlands auch die Bezeichnung »Durchwursteln« kennt. Da kann es dann auch mal vorkommen, dass die Wiedererkennbarkeit des eigenen Lebens allmählich verloren geht, was der Vermutung Auftrieb gibt, bei der Patchworkidentität könnte es sich vielleicht gar nicht um eine Form der Identität handeln, sondern um das Ergebnis einer Strategie der Identitätsvermeidung.

Der abgeklärte Multimedianutzer unserer Tage agiert flexibel, mobil, dezentral und befristet. Er bewegt sich in multiplen, fragmentierten Zusammenhängen, Umwelten und Zeitformen. Patchworkidentitäten vergrößern individuelle Handlungs- und Verhaltensspielräume und verbreitern die Chancen und die Möglichkeiten im Hinblick auf einen flexiblen Rollenwechsel. Sie sind das Produkt eines Planungsverhaltens, das Niklas Luhmann »Selbstfestlegung im Unbestimmten« nennt. Mit zunehmender Flexibilität aber steigen auch die Risiken, sich im Dickicht der Zeitflexibilität zu verirren und in zeitliche Turbulenzen zu kommen. Darüber hinaus wachsen die Ängste, Wichtiges verpasst, nicht das Richtige gelernt, gelesen studiert und entschieden zu haben. Dem Zeitgeist angepasster sind diejenigen, die gelernt haben, auch ohne Ziel als Erste anzukommen, die – ohne anwesend zu sein – immer »am Punkt« sind und die nie vergessen, ihr Mobiltelefon empfangsbereit mit sich zu führen. Es handelt sich dabei meist um die ja bereits hinlänglich beschriebenen Simultanten.

Arbeit an der eigenen Patchworkidentität heißt immer auch von der Vorstellung einer »Normalbiografie« Abschied nehmen. Auch die ist, wie das Identitätskonzept, eine »Erfindung« der Moderne. Das, was wir »Normalbiografie« nennen, hat den Lebenslauf der

Individuen in Anlehnung an das »Eins-nach-dem-anderen« des Zeigerverlaufs verstanden und organisiert. Sie ist die Vorstellung einer bruchlosen Kontinuität von Vergangenheit, Gegenwart und Zukunft. Entstanden ist sie zugleich mit der Industriegesellschaft, und so ist es denn auch nur konsequent, wenn am Ende der Industriegesellschaft der »Normalbiografie« die Normalität abhandenkommt. In einer Welt, in der die Ausnahme zum Normalfall wurde, wird der Normalfall zur Ausnahme. Gelernt haben wir im Laufe der modernen Zeiten auch ohne Ziel als Erste anzukommen, und verlernt haben wir, dort zu bleiben. Normal ist, dass vieles anders ist und immer schneller anders wird. In einer solchen Welt heißt es Abschied nehmen von der modernen Idee, man könne das Leben, die Zeit und das alltägliche Geschehen nach dem Prinzip »Wäscheleine« organisieren. Die Breite und die Fülle gleichzeitig stattfindender Aktivitäten lassen sich nicht mehr in die Gestalt einer Schritt für Schritt fortschreitenden Lebensgeschichte pressen. Das Leben ist zu einem Experiment, einer Ansammlung unterschiedlichster Projekte geworden, in der die Renovierung des Selbst zu einer Daueraufgabe geworden ist.

Jenseits von Gut und Böse

Verzichten wir auf ein abgeschlossenes Resümee und ziehen stattdessen ein nach vielen Seiten offenes Fazit. Daher nochmals die Frage: Werden die Zeiten besser oder schlechter? Wer sollte das entscheiden? Zweifelsohne, es wird anders – und anders wird es nicht wenig. Der Zivilisationsforscher Norbert Elias hat ein schönes Beispiel für den Sachverhalt gefunden, dass es anders, aber nicht unbedingt besser und schon gar nicht schlechter wird, dass es eher so wird, wie Niklas Luhmann es einmal sehr treffend formulierte, dass nämlich »gleichzeitig alles immer besser und immer alles schlechter wird«.

Eine Reise auf der Landstraße, so schildert es Elias, ist heute nicht weniger gefährlich als vor fünfhundert Jahren. Ehemals waren es Räuber, Tiere und in erster Linie waren es die Unwägbarkeiten des Wetters, vor denen es galt, sich in Acht zu nehmen. Für den heutigen Autofahrer sind diese Gefahren weitestgehend belanglos. Bis auf seltene Ausnahmesituationen wie Blitzeis und vom Sturm auf die Straße gewehte Äste und umgestürzte Bäume stellt das Wetter für den heute lebenden Verkehrsteilnehmer keine aktuelle Gefahr mehr dar. Gefahrloser aber ist die Teilnahme am Straßenverkehr deshalb nicht. Der Automobilist unserer Tage ist gezwungen, sich ohne Unterlass selbst zu beherrschen, sich stets zu zügeln und zu kontrollieren. Er ist verpflichtet, seine Sicherheitsgurte anzulegen und damit seine Bewegungsfreiheit einzuschränken, zugleich heißt es, alle Mitfahrer und das Fahrzeug ununterbrochen im Blick zu haben. Abgewehrt werden müssen alle Unaufmerksamkeiten, alle Störungen und Ablenkungen. Die Wahrnehmung ist in jedem Moment an den wechselnden Geschwindigkeiten auszurichten. Die Gefahr, die früher von außerhalb kam, geht jetzt von den Menschen selber aus. Erliegt der Automobilist dieser Gefahr, spricht die Polizei von »menschlichem Versagen«.

Lächerlich jedoch wäre jeder noch so engagierte Versuch, den Lauf der Zeit aufhalten zu wollen und nicht weniger närrisch ist es, die postmodernen Zeiten in das Schwarz-Weiß-Schema von »gut« und »schlecht« zu pressen. Vielleicht hilft eine eher lakonische Haltung weiter. So jedenfalls der deutsch-amerikanische Literaturwissenschaftler Hans Ulrich Gumbrecht, der lapidar konstatiert: »Im Internet ist die Gefahr, sich eine Erkältung zu holen, aufgewogen von dem Verlust der Möglichkeit, je zu Tränen gerührt zu werden.«

Zu einem realistischen Blick auf die postmodernen Zeiten gehört auch die Feststellung, dass die Potenziale der Zeitverdichtung durch Vergleichzeitigung bei Weitem noch nicht ausgeschöpft sind. Wir befinden uns noch am Anfang dieser neuen Zeitepoche. Wie immer werden in solchen Situationen Erwartungen formuliert, die nicht erfüllbar sind. Es werden Hoffnungen und Befürchtungen geäußert, die übertrieben sind. Es wird auch zu erfreulichen Überraschungen und zu Enttäuschungen kommen. All das aber wird die Menschen nicht davon abhalten, mit der Zeitverdichtung weiterzumachen. Hoffentlich mit etwas mehr Realismus als bisher. Denn viel zu oft lassen sich die Menschen verführen, die mit den neuen verdichteten Zeiten einhergehenden Verheißungen einer »Tischleindeck-dich-Welt« für erfüllbar zu halten. Auch wähnen sie sich vielfach freier, ungebundener und unabhängiger als sie es sind oder auch überhaupt sein könnten. Das gilt insbesondere für die vermeintliche Unabhängigkeit von den Zeitmustern der inneren und der äußeren Natur. Spätestens in dem Augenblick, in dem der Rhythmus des Herzschlags zu stolpern beginnt oder ein Stechmückenschwarm den herrlichen Sonnenuntergang am Meeresstrand vermiest, muss auch der fanatischste Multitasker einsehen, dass es mit der Unabhängigkeit von der Natur nicht weit her ist. Zeitfreiheit heißt immer auch Einsicht in die Zeitbedingungen der Natur und ihre Akzeptanz.

Inzwischen sind mehr als hundert Jahre vergangen, seit Friedrich Nietzsche erstaunt festgestellt hat: »Nur Zickzack geht gewöhnlich unser Lauf.« Die den Zeigerverlauf der Uhr nachahmende Zeit- und Lebensplanung hielt er immer für ein unrealistisches, und daher von Beginn an zum Scheitern verurteiltes Projekt. Heute wissen wir, dass Nietzsche richtiglag. Tag für Tag erfahren wir von Neuem, dass sich die turbulente Ereignisdichte und die verwirrenden Alltagserfahrungen allen linearen Ordnungsversuchen widersetzen. Da aber, wie Musils *Mann ohne Eigenschaften* es sich eingestehen musste, keine »Ordnung im Ganzen« mehr herstellbar ist, ist der postmoderne Zeitnomade gezwungen, sich immer wieder diejenigen Fragen zu stellen, ohne sie jemals endgültig beantworten zu können, die auch Nietzsche umgetrieben haben: »Wohin bewegen wir uns? Fort von allen Sonnen? Stürzen wir nicht fortwährend? Und rückwärts, seitwärts, vorwärts nach allen Seiten? Gibt es noch ein oben und unten? Irren wir nicht wie durch ein unendliches Nichts?«

IV

Wege aus der Zeitfalle

»Alles hat seine Zeit, nur ich hab keine« – Man kann diesen titelgebenden Seufzer eines gehetzten Zeitgenossen auch als eine Kritik an der Gewissheit verstehen, in der besten aller denkbaren Welten zu leben. Der Traum der Moderne, sich von den Einschränkungen und den Zwängen der vormodernen »Alles-hat-seine-Zeit-Welt« zu befreien, hat nicht zu weniger, sondern nur zu anderen Zeitzwängen geführt. Der Traum ist ausgeträumt. Nicht jedoch, weil er in Erfüllung gegangen wäre, sondern weil wir inzwischen in einer Zeit leben, die für Träume keine Zeit mehr hat. Der Fortschritt ist bescheidener als er sich gemeinhin präsentiert. Der vormoderne Mensch hatte ebenso Probleme, sich in der Zeitwelt, in die er hineingeboren wurde, zurechtzufinden, wie das der moderne mit der seinigen hatte und der postmoderne mit der heutigen Welt hat. Was wir uns angewöhnt haben »Fortschritt« zu nennen, besteht in wenig mehr als im Ersatz alter Zeitzwänge und alter Zeitsorgen durch jeweils neue.

Qualitativ betrachtet jedoch ist Vieles anders geworden. War man in der uhrzeitlosen Welt den Zeitverläufen der Natur schutzlos ausgeliefert und hatte alle Hände voll zu tun, das allzu frühe Ende der eigenen Zeitlichkeit zu verhindern, so fühlt man sich in der »Tut-mir-leid-keine-Zeit«-Hetze unserer Tage von denjenigen Zeiten und Zeitfreiheiten unter Druck gesetzt, die man im Griff zu haben glaubt. Als der Mensch vor einem halben Jahrtausend die Zeit ins Räderwerk der Uhr verlagerte, verband er damit den Anspruch, sein Zeitglück von nun an selbst in die Hand zu nehmen. Allzu erfolgreich war er dabei nicht. Spätestens seit der Neuerschaffung der Zeit als Uhrzeit wissen wir, dass die wachsende Unabhängigkeit von den Zeiten der inneren und der äußeren Natur mit einer immer größer werdenden Abhängigkeit von jenen technischen Apparaten einhergeht, die wachsende Zeitfreiheiten versprechen.

Mehr als den Zeiten der Natur und den Zeitsignalen unseres Körpers folgen wir dem Zeitdiktat der das Alltagsleben begleitenden allzeit funktionsbereiten Geräte und Instrumente. Ihren hör- und sichtbaren Zeitkommandos und Zeitimperativen unterwerfen wir uns freiwillig und klaglos. Von ihnen lassen wir uns sagen, was die Stunde geschlagen hat, und stehen ihnen jederzeit und überall zu

Diensten. Diese freiwillige Praxis der Unterwerfung bestätigt die These des Kulturforschers Norbert Elias, die Dynamik des abendländischen Zivilisationsprozesses zeichne sich zuvörderst durch eine Transformation von äußeren in innere Zwänge, eine Umwandlung von Fremd- in Selbstzwänge aus.

In der Tat, diesbezüglich haben wir es weit gebracht, nicht nur mit unseren Zeitfreiheiten, auch mit unseren Zeitzwängen. Beide waren sie noch nie so groß wie heute. Im Netz der Zeit sind die Menschen immerzu beides zugleich, Spinne und Fliege, Opfer und Täter. Der argentinische Schriftsteller Jorge Louis Borges beschreibt das in poetischen Worten:»Die Zeit ist ein Strom, der dich mitreißt, aber du bist der Strom; sie ist ein Tiger, der dich zerfleischt, aber du bist der Tiger; sie ist ein Feuer, das dich verzehrt, aber du bist das Feuer.«

Weil das mit der Zeit alles so kompliziert ist, führen einfache Lösungen, Hinweise und Empfehlungen, wie sie das Zeitmanagement im Hinblick auf den Umgang mit Zeit bereithält und gerne weitergibt, nicht weiter. Sie bringen nur eines: mehr von jener Zeit, die wir zu wenig haben. Auch führt der Weg zurück zum vermeintlich Ursprünglichen nicht weiter und ebenso wenig das Heimweh zu den Sternen. Mit nostalgischer Attitüde lässt sich das, was wir »Zeitprobleme« nennen, nicht vernünftig angehen. Kein Mensch kann sich nach Verhältnissen sehnen, in denen diejenigen, die die Zeit und den Umgang mit ihr zu einem Problem erklärten, wegen Gotteslästerung postwendend auf dem Scheiterhaufen landeten; niemand will eine Zeit zurück, in der der Hunger allgegenwärtig und fließendes Wasser aus der Leitung unbekannt war. Zurück in die Geschichte kann man nur blicken, dorthin reisen aber lässt sich nur im Kino. Der von seinen Wahlmöglichkeiten überforderte Zeitgenosse hat mehr Alternativen als ihm und der Welt guttun. Die Option, in die Vergangenheit zu reisen, die hat er nicht. Das wirkliche Leben nimmt keine Buchungen für Zeitreisen entgegen. Diejenigen aber, die sie sich trotz aller Unmöglichkeiten auf den Weg in die vormodernen Zeiten machen, um das Fernsehpublikum zu unterhalten, die tun es nicht zu Fuß, nicht ohne Mobiltelefon und verzichten auch nicht auf einen jederzeit einlösbaren Rückfahrschein. Wir müssen uns damit abfinden, dass »vom Gekochten nun mal kein Weg zurück zum Rohen führt« (Claude Levi-Strauss). Das aber heißt nicht, dass der Blick zurück in die Vergangenheit nicht einer nach vorne sein kann und dies auch häufig ist. Nochmals Kierkegaards kluger Hinweis: »Das Leben wird vorwärts gelebt und rückwärts verstanden.«

Warum aber beschäftigen wir uns eigentlich mit »Zeit«? Könnte es sein, dass alles Lesen, alles Denken und Schreiben über »Zeit« lediglich Heimweh nach jener Zeit ist, in der man sich nicht mit der Zeit beschäftigen muss? Ist es vielleicht die Sehnsucht, durchs Hintertürchen wieder ins zeitlose Paradies zurückkehren zu können? Vielleicht aber auch ist es der Wunsch, sich in diesen hektischen, so wenig unmittelbaren Zeiten mal wieder selbst zu begegnen, sich nahekommen und nahe sein zu können. Wer über Zeit redet, nachdenkt, schreibt und darüber liest, tut das nicht zuletzt im Hinblick auf die Verbesserung des gegenwärtigen Zeitlebens. Das aber führt zu einem Problem. Das »gute« Leben ist nämlich keine Sache des Beschreibens und Nachdenkens, es ist eine Angelegenheit des konkreten Lebens. Das ständige Nachdenken über Zeit ist genauso wenig ein tragfähiges Lebenskonzept wie das unablässige Zeitmanagement. Wer das Zeitleben ausschließlich von der Tribüne herunter anschaut und nicht auch mitspielt, verpasst, was er anschaut. Die Zeiten haben erst dann eine Chance, »schön« genannt zu werden, wenn man nicht über sie spricht und sie nicht, wie der Wissenschaftler sein Präparat, immer nur durchs Mikroskop anschaut. Das schließt nicht aus, dass man sich hin und wieder Gedanken über die Zeit macht. So lange nämlich, wie wir Anspruch auf das Zeitglück erheben und dies mit der Erwartung tun, selbst etwas dazu beitragen zu können, empfiehlt es sich, über Zeit nachzudenken, über sie zu schreiben und über sie zu lesen. Denn das, was ist, kann doch nicht alles sein.

Da »Zeit« nun mal ein existenzieller Aspekt des Lebens ist, kann das Buch nicht ohne den Versuch zu Ende gehen, einige Aspekte des guten Zeitlebens zu skizzieren. Denn die Menschen – da war sich Kant ganz sicher, als er das behauptete – werden sich die Glückssuche nicht ausreden lassen. Bei den nun folgenden Andeutungen eines besseren Zeitlebens geht es selbstverständlich nicht darum, Abschließendes zu formulieren oder gar allgemeingültige Ratschläge zu geben. Mehr als vorläufige Skizzen der Richtung zu entwerfen, in die es weitergehen könnte, wäre unglaubhaft und unlauter. Zumal man Clausewitz recht geben muss, wenn er in seinem Grundlagenwerk über die Kriegsführung zu der weit über diesen Spezialfall hinausreichenden Einsicht kommt: »Die Kenntnis der Umstände hat sich in uns vermehrt, aber die Ungewissheit ist dadurch nicht verringert, sondern gesteigert.« Trotz alledem, selbst der Ratloseste kann sich nicht vor der Anstrengung drücken, auf dem Hochseil des Zeitlebens irgendwie balancierend weiterzukommen.

Die Vielfalt der Zeiten und die Einfalt der Uhrzeit

Es sagt etwas über das Zeitverständnis einer Gesellschaft aus, wenn die überwiegende Mehrheit der Kinder, sobald man sie bittet, dem, was für sie »Zeit« bedeutet, malerischen Ausdruck zu verschaffen, eine *Uhr* zeichnet. Ebenso ausdrucksstark ist das Ergebnis der Bildersucheingabe zum Stichwort »Sinn« bei Google. Unter den ersten 16 Bildern befinden sich 15 Abbildungen von Uhren – wohl gemerkt, beim Stichwort »Sinn«. Falls es jedoch stimmt, wie das Ludwig Wittgenstein einmal behauptet hat, dass all das, was wir beschreiben können, auch anders sein könnte, dann gilt das selbstverständlich auch für das, was wir für »Zeit« halten und wie wir mit dem, was »Zeit« für uns bedeutet, umgehen. Die Vielzahl der lauten und weniger lauten Klagen über den alltäglichen Zeitmangel sind nur das auffälligste Argument, sich über Alternativen zur Monokultur der Uhrzeit Gedanken zu machen. Die Zeit des Chronometers nämlich ist es vor allem, die den Menschen ein buntes, vielfältiges und zeitsattes Zeitleben vorenthält. Die Uhr und ihre Zeit sorgen dafür, dass alle Tage gleich lang sind, ignorieren und verleugnen aber zugleich, dass die Tage in zeitlicher Hinsicht ganz unterschiedlich breit sind. Jeder Tag besteht aus gemessener und aus erfahrener Zeit. Die gemessene Zeit macht alle Tage gleich, die erfahrene Zeit verleiht ihnen ihre Buntheit und Verschiedenheit und sorgt dafür, dass sich jeder vom anderen unterscheidet, seine spezifischen Höhepunkte und Intervalle hat, seine Dehnungen, Längen und Falten

Die Zeit ist ein Strom,
der dich mitreißt,
aber du bist der Strom;

sie ist ein Tiger,
der dich zerfleischt,
aber du bist der Tiger;

sie ist ein Feuer,
das dich verzehrt,
aber du bist das Feuer.

Jorge Louis Borges

in wechselseitiger Durchdringung. Stunden werden gezählt, Stündchen erlebt, Stunden vergehen, Stündchen bleiben im Gedächtnis. Termine werden gemacht, Augenblicke erfahren. Die Zeiten, die im Leben zählen, sind die Zeiten, die nicht gezählt werden. Das ignoriert die Miles&More-Ideologie des Zeitmanagements, die ihren Blick in erster Linie auf die von Erfahrungen gereinigten Uhr- und Kalenderzeiten ausrichtet.

Klagen über Zeitdruck, Zeitprobleme und Zeitnöte sind keine Klagen über einen quantitativen, sondern über einen qualitativen Zeitmangel. Sie sind Signale und Hinweise auf unbefriedigende Zeiterfahrungen und unerfüllte Zeiterwartungen. Zeitnöte sind keine Frage des »Mehr« an Zeit (Zeit gibt's genug, es kommt täglich neue nach), sondern anderer, zufriedenstellenderer Zeitqualitäten und Zeiterfahrungen. Zeitliches Wohlbefinden aber findet man nicht in und an der Uhr, sondern nur jenseits ihres Herrschaftsbereiches, dort wo sich die Zeit durch eine lebendige Vielfalt von Qualitäten, durch Chronodiversität auszeichnet, wo sie im Plural vorkommt.

Alexander von Humboldt (1769–1859) hat die Vielfältigkeit der Zeiterfahrungen und die Vielgestaltigkeit des Zeithandelns und deren Produktivität erst weit weg von zu Hause kennen- und schätzen gelernt. Im März 1801 verlor er, als er den südamerikanischen Urwald erkundet und vermessen hat, einmal die Orientierung und mit ihr auch seine Geduld. Seinem indianischen Begleiter hingegen ging es völlig anders. Er blieb, so würde man es heute beschreiben, in dieser Situation äußerst »cool«. Aus Humboldts Tagebuch wissen wir um diese ihn zum Nachdenken anregende Begebenheit: »Ich war sehr ungeduldig, [...] tausend Fragen über den verlorenen Weg, er antwortete kein Wort, sah starr auf einen Baum hin, und als ich auswütete, zeigte er mir (eben als sei gar nichts vorgefallen) eine fette Iguana, die von Zweig zu Zweig schlüpfte. [...] Er lebt außer Raum und Zeit, und wir Europäer scheinen ihm unerträglich, unruhige, von Dämonen geplagte Wesen.«

Europa, so der selbstkritische Kommentar Humboldts in seinen Notizen, kreise um sich wie ein »Mühlradwesen«, unaufhaltsam in Bewegung und ruhelos. Ganz anders der Indianer. Der lebte in einem Kosmos, einer Vielfalt der Rhythmen, der Wiederkehr und der Gelassenheit. Natürlich wusste auch der Indianer, der Uhren nicht kannte und nie etwas von einer »Stunde« oder einer »Woche« gehört hatte, um die Schnelligkeit, denn er jagte, er griff an, er floh. Humboldt berichtet mehrfach von Indianern, die stundenlang in Hängematten dösten, um dann plötzlich aufzubrechen, rastlos den Urwald zu durchqueren und unter Aufbietung aller Kräfte mit einem Kanu den Fluss aufwärts ruderten und unerbittlich Tieren nachhetzten. Humboldts Schilderung dieser Episode lässt keinen Zweifel, dass er die Vielfalt der Zeitformen, aus der der Indianer schöpft und die er der jeweiligen Situation angemessen einzusetzen versteht, bewundert. Das trifft ganz besonders auf jene Zeitqualitäten zu, an denen es dem Uhrzeitmenschen Humboldt und der Gesellschaft, aus der er kommt und in die er zurückkehrt, mangelt.

Zweihundert Jahre später sind die Europäer noch weit schneller und noch erheblich hektischer geworden. Ihre Orientierung verlieren sie noch häufiger als zu Humboldts Zeiten, und es ist ihnen immer noch nichts Besseres eingefallen, als mit Ungeduld darauf zu reagieren. Dass Alexander von Humboldt nach seiner Rückkehr bei distanzierter Betrachtung seine Unruhe, seine Rast- und Ruhelosigkeit für eine kontraproduktive und wenig sinnvolle Reaktion hielt, hat seine Nachfahren keineswegs klüger werden lassen.

Die moderne Industriegesellschaft hat die Vielfalt der Zeitformen und die Buntheit der Zeitqualitäten misshandelt und auf das abstrakte Maß der Uhrzeit eingeebnet. In erster Linie geschah das in der ordnungspolitischen Absicht, Ungleiches gleich, messbar, verrechenbar und damit beherrschbar zu machen. Das Resultat dieser Anstrengung kann heute besichtigt werden: Wir denken und handeln in Zeitzonen, organisieren unseren Alltag auf Befehl der Uhrzeiger immer kleinteiliger und erschöpfen unsere Kräfte in dem Bemühen, unser Zeithandeln kalkulierbar, planbar und kontrollierbar zu machen. Wir tun das inzwischen mit einer Selbstverständlichkeit, die Fragen nach Alternativen gar nicht erst aufkommen lässt. Paul Valéry schildert die problematische Seite dieser Normalität: »Fast die gesamte Praxis ist dem Messen unterworfen. Das Leben, ohnehin schon zur Hälfte unterjocht, abgesteckt, in Reih und Glied gebracht und unterworfen, kann sich kaum noch der Zeitpläne, Statistiken, Messvorgänge und der quantitativen Präzisierung erwehren, deren Entwicklung seine Vielfalt immer mehr einschränken, seine Ungewissheit mindern, seinen Verlauf sicherer machen, länger, maschinenhafter.« Aufgewertet und zur einzig »richtigen« Zeit erklärt wird die mechanisch hergestellte Zeit der Uhr. Eine Abwertung hingegen erfahren jene Zeitformen, die sich dem Uhrzeitmaß verweigern und sich dem »Imperium der Zahl« (Paul Valéry) widersetzen. Sie sind es, die im Zeitmanagement zu Feinden, beispielsweise zu »Zeitfressern«, »Zeitkillern« oder zu »Zeitdieben« erklärt werden und die es – so das kriegerische Vokabular des Zeitmanagements – zu »bekämpfen«, zu »unterjochen«, zu »beherrschen« gilt. Das zuvörderst mit dem Ziel, sie den Standards der Uhrzeit zu unterwerfen.

Die Dominanz der Uhrzeit und deren Diktat überlagert die real existierende Vielfalt der Zeitformen und Rhythmen und macht das Zeitleben zur angewandten Mechanik. Ähnlich einer Landkarte, die das Bild und die Wahrnehmung jenes Gebietes prägt, das sie abbildet, formen die Uhr und deren Zeit die konkrete Zeiterfahrung. Doch wie uns die Karte nicht selten mehr interessiert als das Gebiet, das sie abbildet, so ist uns die Uhrzeit in vielen Fällen wichtiger als die Zeiten, die wir erleben und erfahren. Sowenig aber, wie die Landkarte das Territorium ist, das sie wiedergibt, ist das, was die Zeiger der Uhr abbilden, die Zeit. Die vielen Zeitgenossen und Zeitgenossinnen, die Zeit stets nur vom Zifferblatt ablesen, verstehen von dieser so viel wie der Briefmarkensammler von der Geografie.

Die Zeit der Uhr ist starr, sie verläuft gleichmäßig und homogenisiert Ungleiches. Sie kennt weder Schnelligkeit noch Langsamkeit, kennt kein Warten und Abwarten, keine Pause, keine Unterbrechung, keine Geduld. Eine zeitliche Alternative dazu bietet uns die Musik. Sie verschafft uns den Zugang zu den vom lauten und eintönigen Takt der Uhren überlagerten abwechslungsreichen Landschaften der rhythmischen Zeitvielfalt. Allein in Mozarts Musik entdeckt man im musikalischen Zwischenreich von langsam und schnell dreiundzwanzig verschiedenartige Zeitqualitäten (Tempi). Es sind mehr als das Deutsche an Adjektiven hergibt, sie zu benennen. Die Musik, Mozarts Kompositionen ganz besonders, bieten Vergnügungen, Zeiterlebnisse und Zeiterfahrungen, die die Abwesenheit der Uhr und deren Zeit voraussetzen. Der Schlüssel einer lebenskundlichen Anreicherung des Zeitlebens liegt nicht, wie es die Schule den Heranwachsenden beizubringen versucht, in der möglichst effizienten Uhrzeitorganisation, sondern in einem breiteren und intensiveren Einfühlungsvermögen in die Vielfalt von Zeitenqualitäten und deren wechselseitiger Durchdringung. In dieser Hinsicht empfiehlt es sich bei Johann Gottfried Herder in die Lehre zu gehen, der 1799 in seiner Studie *Verstand und Erfahrung, Vernunft und Sprache* Folgendes schrieb:

»Eigentlich hat jedes veränderliche Ding das Maß seiner Zeit in sich; dies besteht, wenn auch kein anderes da wäre; keine zwei Dinge der Welt haben dasselbe Maß der Zeit. Mein Pulsschlag, der Schritt oder Flug meiner Gedanken ist kein Zeitmaß für andere; der Lauf des Stromes, das Wachstum eines Baumes ist kein Zeitmesser für alle Ströme, Bäume und Pflanzen. Des Elefanten und der Ephemere (Eintagsfliege) Lebenszeiten sind einander sehr ungleich, und wie verschieden ist das Zeitenmaß in allen Planeten! Es gibt also (man kann es eigentlich und kühn sagen) im Universum zu einer Zeit unzählbar viele Zeiten; die Zeit, die wir uns als das Maß aller denken, ist bloß ein Verhältnismaß unserer Gedanken, wie es bei der Gesamtheit aller Orte einzelner Wesen des Universums jener endlose Raum war. Wie dieser, so wird auch seine Genossin, die ungeheure Zeit, das Maß und der Umfang aller Zeiten, ein Wahnbild. Wie er, der bloß die Grenze des Orts war, zum endlosen Kontinuum gedichtet werden konnte, so musste Zeit an sich nichts als ein Maß der Dauer, so fern diese durch eigene oder fremde Veränderungen bestimmbar ist, durch ein immer und immer fortgesetztes Zählen zu einer zahllosen Zahl, zu einem nie gefüllten Ozean hinableitender Tropfen, Wellen und Ströme werden.«

Balancieren statt Koordinieren

Zeit ist nicht so eindeutig wie die Uhr es uns glauben macht. Mal erscheint uns eine Stunde kurz, mal lang, mal haben wir zu wenig von ihr, mal zu viel. Dann wieder möchten wir sie schnell hinter uns bringen, ein andermal festhalten. Mal bekämpfen wir sie, mal besiegt sie uns, häufig läuft sie uns davon, dann bleibt sie stehen und geht irgendwie doch weiter. Mal zieht sie sich in die Länge wie ein Gummiband, ein andermal vergehen »tausend Jahre wie ein Tag«. Wir gewinnen Zeit, um sie kurz danach wieder zu verlieren, und erkennen irgendwann (in den allermeisten Fällen zu spät), dass sie uns nur deshalb verloren geht, weil wir sie immerzu gewinnen wollen. Die Zeit ist ein »sonderbar Ding«, wie die Marschallin im Rosenkavalier bemerkt: »Wenn man so hinlebt, ist sie rein gar nichts. Aber dann auf einmal, da spürt man nichts als sie. Sie ist um uns herum, sie ist auch in uns drinnen. In den Gesichtern rieselt sie, im Spiegel da rieselt sie, in meinen Schläfen fließt sie. Und zwischen mir und dir da fließt sie wieder, lautlos, wie eine Sanduhr …«

Es zählt zu den großen Irrtümern unserer Existenz, durch mehr Tempo mehr Leben ins Leben bringen zu können. Je schneller wir werden, umso häufiger kommen wir zu spät. Die Zeitnot beginnt in dem Augenblick, in dem man versucht, ihr durch den Tritt aufs Gaspedal ein Ende zu bereiten. Besser, zufriedener leben heißt nicht schneller leben, sondern realistischer. Bisher haben die Menschen dem Leben stets mehr Tempo verliehen, es kommt aber darauf an, es zeitlich bunter, vielfältiger und abwechslungsreicher zu machen. Wer sich entschließt, das zu tun, wird mit Bedauern feststellen, dass er zu spät damit begonnen hat. Alle Menschen wollen bekanntlich geliebt werden, doch nur diejenigen, die die Zeit lieben und nicht immerzu bekämpfen, können auch geliebt werden.

Das, was wir »Leben« nennen, zeichnet sich durch ein Konglomerat, ein abwechslungsreiches Kunterbunt aus Zeitformen und Zeitqualitäten, Zeitzuständen und Zeiterfahrungen aus. Das Leben ist multitemporal, und die Welt ist es ebenso. Man muss die Multitemporalität, die abwechslungsreichen Schattierungen des irdischen Zeitgefüges, die vielgestaltigen Geschwindigkeiten, die vielfarbigen Zeitqualitäten nur entdecken, akzeptieren, schützen und pflegen. Das Leben kann nur dort frei von Zeitnöten, Zeitkonflikten und Zeitproblemen gelebt werden, wo sich die Welt reich an Zeitqualitäten zeigt und wo die Menschen ihren Umgang mit den Zeiten in einen befriedigenden und harmonischen Ausgleich mit der natürlichen und kulturellen Welt und deren Zeitanforderungen bringen können. Alles menschliche Zeithandeln ist an biologische Maßverhältnisse gebunden. Nur in eingeschränktem Umfang ist die Zeit subjektiver Verfügungsgewalt zugänglich. Die Menschen entscheiden nicht nur über Zeit, Zeit widerfährt ihnen auch. In den Worten Hans Blumenbergs: »Zeit ist das am meisten Unsrige und doch am wenigsten Verfügbare.«

Als psycho-physisches Naturwesen ist der Mensch den rhythmisch gestalteten Zeitimpulsen seines leiblichen Organismus unterworfen. Jeder Mensch trägt lebenslang einen Rhythmus in sich, der sein Fühlen, sein Wahrnehmen und sein Tun beeinflusst. Der Rhythmus des Herzschlags, der des Pulses, die rhythmisch gesteuerte Ausschüttung der Hormone, alles das zählt zu den Grundlagen unserer Existenz. Das menschliche Leben kann nicht gegen die Gesetze der Zeitnatur, sondern nur nach den Gesetzen der Zeitnatur gelebt werden. Als ein zu Selbstbewusstsein fähiges Kulturwesen hingegen ist der Mensch bestrebt, dieser Abhängigkeit, soweit das möglich ist, zu entkommen und die Natur in seinem Sinne zu gestalten. Er kämpft gegen die Natur, seine innere und gegen die äußere, indem er Zeit zu »sparen« und zu »gewinnen« versucht. Am Ende aber siegt immer die Natur, zumindest so lange, wie das individuelle Leben ein Ende hat. Es ist dieser Widerstreit zwischen Abhängigkeit und Gestaltungsmöglichkeit, der sich, wenn's um Zeit geht, in Zeitnöten, Zeitkonflikten und Zeitproblemen Ausdruck verschafft. Es gilt, sich diesem Zwiespalt, diesem Widerstreit zu stellen, um mit ihm produktiv umgehen zu können.

Menschen sind, das unterscheidet sie von den Tieren, weitestgehend verhaltensoffen, auch in zeitlicher Hinsicht. Das macht sie zu sozialen, geselligen, organisationsfähigen Wesen, die mit Gemeinschaften, Gruppen (Familie) und Organisationen prozesshaft verwoben sind. Auch diese melden mehr oder weniger beeinflussbare Zeitansprüche an, die es im Zeitalltag wahrzunehmen und im Rahmen des individuellen Zeithandelns zu berücksichtigen gilt. Neben diesen und den zeitbiologischen Gesetzmäßigkeiten verlangt das zeit-bewusste und zeit-angemessene Handeln als Drittes auch die Einbeziehung jener Zeiten, die die Bewältigung der jeweiligen

Aufgabe/Arbeit verlangt. So ist eine Pianistin gut beraten, die in der Partitur verzeichneten Hinweise zu den Tempi nicht aus den Augen zu verlieren. Die Herstellung eines Weines braucht andere Zeiten als die eines handgefertigten Werkstückes, die Vermittlung der Integralrechnung andere als das Annähen eines Hemdknopfes. Bei der Synchronisation der hier angesprochenen Aufgaben-, der Sozial- und der Naturzeiten geht es nicht um »richtige« oder »falsche«, auch nicht um »gute« oder »schlechte« Zeitkoordination, es geht vielmehr um eine angemessene, eine personen- und situationsgerecht abgestimmte Zeitbalance der unterschiedlichen Zeitansprüche. Die kann nur dort gelingen, wo man den Anspruch aufgibt, die Zeit in den Griff bekommen zu können, sie aber dabei fest im Blick hat.

Enthetzen statt Entschleunigen

Es ist gerade mal zweihundert Jahre her, als der große französische Staatsmann Talleyrand einen Verhandlungspartner, der es eilig hatte, mit dem mahnenden Hinweis ausbremste: »Hast und Unruhe kennen wir nicht […] denn es ist albern.« Hätte er heute in der Politik noch etwas zu sagen, dann wäre er unentwegt dabei, sich solche »Albernheiten« zu verbitten und müsste dabei ziemlich laut werden, um Gehör zu finden. Mit breiter Resonanz könnte er aber nicht rechnen, schlimmer noch, man würde Talleyrand seinerseits für albern halten, denn Politik und Gesellschaft feiern heutzutage jede Form der Schnelligkeit. Prämiert werden die Fixen und die Raschen, die Ungeduldigen und die Vorauseilenden und die »Überflieger«. Das sind diejenigen, die auf schnurgeradem Weg mit dem schnellsten Mittel in möglichst kurzer Zeit ihr Ziel erreichen, oder es zumindest versuchen. Wo immer möglich, werden Beschleunigung und Zeitverdichtung forciert und zu deren Unterstützung eine Fördermaßnahme nach der anderen verabschiedet, die dem Alltag noch mehr Tempo gibt. Die dem Kapitalismus wie ein Wasserzeichen eingeschriebenen Wachstums- und Beschleunigungsdynamiken machen den Kampf gegen das Langsame zu einer nicht endenden wollenden Daueraufgabe. Wo »Wachstumsbeschleunigungsgesetze« zu Meilensteinen des Fortschritts erklärt und zugleich auch verklärt werden, müssen sich diejenigen albern vorkommen, die sich für etwas Wichtiges Zeit nehmen, die Geduld mit ihren Mitmenschen haben und die in ihrer Arbeit Gründlichkeit der Schnelligkeit vorziehen.

Ruhe und Geduld, Langsam- und Geruhsamkeit sind Zeitqualitäten, die unaufhörlich zur Eile getriebene Bürger wohlhabender Nationen oftmals nur mehr als ungestillte Sehnsucht kennen. Man sucht die Süße der Langsamkeit nicht mehr im Alltag, man sucht sie, zur Restsüße eingedampft, im Urlaub, wo man dann auf die Zeitgenossen trifft, die die gleiche Pauschalreise gebucht haben. Der Zeitgeist prämiert die Schnellen, die Flexiblen und die Mobilen, insbesondere diejenigen unter ihnen, die sich dem olympischen Geist des »Höher – Weiter – Schneller« verschrieben haben. Wie ein scheues Tier hat die Langsamkeit die Flucht ergriffen und sich ins Unterholz unzugänglicher Gebiete verkrochen. Nur noch selten, und dann auch nur mit viel Glück und Geduld, bekommt man sie zu Gesicht. Wagt sie sich schließlich aus ihrem Versteck, wird sie sogleich gnadenlos verfolgt. Der Artenschutz hat sie übersehen.

Vorbei die Zeiten, als Eltern ihren ungeduldigen Kindern die weise Mahnung auf ihren Lebensweg mitgaben, »Eile mit der Weile« zu kombinieren. Vergangen auch die Zeiten, in denen Schnelligkeit und Hast den Ruf einer Dienstbotentugend hatten. Vorüber aber sind diese Zeiten, nicht weil die Zahl der Dienstboten abgenommen hat, sondern weil die gesamte Bevölkerung inzwischen zu Rasern, Geschwindigkeitsübertretern und Hyperaktiven geworden ist. Die Eile, die Hast und das Gerenne haben sich heute demokratisiert – alle sind zu Dienstboten einer stets größer werdenden Armada von Kleingeräten geworden, die ihre Besitzer durch den Alltag schubsen. Ihre Knöpfe, Tasten und Schalter warten allzeit darauf, bedient zu werden. Geschieht das nicht, dann melden sie sich umgehend in ihren unterschiedlichen Tonlagen und verlangen, dass man sich umgehend um sie kümmert.

Ungeduld, Unruhe, nervöse Erregung und Gereiztheit steigen überall dort, wo nicht schnell genug informiert, zu langsam gegessen und zu wenig rasch verstanden und reagiert wird. Reden Gesprächspartner zu langsam, drückt man aufs Tempo und vervollständigt die angefangenen Sätze gleich selbst. Langsamessern wirft man vorwurfsvolle Blicke zu, und sie müssen damit rechnen,

236 **IV** Wege aus der Zeitfalle

in immer kürzer werdenden Abständen von der Bedienung gefragt zu werden, ob es ihnen denn wirklich auch schmeckt. Eltern beschimpfen ihre Kinder, die ihr Lernpensum nicht in dem von ihnen erwarteten Lerntempo absolvieren, sie sollen nicht ständig »rumtrödeln«. So, oder so ähnlich, zeigt sich der Alltag in einer Welt, die alles daransetzt, sich in ein Tempodrom zu verwandeln.

Damit keine Missverständnisse aufkommen: Schnell sein zu können, ist überlebensnotwendig. Nicht wichtig und fürs Überleben schon gar nicht notwendig ist es jedoch, immer und überall schnell zu sein. Schnell muss man nur sein, wenn es der Anlass verlangt, und wenn sich darüber hinaus der Ort, die Zeit und die Richtung eignen. Gerät man in eine Sackgasse, versucht man sich durch ein Nadelöhr zu zwängen, hilft der Tritt aufs Gaspedal so wenig wie das laute Pfeifen beim Verirren im Wald. Selbst in der Heimat der Beschleunigung, im Bereich der Wirtschaft, lohnt sich die Schnelligkeit nicht immer und nicht überall. Betrachten wir einen Hotelbetrieb: Hotelgäste wollen bei Ankunft ihren Zimmerschlüssel relativ schnell haben. Am nächsten Morgen aber wollen sie ihr Zimmer nicht unbedingt sofort wieder räumen müssen. Auch hält sich die Begeisterung in Grenzen, wenn im Hotelrestaurant die Gänge des Menüs in Hochgeschwindigkeit serviert werden. Ganz zu schweigen von den Gesten der Höflichkeit, deren kostengünstige Wegrationalisierung sich in den wenigsten Fällen auszahlt.

Wer genau hinsieht, wird rasch entdecken, dass der zeitliche und auch der finanzielle Aufwand steigen, um die mit der Beschleunigung einhergehenden wachsenden Gefahren abzuwehren, abzufedern oder zu kompensieren. So verlangen beispielsweise der Gesetzgeber und die Versicherungen, um die Fahrsicherheit bei erhöhter Geschwindigkeit sicherzustellen, Antiblockiersysteme, Airbags, situationsangemessene Bremssysteme, Seitenaufprallschutz, Anschnallgurte und weitere Einbauten im Kraftfahrzeug. Mit steigender Geschwindigkeit wachsen die Risiken. Das hat Karl Kraus zu der provokanten Frage veranlasst: »Was nützt Geschwindigkeit, wenn der Verstand unterwegs ausläuft?«

Naiv und unsinnig wäre es, das alles ausschließlich als Appell zu allumfassender Verlangsamung misszuverstehen. Jeder Radfah-

Enthetzen statt Entschleunigen 237

rer weiß, dass man Stabilität nicht allein durch Langsamkeit erreicht. Stabil wird ein System, wenn es sich überflüssiger und risikoreicher Schnelligkeit entledigt. Nicht »Entschleunigung« ist das Ziel, sondern »Enthetzen«, also der Verzicht auf überflüssiges Tempo. In anderen Worten: Es geht darum, allen Geschehnissen, allen Dingen und Aufgaben eine jeweils angemessene Geschwindigkeit zu geben.

In annähernd allen Hochkulturen waren Geduld, Gelassenheit, Beharrlichkeit und auch Langsamkeit Zeichen der Würde, der Klugheit und der Selbstachtung. Hingegen bekamen diejenigen, die schneller als das Leben sein wollten, Probleme mit der Wirklichkeit und der Realitätseinsicht. Sophokles etwa warnte seinen König Ödipus vor dem übereilten Denken: »Wer schnell denkt, strauchelt leicht«. Schnelles Denken ist, ebenso wie auch das schnelle Glück, eine relativ junge »Erfindung«. Bewundert und prämiert und angestrebt werden beide erst seit den Zeiten, in denen sich die Zeit und mit ihr die Menschen auf der Flucht befinden.

Das große Rennen aber, das die Schnellen für das Leben halten, gewinnen nicht sie, das gewinnen die Langsamen, diejenigen nämlich, die zuletzt sterben. Das ahnt auch der gestresste Manager, der, während er sein Essen in Rekordtempo herunterschlingt, mit einem Auge auf die Uhr, mit dem anderen in den Wirtschaftsteil der Zeitung blickt. Seine Angst vor dem Tempokollaps, dem Herzinfarkt und dem frühen Tod und auch das schlechte Gewissen gegenüber Frau und Kindern veranlassen ihn immer wieder zu Illusionen und unrealistischen Versprechen. In absehbarer Zeit, wenn es die Geschäfte erlauben, wird endlich mal »richtig« Urlaub gemacht, dem süßen Nichtstun gefrönt, der schon lange ersehnte Weinberg gekauft. Die Geschäfte aber erlauben keine Pause, keine längere Unterbrechung, und sie erlauben auch keine Langsamkeit. Im Geschäftsleben ist man immer mit Blaulicht unterwegs, die Langsamkeit hat dort keinen Platz. Und immer weniger auch im Alltag.

Die Klugheit der Geduldigen

Die Langsamen, die Herumstehenden, die Ausruhenden, die Bummler und die Trödler, sie alle stören die herrschende Ordnung der Zeit. Für nicht »markttauglich« angesehen, müssen sie damit rechnen, als Fortschrittsverweigerer und Trittbrettfahrern diskriminiert zu werden. Längst hat das, was wir uns angewöhnt haben »Fortschritt« zu nennen, vergessen lassen, dass es in erster Linie die Langsamen, die Bedächtigen und die Zögerlichen waren, die die Menschheit vor Krieg, Streit und Zerstörung bewahrt haben. Langsamkeit ist eine stark unterschätzte, positiv wirksame historische Kraft. Die katastrophalen Erfahrungen mit dem größten Beschleuniger der Geschichte, der das von ihm proklamierte »Tausendjährige Reich« in zwölf Jahren abgewickelt und die Welt dabei an den Rand des Untergangs gebracht hat, sollten Warnung genug sein, den Fortschritt nicht ausschließlich dort zu vermuten, wo aufs Gaspedal gedrückt wird.

Langsamkeit war stets eine Produktivkraft, eine häufig übersehene, missachtete und als unnütz verachtete. Sie ist es immer noch. Das ist dramatisch. Denn ohne Geduld, Beharrlichkeit, Langmut und Besonnenheit existieren keine Freiheit des Denkens, Fragens und Handelns. Wirkliche Freiheit gedeiht nur auf dem fruchtbaren Boden des Zeithabens und des Zeitlassens. Nur langsam, so wurden wir von unseren Eltern belehrt, kommt man zu Sinnen. Den Schnellen vergeht Hören und Sehen. Sie riechen und fühlen wenig, entdecken und erkennen vieles nicht, da sie die Dinge und die Geschehnisse um sie herum nicht an sich herankommen lassen. Ihre Urteilsfähigkeit und ihr Erkenntnisvermögen bleiben – ohne »Geduld zur Sache« (Adorno) und ohne »Gelassenheit zu den Dingen« (Heidegger) – unterentwickelt.

Die Geheimnisse und die Schönheiten der Welt erschließen sich nicht den Tempobolzern, den Hektikern und Hyperaktiven, sondern den Ausdauernden, den Beharrlichen, den Standhaften. Und die leiblichen Genüsse dieser Welt bekommen nur jene zu schmecken, die es langsam angehen lassen. Ein schneller Wein ist kein guter Wein, ein schnell gereifter Käse kein wohlschmeckender Käse, und die, die nach einem guten Schinken Ausschau halten, sollten

Wert darauf legen, dass zu dessen Reifung keine anderen Zutaten verwendet werden als Geduld, Zeit und Meersalz. Es ist nun mal kein Zufall, dass die Kultur des Essens und des Trinkens hinter Ruhe und Beschaulichkeit ausstrahlenden Klostermauern entstand. Die besten Weine, der Champagner, das wohlschmeckendste Bier und auch die köstlichsten Käse, sie alle wurden von Nonnen und Mönchen »erfunden«. Also an Orten der gezügelten Gärung, der maßvollen Dosierung und der naturgemäßen Reifung. Die Feineinstellungen des Geschmacks, wie auch die des Auges, des Gehörs und des Verstandes, bedürfen der Fähigkeit zur Langsamkeit, Beständigkeit, Behutsamkeit und Geduld.

Unendlich vieles geht beim raschen Reinschmecken verloren, bleibt beim kurzen Hinsehen und schnellen Hinhören verschlossen, so wie es auch keine sprachliche Abkürzung mit der Poesie eines Gedichtes aufnehmen kann. Ohne Ausdauer, ohne vorsichtige, langsame und zurückhaltende Annäherung entstehen weder Vertrauen noch gegenseitiges Verstehen, es entwickeln sich weder Freundschaft noch Genuss. Zwar können nicht alle Langsamen genießen, aber nur die, die sich Zeit nehmen, haben die Chance dazu.

Die vielen durchs Land ziehenden aufdringlichen Missionare und Prediger der »Schneller-ist-besser-Religion« irren. Besser, gesünder, nachhaltiger und attraktiver ist es, den Versprechen der Schnelligkeit nicht immer zu folgen. Das lehrt das Märchen vom Hasen und vom Igel und das lehrt auch die Legende vom traurigen Schicksal des sich zu Tode hetzenden Boten, der den Athenern die Nachricht vom Sieg in der Schlacht bei Marathon überbrachte. Die Schnellen, so die Botschaft und die Lehre beider Erzählungen, sind nicht schneller am Ziel, sondern nur rascher am Ende. »Langsam, aber sicher!« Es ist nun mal so: Diejenigen, die sich ihrem Ende langsam nähern, leben länger als diejenigen, die sich dabei beeilen. Wer zu schnell ist, den bestraft das Leben! Wer zu langsam ist, nur der Chef. Nichts anderes sagen die vielen Plakate auf den Grünstreifen unserer Schnellstraßen: »Rasen ist der schnellste Weg ins Gras zu beißen.«

Um lieben Menschen und schönen Dingen näherzukommen, braucht es Geduld und Gelassenheit, auf einem Schnellweg wird man dies nicht finden. Das ist nirgends feinfühliger beschrieben als in Saint-Exupérys liebenswerter Erzählung vom kleinen Prinzen:»Du musst sehr geduldig sein. Du setzt dich zuerst ein wenig abseits von mir ins Gras. Ich werde dich so verstohlen, so aus den Augenwinkeln anschauen, und du wirst nichts sagen. [...] Aber jeden Tag wirst du dich ein wenig näher setzen können.« Nicht nur Freundschaften beginnen mit solch erwartungsvoller Unaufdringlichkeit, auch manch eine Abmachung und manch ein Geschäft käme ohne eine zurückhaltende, zögernde Form einer Annäherung niemals zustande.

Ganz zu schweigen von der Liebe: Geachtet werden die Schnellen, geliebt aber die Langsamen. Kommt man in der Liebe nicht vom Weg ab, bleibt man auf der Strecke. Liebe ist planlos. Kein Navigationsgerät zeigt den kürzesten Weg zu den Geliebten, keines sagt Bescheid, wenn man am Ziel angekommen ist. Liebe, so auch die Muße, gedeihen und erblühen nur dort, wo man, einem verspielten Kind gleich, sich ohne festes Ziel von ungeplanten und unplanbaren Reizen, Anregungen, Gefühlen und Inspirationen treiben lässt und von ihnen getrieben wird. Krieg ist schnell, Frieden langsam. Laster sind schnell, Tugenden langsam. Liebe ist geduldig, Streit ist hurtig. Ohne Langsamkeit kein Frieden, keine Versöhnung, keine Friedfertigkeit, keine Liebe.»Es ist meine feste Überzeugung,« gab der geduldige, hochsensible, leidenschaftliche Spaziergänger Robert Walser zu Bedenken,»dass wir alle viel zu wenig langsam sind,« denn, so Walser an anderer Stelle:»Alles Schöne und Gute scheitert nur immer an der Unruhe.«

Es ist also nicht auszuschließen, dass die Langsamen bereits am Ziel sind, während sich die Schnellen noch abstrampeln und ihr Tempo stetig erhöhen, um schließlich dort anzukommen, wo die Langsamen bereits sitzen und fröhlich warten. Weil sie erkannt haben, was Ernst Bloch wusste:»Die Zeit ist eine Uhr ohne Ziffern.«

Das allein ist Grund genug, aber es ist nicht der einzige Grund, um ins Nachdenken zu kommen, wie schnell wir das Leben eigentlich hinter uns bringen wollen und wie lust- und genussvoll unser Dasein sein könnte, wenn wir es ab und zu etwas langsamer und geduldiger angehen würden. Falls es Ihnen entfallen sein sollte: Das Langsame – und dieser Satz steht fest – ist stets das Schnelle, das man lässt! Fragen Sie sich nicht, welches schnelle Gerät Sie sich noch zulegen, fragen Sie, auf welches Sie verzichten können.

Lob der Pause

Längst sind die einst abwechslungsreichen Strände der Zeit planiert, begradigt und nivelliert. Die herrschende Diktatur des Zeitsparens hat in enger Abstimmung mit der Rastlosigkeit die Pause zum Feindbild erkoren. Aus Pausen wurden Störungen. Pausen sollen, ja müssen »gefüllt« werden – so wollen es Politik, Wirtschaft, Freizeitindustrie, Fernsehen und Internet in seltener Einigkeit. Gefüllt jedoch nicht mit Ruhe, Stille und Muße, sondern ausschließlich mit geldwertem Tun. Selten einer, der der Leere zwischen dem Tun und dem Machen etwas abgewinnen kann, der sich durch Pausen mehr Bewegung ins Leben und in die Zeit zu bringen wagt.

Dabei gibt es Pausen »in allen Größen« (Karl Valentin). Einige dauern nur Sekunden, andere ein paar Stunden, und wiederum andere gleich mehrere Tage. Auch glänzen die Pausen mit einer Vielzahl von Namen. Deren Anzahl steht in krassem Widerspruch zum einfältigen Umgang mit diesen. Wir kennen: Kaffeepausen, Schulpausen, Frühstückspausen, Pinkelpausen, Arbeitspausen, Theaterpausen, Sendepausen, Zigarettenpausen, Zwangspausen, Essenspausen, Schreibpausen, Denkpausen, Sprechpausen, Feuerpausen, Erziehungspausen, Babypausen, Erholungspausen, Ruhepausen, Atempausen, es gibt Winter- wie Sommerpausen – selbst Generalpausen befinden sich im Angebot. Und darüber hinaus gibt es noch Pausen, die gar nicht so heißen, aber doch Pausen sind. Ältere Menschen sprechen gerne vom Rasten, Jüngere machen zwar das Gleiche, nennen es aber »Chillen« oder sie »hängen einfach mal eine Zeit lang ab«. Der eine nimmt eine Auszeit, die andere erlaubt sich eine Siesta, und Dritte wiederum pfeifen zur Halbzeit – leider sind es nicht so viele wie diejenigen, die auf eine Pause pfeifen. Doch je weniger Pausen, desto dürftiger die Zeiten.

Pausen sind Zwischenzeiten, die Gelegenheit bieten, zu sich zu kommen und doch nicht zwingen, bei sich bleiben zu müssen. Pausen sind es meist, die der Selbsterkenntnis vorausgehen. Sie dienen dem Nach- und dem Vorausdenken, regen zum Fantasieren und Träumen an, dienen dem Abschalten und dem Verarbeiten in einem. »Zum Denken«, so Walter Benjamin, »gehören nicht nur die Bewegung der Gedanken, sondern ebenso ihre Stilllegung.«

Pausen schaffen zugleich Ordnung und Unordnung, vermitteln Orientierung, gewähren Distanz und eröffnen Chancen, anders als zuvor weiterzumachen, die Richtung zu wechseln. Sie bewahren die Menschen vor dem grausamen Schicksal des Sisyphus, dem Immer-weitermachen-Müssen. »Beim Nichtstun«, so Lao-Tse pointiert, »bleibt nichts ungetan.« Gelassen können nur die sein, die auch etwas lassen können. Pausen sind also kein Zeitverlust, und wären sie es, dann handelte es sich dabei um höchst sinnvolle, da ertragreiche Zeitverluste. Ein bedrohlicher Zeitverlust aber stünde uns bevor, wenn alle Pausen abgeschafft wären.

Die prominenteste, von der Natur gewollte Pause des Tages ist der Schlaf. Der Mensch »verschläft« durchschnittlich etwa ein knappes Drittel seines Lebens; bei einer Lebenserwartung von 90 Jahren demnach etwa 30 Jahre. Das ist keine, wie Zeitsparideologen gerne behaupten, »verlorene« Zeit, es ist eine für das Überleben notwendige tägliche Pause. Das hat den heiligen Franziskus dazu bewogen, zärtlich vom »großen Bruder Schlaf« zu sprechen. Doch in unseren Zeiten geht man mit diesem Bruder nicht gerade geschwisterlich um. Immer häufiger erfahren Menschen die Erholsamkeit des Schlafes nur mehr als etwas, was sie vermissen. Mit der bedauerlichen Folge, dass sie um ihre Träume gebracht werden. Was aber wäre ein Leben ohne Träume? Ein Albtraum!

Pausen sind Leuchttürme des Daseins, die den Aktiven den Weg weisen und sie bewahren, an den Untiefen ihres Tuns zu scheitern. Sie vermitteln eine Ahnung davon, was man nach dem Innehalten erwarten kann. Pausen bieten die Gelegenheit, durch einen sanften Sturz aus dem Gewohnten gestärkt wieder auf die Beine zu kommen, um schließlich mit mehr Kraft und neuen Ideen fortzufahren. So verhindern Pausen vorschnelle Anpassung ans Bestehende und Vorgegebene. Sie schaffen Abstand und machen im besten Sinne skeptisch, kritisch, urteils- und genussfähig. Zwar garantieren sie weder den tiefen Genuss noch das kluge Urteil, doch sie öffnen Chancen, wirklich genießen und urteilen zu können. Zwischenzeiten sind Zeiträume fürs Nachdenken, fürs Vorausdenken, fürs Abschalten und fürs Verarbeiten. Sie fordern zum Flanieren auf, zum Sich-treiben-Lassen und ermuntern, sich spielerisch zu erproben. Sie regen zum Nachzudenken an, wie es danach weitergeht und wie es weitergehen soll.

Der Weg zu mehr Zeitwohlstand, zu einem zeitreichen und zeitsatten Leben, führt durch die Doppeltüre von Pause und Ruhe. Kein Mensch kommt zur Besinnung, wenn er von Besinnung zu Besinnung eilt. Ohne Innehalten geht es nicht, ohne Pause kommt niemand zu Sinnen. Als »Entdichter« des Lebens sind die Pausen heute mehr denn je unverzichtbare Dehnungsfugen im Getriebe einer überbordenden Alltagshektik. Sie relativieren das Geschehen und nehmen ihm dadurch seine Alternativlosigkeit. Sie erlauben (auch dann, wenn's nur für eine kurze Zeit ist) den Ausstieg aus dem zwangsläufigen Verlauf der Ereignisse. Besäße die Freiheit zwei Schwestern, dann hieße die eine Muße, die andere Pause. Nicht die Ruhe, sondern die Pause ist die erste Bürgerpflicht.

Die Pause steht der Rundumverwertung von Zeit in Geld im Wege – und damit zur Disposition. Das ist umso bedauerlicher, als sie ein Geschenk ist, das uns immer wieder über die Mauer des Paradieses zugeworfen wird und das wir nur aufheben müssten, um uns als Beschenkte der Zeit fühlen zu dürfen. Um das aber tun zu können, müssten wir den Zeitgeist, so ein schönes Bild von Francis Bacon, nicht nur mit Flügeln, sondern auch mit Bleigewichten ausstatten.

Ein Ende finden

Bücher haben ein Ende. Sie zählen daher zu den »alten« Medien. Zu den »neuen« Medien gehört das Internet. Es hat kein Ende. Die neuen Technologien und deren Funktionsprinzipien des »Ondemand« des »always online« und des »Nonstop« kennen kein Anfangen und auch kein Beenden mehr, sie kennen nur mehr das Ein- und Ausschalten, das Ein- und Aussteigen. Verlustig gehen wir dabei jener Nähe und Distanz zu ihnen, die sich in den Ritualen des

Beginnens und des Beendens ihren Ausdruck verschafft. Wir entbehren jenes langen Blickes auf die Dinge und die Entwicklungen, der nach dem Anfang auch das Ende mitbekommt. Wir verlieren den Sicherheit und Stabilität verleihenden Rahmen, bei dem der Anfang und der Schluss eine Art »Rhythmus oder Reim« (Friedrich Hölderlin) bilden. Wir kultivieren die Kultur der »Endlosigkeit« und ersetzen sie durch eine der »Un-schlüssigkeit«. Bücher setzen dem Trend zur »Endlosigkeit« im Rahmen ihrer bescheidenen Möglichkeiten Widerstand entgegen. Sie geben den Autoren und Autorinnen die Chance, die Kunst der Abdankung am Leben zu erhalten.

Der Charme des Aufhörens besteht zuallererst in der Freiheit, nicht immer weitermachen zu müssen, »Schluss jetzt!« sagen zu können und zu dürfen. Es ist das tragische Schicksal des Steinewälzers Sisyphus, nicht aufhören zu können, und es ist das Glück des Odysseus, seine lange Irrfahrt beenden, um wieder zu Hause anzukommen zu können. »Wo gehen wir hin?« fragte Novalis und gab sich selbst die Antwort: »Immer nach Hause.« Wer nach Hause, bei sich selbst ankommen will, muss aufhören können. Die Chance des Aufhörens ist zugleich die Chance, sich selbst zu begegnen.

Wer aufhört, hört auf, um woanders weitermachen zu können. Wer Schluss macht, entscheidet sich gegen das Weitermachen und das heißt zugleich für etwas und/oder jemand anderes. Das wiederum bewahrt uns vor Dummheit, Beschränktheit und Einsamkeit.

Um wieder anfangen zu können, muss man zuvor an einem Ende angelangt sein. Wie man das macht? Am besten so geräuschlos wie Robert Walser: »Ist ein Stück ausgespielt, so begibt man sich, nicht ohne vielleicht vorher rasch noch in einer Wirtschaft ein Schinkenbrötchen gegessen zu haben, unauffällig nach Hause.« Dort angekommen, lege man sich unter einen Apfelbaum, schaue in den Himmel und übe sich in der anstrengenden Tätigkeit, der Zeit dabei zuzusehen, wie sie vergeht. Und dann? Dann lacht oder weint man über seine alltäglichen Zeitnöte, seine Zeithast und Zeitprobleme – und jene Zeitprobleme, über die man lacht, die pflegt und genießt man weiter. Denn ganz ohne Zeitprobleme ist man tot.

Ein Ende finden 245

Doch bevor endgültig Schluss ist, noch etwas: So interessant und lehrreich es auch immer sein mag, über Zeit zu lesen, zu diskutieren und zu forschen, das ständige Nachdenken über Zeit ist kein tragfähiges Lebenskonzept. Wer sein Leben nur mit dem Betrachten der Zeit zubringt, verpasst das Leben, verhungert und muss auf mehr als einen guten Wein verzichten. Es ist allemal besser, die Zeit und ihre qualitative Vielfalt zu entdecken und sie zu genießen, als sie zu erklären. Wenn sich also demnächst mal wieder rechts von Ihnen eine Tür mit der Aufschrift: »Zeit leben« auftut und links eine mit der Ankündigung: »Neue Erkenntnisse über die Zeit«, entscheiden Sie sich für die rechte Tür. Dort geht's zur rechten Zeit. Zeit muss man nicht von der Uhr ablesen, Zeit muss man vor allem leben – und am besten folgt man dabei der Empfehlung der Monty Pythons: »Always look on the bright side of life.« Wir sind nun mal auf der Welt, um die Zeit zu leben, einfach zu leben, nicht auf der Welt sind wir, um uns Gedanken darüber zu machen, wie man die Zeit nützlich und gewinnbringend hinter sich bringt. Damit man das aber hinbekommt, ist es zuweilen sinnvoll und angebracht, über sie nachzudenken und etwas über sie zu lesen.

»*Lass fallen die gepflückten,*
Kaum noch beschauten Blumen.
Genieß die Sonne. Danke ab,
Sei dein eigener König.«

(Fernando Pessoa)

time is honey

Karlheinz A. Geißler

Literatur & Grafik

»Ein Buch schreibt man niemals allein.«
Nicht einmal dieser Satz stammt vom Autor. Es ist eine kluge Feststellung des argentinischen Schriftstellers Jorge Luis Borges. Sie trifft erst recht zu, wenn man ein Buch zum Thema »Zeit« schreibt. Bereits die Vorsokratiker, denen wir vor mehr als 2.500 Jahren die Geburt der Philosophie zu verdanken haben, haben sich systematische Gedanken zu »Zeit und Sein« gemacht. Salopp ausgedrückt, ist »Zeit« das größte und am längsten dauernde Arbeitsbeschaffungsprogramm der Philosophie.

Sie lesen in diesem Buch (oder haben das vielleicht bereits getan) Beobachtungen und Erkenntnisse eines Zeitzwerges, der auf den Schultern von Zeitriesen steht, um von dieser nur äußerlich erhöhten Position auf den Lauf der Zeiten zu schauen. Sie können sich aber auch alternativ mit dem auf der Titelseite abgebildeten Heißluftballon über die Zeit erheben, um von oben auf diese herabzublicken. Wie auch immer, in beiden Fällen werden Ihnen dabei Zeitriesen auffallen, die auch im Text dieses Buches auftauchen, mal mit, mal ohne Zitat – sie und einige zusätzliche findet man in den folgenden Literaturhinweisen.

Sowenig, wie man ein Buch alleine schreibt, sowenig wird es auch ausschließlich durch Buchstaben attraktiv und lebendig. Ist man bereit, seine Augen durch Lesen zu ermüden, so will man dafür auch belohnt werden. Öde Bleiwüsten und kahle Letternberge sind eine Angelegenheit für freudlose Asketen, nicht jedoch für Leser und Leserinnen, die beim Stillen ihres Wissensdurstes, speziell dem über Zeit, ebendiese auch ein wenig leben und genießen wollen. Dafür sorgen im vorliegenden Buch die Typografiken von Traute Langner-Geißler. Es lohnt sich während der Lektüre bei ihnen zu verharren, sie zu bewundern und der Zeit bei ihrer Lieblingsbeschäftigung zuzuschauen: zu vergehen.

Zum Nach- und Weiterlesen

Adam, Barbara: Das Diktat der Uhr. Frankfurt am Main 1995.

Adam, Barbara, Karlheinz A. Geißler & Martin Held (Hrsg): Die Nonstop-Gesellschaft und ihr Preis. Stuttgart 1998.

Aveni, Anthony: Rhythmen des Lebens. Eine Kulturgeschichte der Zeit. Stuttgart 1991.

Baeriswyl, Michel: Chillout. Wege in eine neue Zeitkultur. München 2001.

Blumenberg, Hans: Lebenszeit und Weltzeit. Frankfurt am Main 1986.

Borst, Arno: Computus – Zeit und Zahl in der Geschichte Europas. Berlin 1990

Burckhardt, Martin: Metamorphosen von Raum und Zeit. Eine Geschichte der Wahrnehmung. Frankfurt am Main/New York 1994.

Castells, Manuel: Der Aufstieg der Netzwerkgesellschaft (Teil 1). Opladen 2001.

Cipolla, Carlo M.: Die gezählte Zeit. Wie die mechanische Uhr das Leben veränderte. Berlin 1997.

Dohrn van Rossum, Gerhard: Die Geschichte der Stunde. Uhren und moderne Zeitordnungen. München/Wien 1992.

Elias, Norbert: Über die Zeit. Arbeiten zur Wissenssoziologie II. Hrsg. von Michael Schröter. Frankfurt am Main 1984.

Foucault, Michel: Überwachen und Strafen. Frankfurt am Main 1993.

Geißler, Karlheinz A.: Wart mal schnell. Minima Temporalia. Mit Monotypien von Traute Langner-Geißler. Stuttgart/Leipzig 2002 (Taschenbuchausgabe: Freiburg 2005).

Geißler, Karlheinz A.: Lob der Pause. Warum unproduktive Zeiten ein Gewinn sind. München 2010.

Geißler, Karlheinz A., Klaus Kümmerer & Ida Sabelis (Hrsg.): Zeit-Vielfalt. Wider das Diktat der Uhr. Stuttgart 2006.

Giddens, Anthony: Konsequenzen der Moderne. Frankfurt am Main 1996.

Gronemeyer, Marianne: Das Leben als letzte Gelegenheit. Sicherheitsbedürfnisse und Zeitknappheit. Darmstadt 1996.

Gross, Peter: Die Multioptionsgesellschaft. Frankfurt am Main 2005.

Gurjewitsch, Aaron J.: Himmlisches und irdisches Leben. Bildwelten des schriftlosen Menschen im 13. Jahrhundert. Amsterdam/Dresden 1987.

Han, Byung-Chul: Duft der Zeit. Ein philosophischer Essay zur Kunst des Verweilens. Bielefeld 2009.

Held, Martin & Karlheinz A. Geißler (Hrsg.): Von Rhythmen und Eigenzeiten. Perspektiven einer Ökologie der Zeit. Stuttgart 1995.

Keupp, Heiner et al.: Identitätskonstruktionen. Das Patchwork der Identitäten in der Spätmoderne. Reinbek 1999.

Le Goff, Jacques (Hrsg.): Der Mensch des Mittelalters. Essen 2004.

Levine, Robert: Eine Landkarte der Zeit. Wie Kulturen mit Zeit umgehen, München/Zürich 1997.

Luhmann, Niklas: Die Knappheit der Zeit und die Vordringlichkeit des Befristeten. Berlin 2011.

Nowotny, Helga: Eigenzeit. Entstehung und Strukturierung eines Zeitgefühls. Frankfurt am Main 1989.

Osten, Manfred: »Alles veloziferisch« oder Goethes Entdeckung der Langsamkeit. Zur Modernität eines Klassikers im 21. Jahrhundert. Frankfurt am Main 2002.

Rosa, Hartmut: Beschleunigung. Die Veränderung der Zeitstrukturen in der Moderne. Frankfurt am Main 2005.

Schneider, Manuel & Karlheinz A. Geißler (Hrsg.): Flimmernde Zeiten. Vom Tempo der Medien. Stuttgart 1999.

Schulze, Gerhard: Die Erlebnisgesellschaft. Kultursoziologie der Gegenwart. Frankfurt am Main 2000.

Mehr Informationen und Hinweise zum Thema

sowie zu Publikationen von Karlheinz A Geißler unter:
www.timesandmore.com

Die Typografiken in diesem Buch

stammen von Traute Langner-Geißler. Es handelt sich um Reproduktionen von eigens für diese Publikation aus Holz- und Bleilettern erstellten Handpressendrucken. Originaldrucke sind erhältlich unter www.garagendruck.de.

Vom Wert des Wartens

Das Credo unseres Wirtschaftssystems »immer schneller, immer mehr« hat sich als nicht zukunftsfähig erwiesen: Mit Hochgeschwindigkeit ist unser Finanzsystem in seine größte Krise gefahren – die Menschen halten mit dem Tempo nicht mehr Schritt. Der Band »Lob der Pause« liefert Denkanstöße, warum wir das Innehalten wieder schätzen sollten: als Zwischenzeit für's Nachdenken, Vordenken, Abschalten und Verarbeiten.

K. A. Geißler
Lob der Pause
Warum unproduktive Zeiten ein Gewinn sind

quergedacht Band 3
112 Seiten, broschiert,
8,95 EUR,
ISBN 978-3-86581-200-1

/III oekom
Die guten Seiten der Zukunft

Erhältlich bei www.oekom.de, oekom@verlegerdienst.de

Neues Denken, neuer Mut

Klimawandel, Kriege, Kapitalismuskrise – der Ausnahmezustand droht zum Normalfall zu werden. Spätestens seit Fukushima ist die Einsicht,»dass sich etwas ändern muss«, so weit verbreitet wie nie zuvor. In seinem »Wörterbuch des Wandels« reflektiert Hans-Peter Dürr die zentralen Themen unserer Zeit: von A wie Arbeit bis Z wie Zukunft. Der Träger des Alternativen Nobelpreises zeigt Wege auf, wie wir die Krisen bewältigen können, um unser eigenes Leben wie das aller anderen wieder lebendiger werden zu lassen.

H.-P. Dürr
Das Lebende lebendiger werden lassen
Wie uns neues Denken aus der Krise führt

168 Seiten, Hardcover,
17,95 EUR,
ISBN 978-3-86581-269-8

/III oekom
Die guten Seiten der Zukunft

Erhältlich bei www.oekom.de, oekom@verlegerdienst.de